청춘은 맨발이다

청춘은 맨발이다

신성일 Life Story

문학세계사

【서문】
맨발로 '정면돌파' 한 나의 인생, 나의 사랑

'나는 신성일이다' 라는 자존심 하나로 평생을 살아왔다. 영광의 세월도 있었고, 차마 기억하고 싶지 않을 정도로 굴욕적인 순간도 있었다. 내 혈압이 사건을 따라 오르락내리락했다면 아마도 100번은 더 죽지 않았을까 싶다. 혈압만큼은 아주 정상이었던 내가 대구 화원교도소에 수감되었을 때 독방 징벌방 앞에서 크게 울리는 헤비메탈 뽕짝 때문에 185/87 mmHg의 고혈압 환자가 되기는 했지만 말이다. (그 이후 지금도 매일 고혈압 약을 복용하고 있다.)

영광의 순간도, 굴욕의 순간도, 중앙일보·일간스포츠에서 7개월 동안 137회에 걸쳐 연재한 나의 자전적 스토리 〈청춘은 맨발이다〉에서 숨김 없이 밝혔다. 구술을 하면서 내 몸 조직의 알갱이를 다 쏟아낸 느낌이다. 행복한 피로감이다.

젊은 시절 '청춘은 맨발이다' 란 타이틀처럼 하루를 25시로 놓고 뛰었다. 고등학교 2학년 시절 집안이 풍비박산되어 빚쟁이들에게 주먹과 발길로 구타당하는 순간, 다시는 이런 수모를 당하지 않으리라 이를 악물었다. 아마 그 사건이 없었다면 귀한 집 도련님으로 자라 다른 인생을 살았을지도 모르겠다. 내 야망은 이글거렸고, 강렬했다. 남보다 에너지가 넘치고, 무엇인가 해내야 직성이 풀리는 성격이다.

1960년대 초 내게는 최고의 영화배우가 되는 운명이 주어졌고, 한 해에 40~50편의 주연을 맡으면서도 무쇠 기계처럼 거침없이 나아갔다.

연재 기간 동안 많은 분들이 내가 꺼내놓은 지난날의 사랑 이야기에 큰 관심을 가져주었다. 미국 USC 유학생이던 김영애와의 사랑은 나를 격정의 바다로 내몰았다. 지상에서 이루지 못한 사랑! 가슴 쿵쾅거리는 그 사랑의 울림은 지금도 두터운 세월의 지층을 뚫고 나를 눈물짓게 한다. 태평양이 우리 사이를 가로막고 있었기에 더 절실했는지 모른다. 가정이 있는 남자란 신분을 의식하지 않은 건 아니지만 그 사랑을 감추거나 덮어둘 수 없었다. 기자들이 나를 둘러싸고 김영애의 존재를 물었을 때, 난 "그녀를 사랑한다"고 말했다. 그로 인해 많은 사건이 벌어졌다. 난 그녀에게 일생 빚진 자다. 그 후 세월의 잔물결이 젖은 모래처럼 그 상처를 덮었다.

이제 그 상처를 다시 꺼낸다. 아무도 모르게 단 한 장의 사진을 간직해왔다. 엄앵란도 모르는 미공개 사진이다. 약속대로 그 사진과 함께 〈청춘은 맨발이다〉에서 못다한 김영애와의 사랑 이야기를 이번 단행본에 공개한다. 어떤 비난이 쏟아질지라도 두렵지 않다. 그 사랑을 있는 그대로 독자들에게 들려드리는 것이 내 의무이다.

엄앵란과는 서로의 삶을 존중하며 지낸다. 가정의 즐거움을 같이 누리면서도 애정 문제만큼은 상대방의 의지에 맡기고 구속하지 않는다. 평균수명이 길어진 우리나라 현실에서 미래의 부부상을 일찌감치 실천하는 셈이다.

나는 자유인으로, 로맨티스트로 살아가고 있다. 젊은 시절 숱한 유혹이나 강압에도 불구하고 권력자에게 무릎 꿇지 않았던 나다.

난 젊은이들에게 "정면돌파하라"고 외치고 싶다. 자신을 믿고 기회가 올 때까지 준비하고 기다려라. 나는 근 10년 이상 백수건달 생활을 할 때도 하루도 안 빼고 달리고 운동하며 심신을 단련했다. 국회의원 선거에서 낙선한 바로 다음 날도 체육관에 나갔다. 체육관 식구들은 내게 격려의 박수를 보내주었다. 강철같이 단련해 놓은 내 몸과 발이 있었기에 어떤 일이 있어도 쉽게 무너지지 않았다. 언제나 하늘이 나를 지켜보고 있다고 생각하고 행동한다.

골프는 내가 평생 꾸준히 해온 운동이다. 2011년 11월 12일 오후 2시 반 경북 영천 임고면 레이포드 컨트리클럽 인코스 13홀에서 74세의 나이에 처음으로 홀인원을 했다. 얼마나 기쁜지 아직도 흥분이 가시지 않는다. 야마하 임프레스 7번 스틸아이언으로 스윙했다. 공이 125m를 날아 조그만 홀컵으로 빨려들어가는 것은 정말 마술 같았다. 대구일보 이태열 회장, 송죽미용실 김영국 회장, 부산 (주)에이스마린스 김동하 회장 등이 동반자로 그 순간을 지켜보았다. '홀인원 기운이 3년 간다'는 말이 있다. 책 출간을 앞두고 좋은 징조다.

이번 단행본은 엄앵란이 나에 대한 글을 써주어 더 뜻깊다. 내가 '바람둥이'로 몰린 것도 어찌 보면 엄앵란이 방송에서 떠든 탓인데, 그렇게 하도록 주문한 사람이 바로 나다. 엄앵란이 진정으로 성공하길 바라는 마음으로 살아왔다. 그건 엄앵란도 마찬가지일 것이다. 김영애와의 사랑 이야기 외에 이주일의 이야기 등도 새롭게 공개한다.

마지막으로 사랑하는 나의 가족들, 연재와 단행본에 이르기까지 내 구술을 정리해 준 일간스포츠 장상용 기자, 〈청춘은 맨발이다〉의 지면을 내준 중앙일보와 일간스포츠 여러분, 박정하 전흥그룹 회장 등 지인들에게 감사의 말을 전한다. 독자들이 언제나 청춘으로 살아가길 바라며.

2011년 12월 경북 영천 성일가에서 신 성 일

신성일 Life Story—청춘은 맨발이다

Part 1
맨발의 청춘

열망은 기적을 만들어낸다.
새벽 구둣발에 맞았던 아픈 기억 · 15 / 그래, 서울로 가자 · 18 / 신상옥 감독이 다짜고짜 물었다 "나하고 3년 고생할래?" · 22

나의 야망은 또래 젊은이를 훨씬 뛰어넘는 것
적赤과 흑黑 · 25 / 풋내기 배우 데뷔 시절 · 27 / 굴욕의 시간 · 29 / 〈성춘향〉 VS 〈춘향전〉 · 32

최고가 되려면 최고를 벤치마킹하라
국립극단 탈출기 · 35 / 〈아낌없이 주련다〉 주연 제안, 내 인생 두 번째 기회가 왔다 · 37 / "넌 배신자…" 소리 뒤로 하고 신필름을 박차고 나왔다 · 39 / 나의 모델, 앤서니 퍼킨스 · 42 / 오토바이 사고 · 44 / 통영 구타사건 · 47

한국 영화계의 새로운 별
〈만추〉의 추억 · 53 / 다시 만난 신상옥 감독 · 54 / 대한민국 스포츠머리의 원조 · 59 / 촬영 기간 18일, 〈맨발의 청춘〉은 급조된 흥행작이었다 · 61 / 태종대의 비극 · 64 / 코끼리의 비극 · 68

24시는 부족하다, 25시의 삶
지프차 난투극 · 71 / 장동휘의 개입 · 73 / 심장마비 1분 전 · 76 / 이어령의 〈장군의 수염〉 · 77 / 충무로의 여걸, 전옥숙 · 79 / 영화와 주먹, 〈폭로〉 · 81 / 베트남 전쟁 · 84

움직이는 기업, 신성일
한국 스타 시스템 원조가 나와 엄앵란 · 87 / 납세왕 신성일 · 89 / 가장 특별한 두 개의 상 · 91 / 베를린 영화제에 가다 · 94

별들의 고향
초보 감독 이장호, 소설책 들고 영화 찍다 · 96 / 40만 관객의 흥행 기록 · 99

필름 공장에서 영화감독, 배우협회장까지
전량 수입하던 필름 "공장 세우자" 결심 · 101 / "내 영화 올려달라" 무릎을 꿇었다—영화감독 신성일 · 105 / 대박 꿈꾸던 〈러브 스토리〉 카피작 · 107 / 사생결단—배우협회장 선거, 주먹 출신 장동휘와 붙다 · 109 / 극적인 역전승 · 112

Part 2
아낌없이 주련다

내 남자, 내 여자
청평호 키스 사건 · 117 / 여자를 보호하는 남자 · 119 / '충무가' 2층 구석방은 둘만의 아지트—스키야키 데이트 · 121 / 어머니가 찍은 며느릿감은 재일동포 여배우였다 · 123

피할 수 없는 운명, 세기의 결혼식
스파이 작전 · 126 / 5층 호텔 외벽을 타고 잠입 · 129 / 빅 뉴스— "나 임신 3개월이래" · 131 / 워커힐 호텔에서 결혼하는 첫 커플 · 133 / 난장판 결혼식—웨딩드레스는 짓밟히고, 화환은 넘어지고 · 135 / 외설 시비 영화들 · 137

별거
"나가" 한마디에 아내는 친정으로 · 140 / 장모와의 신경전 · 143 / 엄앵란의 선택 · 145 / 깊은 고부 갈등 그리고 어머니의 따귀 · 146 / 복싱영화 두 편 · 149

스타의 가족—단란했던 이태원 시절
"와 이래 뜨겁습니꺼"-일제 보온병 · 152 / 한국에 몇 대 없던 에어컨, 동네에서 구경왔다 · 154 / 엄앵란의 복귀작 · 157 / 서귀포로 날아온 득남의 낭보 · 159 / 북한 공작원의 협박 · 161 / 세 남매 · 163 / 스타 부모 탓에 아이들은 외출을 꺼렸다 · 165

내 인생의 여인들
첫사랑 혜화동 여인 · 169 / 깜짝 생일선물 · 171 / 어머니의 눈물 · 174 / 김영애, 운명적인 만남 · 176 / 가슴 떨리던 기다림 · 179 / 보고 싶은 마음 · 181

좋은 사람들과 더불어
앙드레 김의 추억 · 183 / 경북고의 영광 · 185 / 경북 영천 성일가(星一家) · 187 / 사냥개 순례 · 189 / 개와 고양이의 시간 · 191 / 박 실장과 허리우드극장 · 193 / 노루 사냥 · 195 / 언제나 건강한 청춘 · 198

신성일 Life Story—청춘은 맨발이다

Part 3

내 추억 속의 스타들

여배우들
나훈아의 초년 시절 · 203 / 김지미와 최무룡 · 205 / 김지미의 재혼과 이혼 · 208 / 남정임 보호작전 · 210 / 윤정희의 비밀 · 214 / 청순 가련한 매력의 고은아 · 217 / 태현실과의 엉뚱한 스캔들 · 219 / 2세대 트로이카+1 · 221

명감독의 영화 같은 인생
정진우 감독과 문희의 〈초우〉· 224 / 영혼의 파트너 이만희 감독 · 226 / 매력적인 괴짜 이만희 감독 · 228 / 이만희 감독과 하드보일드한 액션 · 233 / 이만희와 문정숙 · 237 / 이만희 감독의 눈물 · 239 / 이만희와 문숙 · 241 / 신상옥 감독 · 244 / 신상옥과 오수미 · 246 / 조문진 감독 · 248 / 임권택 감독의 〈길소뜸〉· 250 / 장길수 감독의 〈레테의 연가〉· 252

가수들
패티김의 춤 솜씨 · 254 / 최희준과 하숙생 · 256 / 건방진 쌍두마차 조영남 · 258 / 이봉조와 현미 · 260

그때 그 사람들
선배 최무룡 · 263 / 이민자의 유혹 · 265 / 문학 세례 정연희 · 266 / 신봉승의 청춘영화 · 268 / 성우의 전성시대 · 270 / 권투선수 서강일 · 272 / 배우와 국회의원, 신영균 · 274 / 코미디계의 황제, 이주일의 등장 · 276 / 트위스트 김 · 278

Part 4

사나이 가는 길

정치 입문
DJ의 방문 · 283 / 영리한 내조자 엄앵란 · 285 / 10년 뿌리친 정치 유혹, 도와달라 큰절에 · 287

JP와 박태준
JP 연금 시절, 청구동에 가면 말없이 바둑만 뒀다 · 290 / 만능 예능인, 로맨티스트 JP · 292 / 우리 가족의 은인, 박태준 · 294 / 내겐 어머니가 둘 · 296

나의 인맥 그리고 남양주종합촬영소 건립
김상현—감동의 포장마차 · 299 / 한여름의 추억—벌거벗은 이낙선 장관 · 301 / 촬영장에서 체포된 김지하 그리고 백기완의 3만 원 영치금 · 303 / 남양주종합촬영소 건립, 방해자는 충무로 제작자들 · 305 / 여야 인맥 총동원, 마침내 따낸 20억 · 307

정치에 대한 열망
앞치마 두른 엄앵란—'사람 모으는 건 식당이 최고' · 310 / "전두환, 대통령 되면 나라가 망합니다" · 312 / 민정당 · 민한당 입당 제안, 다 뿌리치다 · 314 / 11대 국회의원 선거에 '신성일'은 없었다 · 315

국회의원 낙선 후폭풍
선거 패배로 현실을 깨닫다 · 318 / 친구의 배신 · 320 / 파친코 왕의 몰락 · 322 / 아버지의 마음 · 324 / 박철언 · 이회창 · 박근혜 · 327

세 번째 도전, 금배지를 달다
국회의원 당선 · 329 / 정치인의 명암 · 331 / 폭풍인생 신성일 · 333 / 명동을 걸으며 · 335

【서문】 맨발로 '정면돌파' 한 나의 인생, 나의 사랑 · 5
【아내 엄앵란이 본 남편 신성일】 사랑하는 부부 이전에, 삶의 동지 · 339
신성일 출연, 감독, 제작 영화 목록 · 344

Part 1

맨발의 청춘

신성일이 문희와 함께 주연한 영화 〈초우〉(1966) 촬영장에서 스태프에게 둘러싸여 있다.
한 스태프가 호스를 들고 인공비를 뿌리고 있는 모습이 인상적이다. (신성일 제공)

열망은 기적을 만들어낸다

최근 연예계 빅 뉴스 중 하나는 오디션 프로그램을 통한 스타의 탄생이다. 배관공 출신의 가수 지망생 허각이 130만 지원자 중 깜짝 우승을 하며 스타로 떠오르기도 하고 중국 연변 출신의 조선족 백청강이 힘들게 오디션 관문을 차례차례 통과하여 최종 우승자로 선정되면서 시청자들에게 감동을 선사하기도 했다. 한마디로 인생 역전! 믿기 어렵겠지만 그런 기적은 52년 전에도 있었다. '슈퍼스타K'의 원조쯤 될까. 주인공은 바로 나였다. 누구든 인생 역전의 주인공이 될 수 있다고 나는 믿는다.

새벽 구둣발에 맞았던 아픈 기억

이 세상은 나 혼자다. 인생은 결국 홀로서기다. 나는 이 같은 철리(哲理)를 고교(경북고) 2학년, 열일곱 나이에 체득했다. 1학기 말 무렵 어느 날 새벽이었다. 몸이 건장한 남자 서너 명이 신발을 신고 방에 들어와 나를 발로 찼다. 마른 하늘에 날벼락 같았다. 책방·약방을 하시던 어머니의 계(契)가 깨지는 바람에 집안이 쑥대밭이 됐다. 어머니는 야반도주했고, 집에는 나와 여동생밖에 없었다. 세 살 위인 형은 군 복무 중이었다. 그 사람들은 어머니의 행방을 물으며 나를 무지막지하게 때렸다. 얼굴에서 시뻘건 코피가 줄줄 흘렀지만, 그들은 상관하지 않고 내 멱살을 잡은 채 경북도청까지 약 1km를 끌고 갔다.

그때까지 나는 온실 속의 화초처럼 세상 물정 모르던 '범생이'였다. 초등학교 6년 동안의 성적표가 죄다 '갑상'(최고 등급)일 정도였다. 그들은 마치 인민재판을 하듯 이른 아침임에도 경북도청 앞마당에서 어머니의 거처를 물으며 나를 다그쳤다. 어머니가 경북도청 초대 부녀계장이었기에 그 장소를 고른 것 같다. 아, 그날의 모욕감과 상처란! '살아야겠다. 이것만 이겨낼 수 있다면 모든 걸 이겨낼 수 있겠구나' 하는 강한 의지를 느꼈다. 이 세상은 나 혼자이며, 아무도 나를 돌봐줄 사람이 없다는 걸 깨달았다. 나는 끌려가면서 누구를 원망하지 않았다. '어머니께서 얼마나 애쓰시다가 이렇게 됐을까' 생각하니 되레 연민의 감정이 들었다.

1963년작 영화 〈가정교사〉에서 엄앵란과 멜로 연기를 하고 있는 신성일. 그 당시 그들은 최고의 청춘 스타였다. (한국영상자료원 제공)

지금도 엇비슷한 일을 당하는 청소년이 많다. 부모는 있으나, 부모와 함께 살 수 없는 뻐꾸기 가족(부모의 이혼·학대·빈곤 등으로 부모와 자녀가 떨어져 살아가는 가족)까지 등장한 판이다. 결국 죽는 것도, 아픈 것도 혼자다. '나 홀로'에 대한 의지가 중요했다. 자기관리만 잘하면, 세상 무서울 게 없다. 좋은 부모 만난 친구들을 부러워할 이유가 없다.

1962년 영화〈아낌없이 주련다〉로 스타덤에 오른 직후 고교 시절 날 때린 사람을 찾아 대구로 내려왔다. 폭행을 가했던 사람 중 한 명이 대구 시내 한 극장 앞에서 세탁소를 운영하고 있다는 사실을 알아냈다. 그간 쌓인 것을 풀고 싶었다. 그 사람에게 '어떻게 그런 식으로 어린아이에게 폭력을 행사했느냐'고 묻고 싶었다.

동창생인 이장환에게 미리 그 사람을 살피도록 부탁했다. 그런데 막상 대구역에서 만난 이장환은 "신영(신성일의 본명)아, 그 사람 지난해 죽었다"고 하는 게 아닌가. 맥이 탁 풀렸다. 한참 그 자리에 서 있다가 바로 기차를 타고 서울로 올라왔다.

사실, 고교 시절의 수모는 지금도 잊을 수 없다. 일단 학업이 엉망이 됐다. 고등학교를 겨우 졸업했지만 더 이상 대구에서 살 수도 없었다. 무작정 상경(上京)을 선택했다. 1957년 서울에 온 후에도 대입에서 잇따라 떨어지고, 방황은 계속됐다. 판검사가 되겠다는 꿈이 너무나 멀어 보였다. 서울에 자리잡은 형님에게 도움받는 생활도 자존심에 걸렸다. 그래서 당시 서울 빈민이 모여 사는 청계천에서 호떡 장사를 시작했지만 파리만 날려 석 달 만에 장사를 접었다. 돈을 벌어 공부하겠다던 꿈도 펴지 못하고, 또다시 서울 거리를 헤매야 했다. 그러나 한 가지만은 잊지 않았다. 남한테 빌어먹고 다니는 건 남자로서 치욕이라는 각성(覺醒)이었다.

그래, 서울로 가자

앞에서도 말했듯 난 고등학교 2학년 이후 떠돌이 생활을 했다. 고교 졸업 후 첫 상경 순간을 잊을 수 없다. 당시 공군 수송비행단 조종사였던 형님의 주선으로 대구비행장에서 C-46 수송기를 탔다. 비행기가 추풍령에서 '에어 포켓'(비행기가 기류를 만나 급강하하는 현상)으로 뚝 떨어지자 멀미하던 난 기절하고 말았다. 눈을 떠 보니 박현숙 중령(여군)의 얼굴이 보였다. 까까머리 청년이 여군 장교의 무릎을 베고 잠든 모습을 상상해 보라! 뱃속 소화액까지 게워낸 상태였다. 어찌나 창피했던지. 여의도 비행장에 내리자마자 멀미는 꾀병처럼 사라졌다.

청년 시절의 신성일. 신상옥 감독의 오디션에 합격하면서 스타의 길로 들어섰다.
(ⓒ김한용, 사진 제공 눈빛출판사)

난 처음에 청계천 판자촌에 자리잡았다. 1950년대 후반 대한민국 최고 번화가는 충무로와 명동이었다. 별로 할 일이 없기도 했지만 그곳을 걷기만 해도 기분이 좋았다. 충무로 1가 중국대사관과 중앙우체국 사이에 '기쁜소리사'라는 음향기기사가 있었다. 최신 음향기기를 구경할 수 있는 그곳을 좋아했다. 또 지금의 프라자호텔 뒤쪽은 화교의 집결지였다.

그날도 나는 그냥 기쁜소리사 부근을 걷고 있었다. 맞은편에서 모자부터 구두까지 모조리 하얀색으로 치장한 일명 '마카오 신사'가 걸어왔다. 몸에 걸친 건 죄다 마카오 수입품으로, 당시 최고 멋쟁이들의 패션이었다. 1인당 GNP가 200달러도 안 되던 시절이다. 그 신사는 보디가드 같은 남자 두 명을 양쪽에 끼고 있었다. 얼굴을 자세히 보니 고교 동창인 손시향이었다.

손시향은 여러모로 나와 닮은 꼴이었다. 고등학교 시절 3년이나 같은 반에서 공부했다. 그는 50년대 그랜드 피아노가 있는 대저택에 살던 대구의 부잣집 도련님이었다. 점심 시간이면 우리에게 팝송을 소개하곤 했다. 매력적인 여배우 도리스 데이가 출연한 영화 〈카라미티 제인〉(1953)의 타이틀곡 〈시크릿 러브〉를 칠판에 영어로 써서 가르칠 정도였다. 그러나 그의 집안도 우리처럼 폭삭 망했다. 어머니가 계모임을 하다가 잘못되는 바람에 세무 공무원이었던 아버지가 자살했다는 소문도 돌았다. 그 역시 평지풍파를 겪으며 수원에 있던 서울 농대에 들어가는 데 그쳤다. 음악적 재능이 있던 손시향은 서울에 올라오자마자 가요계에 뛰어들어 성공가도를 달렸다. 나 역시 그의 노래 〈검은 장갑〉을 알고 있었을 정도였으니 말이다.

얼마나 반가웠는지! 그의 본명은 손용호였다. 나는 크게 불렀다. "용호야!" 그가 나를 알아보았다. 내가 기대했던 장면은 최소한 서로 얼싸안고 "니, 잘 살았나? 친구야!" 하고 외치는 것이었다. 각별한 사이였던 데다 서울 한복판에서 만나다니. 그런데 그는 나를 멀뚱멀뚱 쳐다볼 뿐

1. 맨발의 청춘 19

배우 전문학원에 등록했을 때 수업료를 빌려준 형 강신구 대령. (중앙포토 제공)

이었다. '자존심 상하는 일을 당하면 화낼 것이 아니라 와신상담해 자신을 회복해야 한다'는 내 신념을 굳게 한 사건이랄까.

충무로 한복판에서 우연히 만난 고교 동창 손시향의 태도는 내게 충격이었다. 그는 "오랜만이야" 하고 내 어깨를 툭 치고 지나가버렸다. 보디가드로 보이는 두 명을 거느린 그는 보통 거들먹거리는 게 아니었다.

난 벼락을 맞은 듯 한참을 멍하니 서 있었다. 순간적으로 나와 손시향의 처지가 비교되었다. 대구에서 똑같이 집안이 망해서 상경했는데……. 당시 내 옷차림은 아주 남루했으리라. 반면 손시향은 미도파백화점의 지하 클럽에 고정 출연할 정도로 잘나가는 가수였다. 손시향과의 조우는 그의 히트곡 〈검은 장갑〉의 가사처럼 "헤어지기 섭섭하여 망설이는 나에게 굿바이하며 내미는 손"이었다. 손시향은 대단한 저음으로 감동을 주는 목소리의 소유자였다. 내가 그 자리에서 했던 생각은 단 한 가지였다. '그래, 너 노래 잘한다. 하지만 난 너보다 잘생겼다는 소리 듣는다. 두고 보자.'

나는 도스토에프스키의 소설 『죄와 벌』의 주인공 라스콜리니코프처럼 정신이 나간 채 충무로 3가 중부경찰서 쪽으로 발길을 되돌렸다. 어디로 걷고 있는지도 몰랐다. 내 발걸음은 새문안교회를 등지고 골목길로 들어가고 있었다. 처음 정신을 차린 곳에서 눈을 들었다. 오른쪽을 보니 '한국 배우 전문학원'이란 간판이 눈에 들어왔다. 당시 영화배우가 되겠다는 목표를 둔 건 아니었지만 뭔가 되어야만 할 것 같았다. 묘한 힘에 이끌려 1층 문을 열었다. 나이가 좀 든 여성이 카운터를 맡고 있었다. 난 그 부인에게 물었다.

"입학할 수 있습니까?"

그 부인은 굳이 뜨내기 손님을 잡으려 들지는 않았다.

"이번 학기는 학생을 다 뽑았어요. 다음 학기에 등록하세요."

혹시 입학이 된다 해도 등록금 마련하기도 어려운 상황이었다. 나는 등을 돌려 문을 열고 나가려 했다. 그 순간 구원의 메시지가 들려왔다.

"젊은이, 여기 들어오고 싶어?"

1층 사무실 구석자리에 앉아 있던 중년의 남자였다. 나중에 알고 보니 그 학원 원장인 김인걸 씨였다. 나는 절실하게 답했다.

"네."

"그럼 내일부터 나와요."

김인걸 씨가 첫눈에 나를 괜찮게 본 것이었다. 그분의 도움으로 나는 한 달 늦게 연기반에 합류했다. 정말 행운이었다. 그곳은 영화계의 핵심인 김기영·유현목·김수용 감독, 연극계의 중진인 박진·이진순·양광남 연출가 등을 강사진으로 보유한 대한민국 최고의 배우 학원이었다. 그분들을 사사하고, 양광남 씨에게 스타니슬랍스키의 책 『배우 수업』으로 연기를 배웠다. 수업료는 공군에 입대한 형님에게 빌렸다.

그곳에서 학원과 연계된 영화에 엑스트라로 동원되기도 했다. 촬영 카메라가 앉아 있는 내 얼굴을 다방 손님의 하나쯤으로 잡으려는 것이 느껴졌다. '나는 주인공을 할 사람인데 여기 앉아서 단역이나 할 건가' 라는 생각이 들어 그 자리에서 도망쳐 버렸다. 나중에 엑스트라나 하던 녀석이라고 손가락질받기가 싫었다.

1959년 8월, 우리나라 최고의 영화사인 신필름이 젊은 전속 연기자를 뽑는다는 공고를 냈다. 신상옥 감독과 여배우 최은희가 있는 그곳! 나는 뭔가 자존심이 상하는 것 같아 원서를 넣지 않았다. 그럼에도 오디션 당일, 현장을 구경하고 싶은 마음을 참을 수 없었다.

신상옥 감독이 다짜고짜 물었다— "나하고 3년 고생할래?"

열망은 기적을 만들어낸다. 1959년 8월, 신필름 신인 배우 오디션 현장은 말 그대로 인산인해였다. 광화문 뒷골목 일대가 북새통을 이뤘다. 오죽했으면 기마경찰이 출동해 현장을 정리할 정도였을까.

나는 그날 공군 조종사인 형의 옷장에서 몰래 훔친 빨간색 반팔 몽탁 티셔츠를 걸쳤다. 당시 몽탁은 사치품으로 통했다. 나일론을 뛰어넘는 최고의 옷감이었다. 원서도 넣지 않았지만 발걸음이 저절로 그곳으로 향했다. 여름비가 부슬부슬 내리고 있었다. 밀려든 지원자와 구경꾼 때문에 인근 KBS 국제방송 건물 처마까지 떠밀려 갔다. 그 밑에서 비를 그으면서 오디션 풍경을 그냥 넋 놓고 구경했다.

그때 한 구두닦이 소년이 다가와서 건너편 취미다방에서 누군가 나를 찾는다고 알려주었다. 세상에, 서울 하늘 밑에서 나를 찾는 사람이 있다니……. 헤엄치듯 인파를 가르며 예총회관 건너편 취미다방으로 갔다.

너무 궁금했다. '내가 뭘 잘못했나?' 라는 생각까지 들었다.

다방 구석에서 얼굴이 까맣고 깡마른 사람이 나를 불렀다. 나중에 알고 보니 신상옥 감독을 도와 일하는 이형표 기술감독이었다. 이 감독은 신 감독과 말을 놓는 사이였다. 그는 대뜸 "원서는 냈느냐?"고 물었다. 내가 아니라고 대답하자 "지원하러 들어가고 싶니?" 하고 다시 물었다. 얼떨결에 그렇다고 했다.

"너 신상옥 감독 얼굴은 아냐? 몰라? 그럼 여배우 최은희 씨 얼굴은 알아? 그래, 최은희 옆에 머리 길고 덥수룩한 사람이 신상옥 감독이야."

여배우 최은희는 영화 〈마음의 고향〉을 통해 알고 있던 터였다. 이 감독은 흰 종이에 자기 사인을 한 후 이걸 보여주면 신 감독을 만날 수 있다고 했다. 신기하게도 이 사인을 보여주니 오디션장 스태프들을 쉽게 통과할 수 있었다. 어떤 방의 문을 열고 들어가니 테이블에 세 사람이 앉아 있었다. 나는 최은희를 알아보았고, 그 옆에 신 감독이 앉아 있다는 사실을 직감했다.

신 감독은 나를 위아래로 쓱 훑어보더니 "오후 5시에 다시 와!" 이 한마디만 던졌다. 기분이 묘했다. '뭘 어떻게 하려는 걸까?' 라는 긴장 속에서도 뭔가 흥분이 됐다. 그때가 오후 2시 무렵. 세 시간 말미가 있었지만 마땅히 갈 곳이 없었다. 그냥 어슬렁어슬렁 남산공원을 배회했다. 당시만 해도 시계를 찬 사람이 100명에 2~3명이 될까 말까 했다.

남대문을 거쳐 덕수궁으로 내려오니 시청 앞 시계탑이 오후 4시 50분을 가리켰다. 시간을 꼭 맞춰 방에 들어가니 이번엔 신 감독 혼자 앉아 있었다. 신 감독은 내게 앉으란 소리도 안 하고 말했다.

"나하고 3년 고생할래?"

귀가 번쩍 뜨였다. 3년 전속 계약하자는 뜻이었다.

"네, 알겠습니다."

"내일 아침부터 사무실로 나와."

신상옥 감독은 '뉴 스타 넘버원'이란 뜻으로 내게 '신성일(申星一)'이란 예명을 지어주었다. (중앙포토 제공)

그게 바로 합격통지였다. 귀갓길 내내 구름 위에 떠 있는 기분이었다. 신 감독은 원래 말이 많지 않은 사람이었다. 내 몸은 중학교 때부터 평행봉으로 다듬어져 있었다. 미술에 조예가 있던 그는 눈썰미로 내 근육을 포착한 것이었다. 내 본명은 강신영이다. 신 감독은 '뉴 스타 넘버원'이란 뜻으로 내게 '신성일(申星一)'이란 예명을 지어주었다. 며칠 후 각 신문 조간에 다음 같은 기사가 떴다. '신성일, 5081 대 1 스타 탄생'. 나도 믿기 어려운 기적이었다.

나의 야망은 또래 젊은이를 훨씬 뛰어넘는 것

적赤과 흑黑

고백한다. 나의 야망은 또래 젊은이를 훨씬 뛰어넘는 것이었다. 1959년 8월, 5081 대 1의 경쟁률을 뚫고 신필름 전속 신인배우로 선발된 다음 날부터 출근을 시작했다. 매달 월급 5만 환을 받았다. 화폐개혁(1962년 6월 10일) 전인 1959년, 5만 환은 엄청난 돈이었다. 당시 대한민국에서 거의 유일한 기업인 유한양행의 과장급 월급이었다. 신상옥 감독은 방황하는 젊은이였던 내게 최고 대우를 해주었다.

당장 최고 부자 동네인 가회동에 하숙집을 잡았다. 깨끗한 한옥에서 2만 5천 환을 내고 독방 하숙을 시작했다. 월급의 반이나 들었지만 아깝지 않았다. 다른 젊은이라면 월급을 알뜰살뜰 모아 훗날을 도모하고자 했겠지만 난 달랐다. 스스로를 최고로 대접해야 진짜 최고가 될 수 있다고 생각했다. 비싼 방값은 자존심에 대한 투자였다.

가회동은 전통적으로 양반·나인·상궁 등이 모여 사는 곳이었다. 집안이 망하기 전까지 나 역시 대구 한옥에서 자랐기 때문에 부촌과 한옥의 분위기를 알았다. 가회동엔 화신백화점 박흥식 사장, 육영수 여사의 오빠 육지수 박사, 대한양회 이정림 회장, 김활란 박사 등이 살았다.

아마 나는 스탕달의 소설 『적과 흑』의 주인공 쥘리앵처럼 야심찬 인물이었던 것 같다. 소설에서 적(赤)은 군인을, 흑(黑)은 성직자를 상징한다.

신성일 데뷔 영화 〈로맨스 빠빠〉(1960). 여기서 막내아들로 출연했다. (한국영상자료원 제공)

당시 프랑스 사회에서 배경이 없는 사람이 출세하는 길은 적, 또는 흑박에 없다는 것을 뜻한다. 야심만만한 청년 쥘리앵은 출세를 위해 적의 길을 선택한다. 난 이를 물고 가회동 생활을 꾸려갔다.

우선 인맥을 만드는 데 최선을 다했다. 그 중심은 신필름이었다. 〈춘희〉, 〈이 생명 다하도록〉 등을 연속으로 히트시키며 흥행 가도를 달리던 신 감독이 1960년 첫 작품으로 준비하던 영화가 〈로맨스 빠빠〉였다.

신필름 입사 후 얼마 안 됐을 무렵, 신 감독은 김희창 작가에게서 〈로맨스 빠빠〉 대본을 받아오라는 심부름을 시켰다. 신 감독은 나를 〈로맨스 빠빠〉의 막내아들로 출연시킬 심산이었던 것 같다. 김희창 작가가 누구인가. 당시에는 라디오 드라마가 최고 인기였다. 일본

VOA 라디오 방송국에서 일한 그는 라디오 드라마 〈로맨스 빠빠〉 등을 히트시킨 인기 작가로, 신필름의 각색 작가로도 활동했다.

김 작가 집은 세검정에 있었다. 김 작가 부인이 차 대접을 하는 게 그렇게 정갈할 수 없었다. 인정이 그리웠기에 그 집에서 차 한잔 대접받는 게 그렇게 좋을 수 없었다. 또 심부름 가고 싶은 생각이 간절했다. 그런 식으로 당대 최고 라디오 드라마 작가 한운사도 만날 수 있었다. 김 작가와 한동네에 살고 있던 한운사는 〈빨간 마후라〉, 〈남과 북〉, 〈현해탄은 알고 있다〉 등으로 인기 절정이었다. 잦은 심부름을 통해 그와도 인연을 맺었다. 최고 작가들에게 자신의 존재를 알리는 것보다 더한 지름길이 어디 있겠는가.

신필름 사무실에는 6대 신문사 영화 담당기자들이 출입했다. 회사로 걸려오는 전화를 마땅히 받을 사람도 없었고, 있더라도 귀찮아했다. 내 생각은 달랐다. 전화를 독점하다시피 하며 기자들의 목소리를 익혔다. 영화에 대한 식견과 정보력을 갖춘 그들이었다. 『적과 흑』의 주인공처럼 야심만만했던 난 초년 시절부터 곁에 든든한 우군을 둔 셈이었다.

풋내기 배우 데뷔 시절

데뷔작에서 드러난 내 연기 실력은 엉성하기 짝이 없었다. 시쳇말로 '발연기'인데 가장 짜증냈던 사람이 지금의 아내인 엄앵란이었다. 그 모든 과정이 훗날 뼈가 되고, 살이 됐다.

데뷔작은 1960년 1월 1일 명보극장에서 개봉한 영화 〈로맨스 빠빠〉였다. 많은 식구를 거느린 월급쟁이 아버지가 실업자가 되자 온 가족이 아버지를 위로해주는 홈드라마였다. 그 당시 최고 배우들이 총출동했다.

〈맨발의 청춘〉에서의 신성일과 엄앵란. 엄앵란은 1957년 〈단종애사〉로 데뷔한 이후 청춘 스타로 떠올랐다. (중앙포토 제공)

김승호·주증녀가 아버지·어머니 역을, 최은희·김진규가 큰누나와 그 남편 역을 맡았다. 김석훈·남궁원·도금봉·엄앵란·주선태·김희갑 등이 조연으로 중량감을 주었다. 신상옥 감독은 나를 막내아들로 기용했다.

촬영은 개봉을 한 달도 안 남긴 시점에서 돌입했다. 세트 촬영 장소는 서울 종암동 개천가에 자리한 연탄공장이었는데 하루 촬영을 끝내고 나면 코가 연탄가루로 시꺼멓게 되곤 했다. 졸지에 엄청난 배우들 틈에 끼었으니 발걸음조차 제대로 떨어지지 않았다.

촬영장 풍경은 한 편의 코미디 드라마 같았다. 영화 〈마부〉로 유명한 김승호 선생은 "준비해라" 하고 지시한 후 내가 등장하는 컷만 나오면 코를 골고 잤다. 내 존재감을 알려주는 대목이다. 다른 사람들은 막간을 이용해 고스톱을 쳤다. 조명·세트를 설치할 때 틈만 나면 배우들은 무조건 고스톱이었다. 선배들과 어울리면서 자연스럽게 배운 것이 고스톱이었다. 그래서 유일하게 할 줄 아는 놀음이 고스톱이다.

동시 녹음이 아니어서 대사에 큰 부담은 없었다. 옆에서 망치 소리가 나도 우리의 촬영에는 전혀 영향이 없었다. 그런 까닭에 촬영 속도는 빨랐다. 내가 그간 540편이 넘는 작품을 할 수 있었던 배경이다. 영화를 비롯해 TV 드라마도 초창기에는 컷 없이 한 번에 쭉 찍었다. 심지어 1969년 TBC 드라마 〈124군부대〉의 경우 생방송으로 찍어 대 아슬아슬한 순간이 한두 번이 아니었다. 편집 기술도 없거니와 테이프가 아깝다는 이유였다. 녹음실 시스템도 열악했다. 녹음실에는 대사 녹음용 마이크와 음향효과를 내는 마이크, 딱 두 개뿐이었다. 녹음용 마이크 하나를 두고 여러 명이 몸싸움을 벌이듯 일사불란하게 움직여야 했다. 음향의 거리감도 배우가 스스로 냈다. 나 같은 초짜 배우는 녹음실에 얼씬도 할 수 없었다. 거추장스러운 존재이니 말이다.

이 영화는 엄앵란과 처음 연기하는 계기가 됐다. 나는 연기를 잘 못 하는 탓에 점점 주눅이 들었다. 엄앵란은 1957년 〈단종애사〉로 데뷔한 이후 청춘 스타로 떠올랐고, 나와는 비교가 안 되는 위치에 있었다. 여동생 역인 엄앵란은 나와 엮이는 장면만 되면 쭈뼛거렸다. 같이 연기하기 싫다는 짜증스러운 표정이 역력했다.

당시 내 공군 형님은 수원에 살고 있었다. 어머니께서 수원과 내 가회동 하숙집을 왔다 갔다 하셨다. 난 기억이 없는데 어머니는 그 때 내가 집으로 돌아오면 매번 이런 말을 했다고 한다. "엄앵란이 콧대 세고, 건방지다"고 말이다. 내가 엄앵란을 무의식적으로 욕했던 것이다. 그런 우리가 부부가 되다니. 인생은 오래 살고 볼 일이다.

굴욕의 시간

폐기 처분. 이보다 1960~61년 내 상황을 더 잘 설명할 수 있는 단어는 없다. 신필름 전속 배우로 발탁된 나는 겉으론 멀쩡해 보였지만 실상은 그렇지 않았다. 60년 정월 초하루 개봉한 〈로맨스 빠빠〉로 한껏 기대를 받으며 데뷔했으나 연기에 대한 평가는 낙제점이었다.

그 해 여름 안양 관악산 꼭대기에서 영화 〈여인(麗人)〉 촬영이 있었다.

나는 포지션이 없는 신인배우에 지나지 않았기 때문에 촬영장 스태프로 동원되기도 했다. 폭염이 쏟아지는 날이었다. 30㎏이 넘는 24볼트 자동차 배터리 나무상자를 옮겨야 했다. 당시에는 자동차 배터리를 연결해 카메라를 작동시켰다. 두 손으로 낑낑거리며 관악산 밑에서부터 산꼭대기로 옮겼다. 당연히 내가 가장 늦게 도착했다. 산꼭대기라 그늘도 많지 않았는데, 그것마저 선배들이 차지하고 있었다. 땀이 비 오듯 했다. 숨이 턱턱 막혔다. 카메라는 커버에 씌워져 그늘에 놓여 있었다. 너무 힘든 나머지 그 옆에 자동차 배터리 나무상자를 놓고, 엉덩이로 깔고 앉았다. 그 때 등 뒤에서 불벼락이 떨어졌다.

"야, 임마. 기계 위에 앉지 마!"

신성일의 초기 영화 〈백사부인〉에서 주연한 최은희.
(한국영상자료원 제공)

최경옥 일급촬영기사가 내 엉덩이를 호되게 걷어찼다. 대스타 최은희의 동생이자 신상옥 감독의 처남으로, 신필름에서 목소리가 가장 큰 사람이었다. 산에 올라온 모든 사람이 그 광경을 지켜봤다. 아프기도 했지만 부끄럽고 억울했다. 평소 배터리 상자를 스스럼 없이 밟고 올라섰던 그들이었다. 치욕적이었다. 내가 인정받은 신인이었다면 그렇게 할 수 있었을까. 선배들의 눈에 난 값어치가 없는 존재였다.

그 해 신필름의 신작 〈백사(白蛇)부인〉에서 뜻밖의 기회를 얻었다. 〈백사부인〉은 중국 고전 괴기담을 각색한 작품으로 뱀으로 둔갑한 중년 미인이 연하의 젊은 남자를 유혹하는 내용이었다. 신 감독은 다음 해 개봉할 〈성춘향〉의 예비작 개념으로 〈백사부인〉을 찍으며 나와 최은희의 호흡을 테스트한 것이 아닌가 싶다. 신 감독이 요구한 키스신에서 최은희에게 입술을 갖다 대지도 못했다. 하늘같이 모시는 스승 신 감독의 부인이 아니었던가. 신 감독은 촬영을 중단하고 점심을 먹으며 말했다.

"성일아, 너 연애 해봤냐? 나이 먹은 여자와 연애해봐."

이 말은 내 머리 속에 하나의 계시처럼 꽂혔다. 훗날 내가 여드름투성이의 신인 나훈아에게 "연상의 여자와 연애하라"고 한 것은 빈말이 아니었다. 하지만 이 작품에서도 내 존재를 입증하지 못했다.

1961년 신필름의 이형표 감독이 청춘영화 〈아름다운 수의〉를 제작했다. 모든 정황상 당연히 내가 주인공이 될 거라고 생각했다. 그런데 이게 웬일! 주인공은 신필름 소속이 아니라 외부에서 수혈됐다. 〈현해탄은 알고 있다〉의 주인공 이상사와 신인 태현실이 남녀 주연으로 발탁됐다.

모든 게 자명했다. 신성일이란 인간은 신필름에서 쓸모 없는 존재였다. 이 사건을 처음 고백한다. 정말 쥐구멍에라도 들어가고 싶었다. 굴욕과 모멸의 순간이었다. 하지만 이 사건은 분발의 계기가 됐다. 배우 인생을 걸고 승부해야 할 시간이 다가오고 있었다.

〈성춘향〉 VS 〈춘향전〉

얼마 전 바르셀로나와 레알마드리드, 메시와 호날두의 대결(2010~2011 UEFA컵 준결승 1차전)을 지켜보며 밤잠을 설쳤다. 놀라운 개인 돌파로 레알마드리드 수비진을 무너뜨리고 골을 넣은 메시는 숙명의 라이벌 간 대결에서 진정한 영웅으로 떠올랐다.

1961년 1월 영화 〈성춘향〉과 〈춘향전〉의 승부가 그러했다. 신상옥 감독의 신필름이 제작한 〈성춘향〉과 홍성기 감독의 선민영화사가 제작한 〈춘향전〉은 당대

신상옥·최은희 부부와 홍성기·김지미 부부의 맞대결이기도 했던 영화 〈성춘향〉과 〈춘향전〉에서 김진규·최은희의 〈성춘향〉이 압승을 거두었다. 사진은 〈성춘향〉의 한 장면. (한국영상자료원 제공)

최고 감독들의 자존심과 사운을 건 대결로 관심을 모았다. 열흘 간격으로 개봉했을 만큼 피차 간에 포기 못하는 승부였다.

신필름은 이 영화에 모든 역량을 쏟아부었다. 나는 숨을 죽이며 이 대단한 전쟁을 지켜보았다. 당시 이만한 화젯거리도 없었다. 〈성춘향〉은 김진규·최은희가, 〈춘향전〉은 신규식·김지미가 이몽룡과 춘향으로 나섰다. 〈성춘향〉의 최은희와 〈춘향전〉의 김지미라는 최고 여배우 간의 맞대결이었을 뿐 아니라 신상옥·최은희 부부, 홍성기·김지미 부부의 맞대결이기도 했다. 원래 신필름이 고전 『춘향전』을 가지고 제작에 들어갔는데 신필름에서 일하던 제작자 박운삼 씨가 홍성기 감독 쪽에 붙으면서 두 회사가 동시에 『춘향전』을 경쟁적으로 영화화하게 됐다. 뒤늦게 뛰어든 선민영화사가 제작 일정을 단축하며 1월 18일 〈춘향전〉을 국제극장에서 먼저 개봉했다. 신필름은 그로부터 열흘 후 〈성춘향〉을 명보극장에 올렸다.

〈성춘향〉(107분)의 완승이었다. 아무도 예상하지 못한 결과였다. 〈성춘향〉은 장장 74일간 38만 명의 관객을 동원하며 한국 영화와 외화를 통틀어 최고 흥행기록을 세웠다. 반면 〈춘향전〉(110분)은 관객에게 외면을 받았을 뿐 아니라, "새로운 해석이 없을 바에야 차라리 원본의 풍자성이나 개그를 살렸으면 좋았을 텐데, 어설픈 다이제스트로 극적인 악센트가 약하고, 게다가 홍성기 감독의 평면적인 연출과 캐스트의 빈곤으로 덤덤한 뒷맛, 한 가닥 기대했던 코스튬 플레이도 세트가 빈약하여 어그러졌다"는 언론의 비판에 직면했다.

〈성춘향〉은 캐스팅 면에서도 〈춘향전〉을 압도했다. 김진규·최은희 외에도 방자 허장강·향단 도금봉·월매 한은진·변학도 이예춘·목랑천 양석천 등 쟁쟁한 연기파 배우들이 포진했고, 양훈·김희갑·구봉서 등이 배꼽 빠지는 코미디 연기를 했다. 또한 이 영화는 국내 최초의 컬러 시네마스코프(와이드스크린 방식의 대형영화)로 주목을 받았다. 신 감독은

〈성춘향〉은 캐스팅 면에서도 〈춘향전〉을 압도했다. 김진규·최은희(왼쪽) 외에도 방자 허장강·향단 도금봉·월매 한은진·변학도 이예춘·목랑청 양석천 등 쟁쟁한 연기파 배우들이 포진했고, 양훈·김희갑·구봉서 등이 배꼽 빠지는 코미디 연기를 했다. 〈한국영상자료원 제공〉

고가의 코닥필름을 사용했고, 태양의 온도가 필름에 미치는 영향 등을 세심하게 고려해 최고의 화질을 구현했다. 오후 3시 이후에는 색이 잘 밀착되지 않는다는 이유로 촬영을 중단했다. 필름을 현상할 때도 한국은 믿을 수 없다 하여 일본에서 했다. 신필름은 서두르지 않고 치밀하게 준비했다. 그 결과 〈성춘향〉의 화면은 유리알처럼 선명했고, 〈춘향전〉은 칙칙했다.

신필름은 〈성춘향〉에 이어서 〈사랑방 손님과 어머니〉, 〈상록수〉(이상 1961)를 연달아 히트시키며 실력으로 라이벌인 선민영화사를 거꾸러뜨렸다. 선민영화사는 〈춘향전〉의 실패로 문을 닫게 됐고, 힘든 상황에 직면한 홍 감독과 김지미는 다음해 3월 1일 결혼 4년 만에 이혼했다. 나 역시 경쟁의 비정함에 몸을 떨었다.

최고가 되려면 최고를 벤치마킹하라

국립극단 탈출기

단 한 번의 선택이 인생을 바꾸어 놓기도 한다. 국립극단과의 만남은 나를 그 기로에 세웠던 사건이다.

1960년 정월 초하루 개봉한 신필름의 영화 〈로맨스 빠빠〉는 대성공을 거두었지만 쟁쟁한 선배들 틈바구니에서 내 연기력은 빈약하기 짝이 없었다. 나는 폐기 처분 직전의 신인으로서 회사 내에서 찬밥 신세였다. 벼랑 끝에 선 듯하던 1962년 초, 평소 내가 아버님이라고 부르던 이해랑 선생(1916~1989)이 "연극 한번 해보는 게 좋지 않겠어?"라고 권유했다.

당시 국립극장은 '민극(民劇)'과 '신협(新協)'을 전속단체로 두고 있었는데 이 선생은 신협의 대표였다. 배우 전문학원에 다닐 때 나를 가르쳤던 연극연출가 이진순(1916~1984) 선생과의 인연도 있고 해서 이 선생을 알게 됐다.

연극계의 거물답지 않게 인자하고 소탈한 이 선생은 연극 〈뜨거운 양철 지붕 위의 고양이〉(1959), 〈안네 프랑크의 일기〉(1960), 〈미풍〉(1961) 등을 발표하며 연출가로서 전성기를 구가하고 있었다. 원래 그는 부산에서 알아주는 부잣집 아들이었는데 의사였던 아버지는 아들이 연극하는 것을 결사 반대했다고 한다. 젊은 시절 집안에서 내팽개쳐진 아들이 됐지만 연극계를 발판으로 국회의원으로 발돋움했다. 1971년 문화예술계 인사로는 처음으로 공화당 비례대표제 의원으로 선출됐다. 나는 성격이 화통했던 그를 좋아했다.

이해랑 선생의 제안을 거절할 이유는 없었다. 국립극단이 〈젊음의 찬가〉를 준비하던 중에 내가 뛰어들게 되었다. 연기력을 높이는 데는 국립극단만 한 곳이 없었다. 국립극단은 연극계의 정통이었고, 배우들의 자부심도 대단했다. 게다가 이해랑 선생의 선배인 박진(1905~1974) 선생이 연출한 〈젊음의 찬가〉는 젊은이의 패기를 다룬 내용이었다. 내 이미지에 어울렸다. 나는 박성대란 배우와 함께 젊은이 배역으로 더블 캐스팅 됐다. 국립극장이 '시공관'(현 서울시의회)에서 '명동 국립극장'(현 명동 예술극장)으로 옮겨온 것도 이 무렵이다.

하지만 나는 연습 한 달 만에 실망감에 빠졌다. 국립극단 배우들의 생활은 말이 아니었다. 내 눈으로 볼 때는 너무 어려웠다. 출연진이 어울려 식사를 한 기억이 별로 없을 지경이었다. 기껏해야 짜장면이고, 대체로 화덕불에 감자·고구마를 구워먹는 것으로 끼니를 때웠다. 연극 배우들은 생기가 없었다. '우리나라 최고의 극단이라는 집단이 이 정도 형편이구나' 절감했다.

신필름의 경우 배우들이 체력을 보충하기 위해 돼지뼈 콩비지를 주로 먹었다. 거기에 시큼한 김치를 넣어 끓여주면 그 이상 보양식이 없었다. 한 그릇에 500원이었는데 신필름 식대가 그쯤 나왔다. 나 역시 동료들과 그런 음식을 같이 먹으며 기운을 얻었다.

1962년 4월 5일 밤. 〈젊음의 찬가〉 첫 공연의 전야였다. 나는 고민에 빠졌다. '돈을 벌려고 영화계에 투신했는데 연극에 발 담그면 가난에서 벗어나지 못하겠구나' 라는 갈등이 생기며 무대에 서고 싶은 마음이 싹 달아났다. 나와 연극은 길이 달랐다. 결국 그 날로 연극과 연을 끊고 〈젊음의 찬가〉 무대에도 서지 않았다.

그 후 영화로 승승장구하는 나를 본 이해랑 선생은 "그래, 넌 연극하지 말고 영화나 해라" 하고 말씀하셨다. 돌아보니 그 선택은 옳았다. 연극 무대에 서지 않은 것은 대단한 결단이었다. 신필름에 몸을 담고 있었기 때문에 영화와 연극, 양쪽을 비교할 수 있었다. 국립극단만 보고 연극을 선택했다면 지금까지 그곳에 머물러 있었을지 모른다. 연극 무대는 내 야망을 담아내기엔 턱없이 좁았다.

〈아낌없이 주련다〉 주연 제안, 내 인생 두 번째 기회가 왔다

인생에 기회가 세 번 온다는 말이 있다. 어머니께선 내가 어린 시절부터 "기회는 앞머리털밖에 없다. 오면 정면으로 움켜잡아야 한다"는 일본 속담을 들려주셨다. 나는 그 속담을 항상 염두에 두고 있었다. 1959년 신필름 입사에 이어 1962년 여름 두 번째 기회가 찾아왔다.

신필름에 걸려오는 전화를 적극적으로 받으며 작가 및 영화 담당기자들의 목소리를 익힌 효과가 나타났다. 어느 날 영화 담당기자단 간사 격인 동아일보 호현찬 기자가 나를 불렀다. 그가 내놓은 것은 영화 〈아낌없이 주련다〉의 대본이었다. 그 무렵 엄청난 인기 속에 막을 내린 한운사의 라디오 드라마 〈아낌없이 주련다〉를 극동흥업이 영화로 제작하게 된 것이었다. 호 기자에 따르면 20일 뒤 크랭크인 예정인데 감독은 유현목, 여주인공은 이민자로 확정됐다는 것이다. 남자 주인공은 최무룡이 유력하지만 여기에 대해선 이견이 있다는 얘기였다.

이 영화의 기획에 참여하고 있던 호 기자는 남자 주인공으로 나를 밀었다. 영화계 일각에선 젊은 영화가 만들어져야 한다는 목소리가 높았다. 호 기자도 그 중 한 명이었다. 〈아낌없이 주련다〉는 6·25의 피난처가 된 부산 바닷가를 배경으로 레스토랑을 경영하는 전쟁 미망인과 피난 온 아르바이트 대학생의 이루어질 수 없는 사랑을 그린 작품이다. 대본

부산 다대포에서 촬영한 출세작 〈아낌없이 주련다〉(1962)에서의 러브 신. 신성일·이민자의 매력이 돋보인다. (한국영상자료원 제공(조희문 기증))

이 워낙 훌륭해서 출연만 하면 성공할 수 있을 거란 확신이 들었다. 문제는 신필름이 아닌, 극동흥업의 작품이라는 데 있었다.

한 작가와 호 기자는 최무룡 기용을 반대했다. 연상의 여자 이야기인데 최무룡은 이민자와 동년배라 어울리지 않는다는 주장이었다. 반면 신인 연기자를 좋아하지 않는 유현목 감독은 "신성일이 도대체 누구야?"라며 최무룡을 지지했다. 김기영·이만희 감독은 신인을 가르쳐 가며 촬영하는 스타일이었지만 유 감독은 그렇지 않았다. 유 감독은 1961년 〈오발탄〉으로 실력을 크게 인정받은 상태였다.

나는 이 작품을 반드시 해야겠다고 다짐했다. 어차피 신필름에선 월급만 타가는 찬밥 신세. 그러나 다른 회사의 영화였기에 출연하려면 회사의 허락을 받아야 했다. 신상옥 감독은 홍콩 출장 중이었다. 하루 이틀 기다려도 신 감독 소식은 없었다.

호 기자에게 독촉이 오는데 초초해 죽을 지경이었다. 선배 남궁원에게 "형님, 외부에서 책(대본)이 하나 왔는데 신필름에서 출연 허락을 받지 못하면 일단 뛰쳐나가야 할 형편입니다"라고 털어놓았다. 그는 "나가면 밥 굶는다. 월급 타서 쓰는 게 편하지 않겠니"라며 나를 말렸다. 급한 마음에 신 감독의 부인 최은희를 찾아갔다.

그 날 최은희는 신당동에 자리한 도금봉 집에서 도금봉·한은진·남궁원과 어울려 마작을 하고 있었다. 네 명이 마작에 열중하고 있던 터라 용건을 꺼낼 기회가 없었다. 쉬는 시간까지 기다려서 최은희에게 겨우 말을 붙일 수 있었다.

"최 여사님, 다른 영화사에서 책이 왔는데 출연을 승낙받고 싶습니다. 신 감독님이 안 계셔서 이렇게 왔습니다."

"신 감독도 없는데 내가 어떻게 허락해요? 신 감독이 올 때까지 기다려요!"

최은희는 매몰차게 딱 잘라 말했다. 답답한 마음에 눈물이 핑 돌았다. 그 때 남궁원이 얼마 전 신필름과 전속 재계약을 했다는 말이 떠올랐다. 하지만 내게는 재계약 이야기가 전혀 없었다. 나도 3년 전속 계약을 했으니 끝날 때가 다 된 시점이었다. 계약 만료, 이것이 내게 남은 최후의 카드였다.

"넌 배신자…" 소리 뒤로 하고 신필름을 박차고 나왔다

모든 일은 내가 저지르고, 해결하는 것이다. 최선을 다한 뒤의 결연함. 그런 마음으로 극동흥업의 영화 〈아낌없이 주련다〉에 출연할 기회를 잡

무명의 신성일을 발탁해 스타로 키운 신상옥 감독 (중앙포토 제공)

고자 했다. 영화사 측은 최종 결정을 재촉하는데, 막상 카드를 쥔 신상옥 감독은 홍콩 출장 중이었다. 운명의 날 오전. 신필름 사무실에는 황남 전무만 있었다. 황 전무는 이광수 원작의 영화 〈꿈〉에서 최은희와 함께 주연을 맡은 적도 있는 연기자 출신이다. 신 감독과는 친구 사이였고, 신필름의 실질적인 '넘버 투'였다. 떠나는 마당에 이야기를 안 할 수 없었다. 그가 곱게 나오지 않을 거라고 각오한 채 말을 꺼냈다. 1962년 여름, 계약상으론 나는 확실히 자유의 몸이었다.

"드릴 말씀이 있습니다. 신 감독님이 안 계셔서 그렇습니다. 극동흥업에서 책(대본)이 하나 들어왔는데 출연하고 싶습니다."

그는 눈을 치뜨며 목소리를 높였다.

"임마, 여기 전속 배우가 함부로 나가려 해? 나가면 배신이야!"

"계약이 끝난 것 같습니다."

"뭐, 임마? 미스 한, 계약서 찾아와."

황 전무가 골리앗이라면 나는 다윗에 불과했다. 회계 담당 미스 한이 계약서를 가져왔다. 내용을 확인한 황 전무가 계약서를 집어던졌다.

"신 감독 올 때까지 기다려!"

"기다릴 수 없습니다."

"이 배신자 같은 놈" 이란 소리와 함께 눈에서 불꽃이 번쩍 했다. 황 전무가 따귀를 때린 것이었다. 나 같은 녀석은 안중에도 없었다. 몸을 돌려 문을 나서는 순간, 신필름과 인연은 끝이 났다는 걸 직감했다. 나는 신 감독에게 매달려서라도 〈아낌없이 주련다〉에 출연해야 했다. 신 감독과 만났더라도 아마, 허락받기는 어려웠을 것이다.

신상옥 감독이 이후 청춘영화 시대가 올 것으로 예상했다면 내게 다른 제안을 했을지도 모른다. 그러나 훗날 신 감독의 영화 스타일을 보아도 그런 영화와는 거리가 멀었다.

신필름은 내게 고향, 그 자체였다. 그곳에서 전속 배우로 3년간 월급을 받으며 지낸 건 행운이었다. 충무로에서 전속 배우를 둘 정도로 자리 잡힌 회사는 신필름밖에 없었다. 신필름은 스튜디오를 두고, 동시녹음이 가능한 독일제 미첼 카메라를 갖추고, 스태프가 타고 다니는 전용버스를 운영하는 등 모든 면에서 가장 앞섰다. 신필름에는 미첼 카메라 한 대와 아리후렉스(Arriflex) 카메라 세 대가 있었다. 내가 굶지 않고, 일류 작가 및 기자들과 교류할 수 있었던 것도 신필름 덕분이었다.

"넌 배신자야"라는 황 전무의 목소리가 등 뒤에서 들렸다. 2층 계단을 내려오는데, 눈물이 주르륵 흘러내렸다. 소리만 내지 않았을 뿐이지 어떤 울음보다 더 큰 통곡이었다. 나를 키워준 신필름에서 배신자로 낙인 찍힌 채 떠나는 아픔이란…….

신필름이 있던 을지로 3가 을지극장 앞 명성빌딩에서부터 극동흥업이

자리한 충무로 중부경찰서 앞까지 울면서 걸었다. 100m가 채 못 되는 거리였다. 눈물이 비 오듯 흘렀지만 닦지 않았다. 남들이 보든 말든 개의치 않았다. 중부경찰서 앞에 오니 정신이 번쩍 났다. 뒷골목에서 눈물을 닦고 마음을 진정시키려고 한참을 서 있었다. 그런 모습으로 극동흥업에 들어갈 순 없지 않은가. 마음을 단단히 하고 2층짜리 극동흥업 건물로 걸어 올라갔다. 이제부터 다시 시작이었다.

나의 모델, 앤서니 퍼킨스

최고가 되려면 최고를 벤치마킹해야 한다. 젊은 시절 내가 실천한 성공 전략이었다.

눈물을 닦고 극동흥업에 들어갔더니 호현찬 기자와 차태진 극동흥업 사장이 나를 기다리고 있었다.

영화 〈아낌없이 주련다〉를 기획한 호 기자가 신필름에서 벌어진 일을 물었다.

"다 끝냈습니다. 법적으로 문제 없습니다."

영화 〈굿바이 어게인〉에서의 앤서니 퍼킨스(오른쪽 둘째). (중앙포토 제공)

차 사장은 내 말을 듣더니 그 자리에서 계약서 없이 책(대본)과 5만 원을 주었다. 5만 원(화폐개혁 전 50만 환)은 신필름에서 내가 받던 열 달치 월급으로, 이 돈이 계약금인지 아닌지는 따질 상황이 아니었다. 〈아낌없이 주련다〉 촬영 중간에 5만 원을 더 받았으니 이 영화의 출연료는 10만 원인 셈이었다. 어찌 되었든 나로선 너무 가슴 벅찬 순간이었다. 촬영은 일주일 후에 들어가기로 했다.

5만 원을 뒷주머니에 넣고, 하숙집으로 가지 않았다. 하숙집에 들어앉아 대본을 분석하기엔 성이 차지 않았다. 그길로 대구 최고의 부자인 선학알미늄의 사장 자제들이 서울 유학생활을 하고 있는 남산 KBS 1TV(현 남산 애니메이션센터) 부근의 단독주택으로 향했다. 그 집엔 딸 둘과 아들 셋이 있었는데, 나는 그 집 형제들과 특별히 친했다. 나는 그 집으로 들어가 다짜고짜 "2층 방 하나만 빌려주라"고 말했다. 그 집 형제들은 왜냐고 물었다. 〈아낌없이 주련다〉 시나리오 완성도에 대한 나의 확신은 변함 없었다.

"이번에 책을 받았는데 출연하면 정말 성공할 것 같아. 딱 일주일이면 된다."

그 집에 틀어박혀 대본을 읽고, 또 읽었다. 그러다 보니 누군가를 내 연기 모델로 삼아야겠다는 생각이 들었다. 살펴보니 광화문 쪽에서 프랑수아즈 사강의 소설 『브람스를 좋아하세요…』를 원작으로 한 영화 〈굿바이 어게인〉이 상영되고 있었다. 당시에는 일본어 제목 〈이수(離愁)〉로 간판이 걸렸다. 앤서니 퍼킨스, 잉그리트 버그만, 이브 몽땅 주연의 이 영화는 연상의 여인과 연하남 사이의 맺어질 수 없는 절실한 사랑 이야기로 〈아낌없이 주련다〉와 비슷한 느낌이었다.

선학알미늄 자제들의 집에서 신세지는 일주일 동안 〈굿바이 어게인〉을 일곱 번 보았다. 남자 주인공인 퍼킨스는 여성적 느낌이 넘치는 섬세한 멜로 연기에 뛰어난 당대 최고의 배우였다. 〈아낌없이 주련다〉에는 퍼킨스만 한 모델을 찾을 수 없었다.

다른 할리우드 남자 배우들의 장점도 분석해보았다.

〈에덴의 동쪽〉(1955)의 제임스 딘은 반항적 연기가 일품이었고, 말론 브란도는 중량감 있는 하드보일드 영화에 어울렸다.

위 사진은 반항의 상징인 제임스 딘. 아래는 앤서니 퍼킨스.

〈상처뿐인 영광〉(1956)의 폴 뉴먼은 캐릭터를 풍부하게 표현하는 데 대단한 재능을 가졌다.

나는 퍼킨스와 일심동체가 되고 말았다. 퍼킨스의 손 동작과 눈 움직임을 보며 스크린에 나를 대입해 보았다. 또한 퍼킨스의 연기를 생각하며 대본에 동작을 다 적어놓았다. 대본을 100번도 더 본 후 〈아낌없이 주련다〉의 108신 전체(러닝타임 105분, 극장 일일 6회 상영 분량)를 전부 암기해버렸다.

〈아낌없이 주련다〉 촬영은 서울 서라벌예대 바로 위의 미아리 세트장에서 시작됐다. 여주인공 이 여사(이민자)가 경영하고 피난 온 대학생 하지송이 아르바이트를 하는 레스토랑 내부가 주촬영 대상이었다. 유현목 감독은 이 영화의 가장 중요한 장면부터 카메라를 들이댄 것이었다.

당시 9살 꼬마였던 안성기는 이 여사의 아들 역으로 출연했다. 레스토랑 신은 전체 작품의 1/2을 차지했는데, 사흘 동안 밤을 새워가며 촬영했다. 퍼킨스를 모델로 삼은 나의 힘과 열정은 폼페이를 집어삼킨 베수비오 화산처럼 폭발해 멈출 줄 몰랐다.

오토바이 사고

어머니 말씀이 맞았다. 기회를 한 번 움켜잡자 또 다른 기회가 찾아왔다. 부산에서 〈아낌없이 주련다〉 촬영을 마치고 서울로 올라오자마자 김수용 감독의 청춘영화 〈사춘기여 안녕〉 주연 제안이 들어왔다. 이민자와 불꽃 로맨스를 연기했다는 소문이 퍼진 것이었다. 코미디 영화의 대가였던 김 감독은 오토바이를 타고 질주하는 청년 역으로 나를 캐스팅했다. 나는 의정부에서 일주일 동안 250cc 야마하 오토바이를 타며 촬영에 대비했다. 돌이켜보면 매우 위험한 일이었다.

〈아낌없이 주련다〉를 찍으며 한 단계 도약했음을 느낄 수 있었다. 어떤 감독은 촬영 현장에서도 장면을 바꾸고 하지만 유현목 감독은 그런 일이 없었다. 〈오발탄〉에서 사실주의 영화의 정점을 보여준 그는 현장에 시나리오 수정본을 갖고 오는 완벽함을 추구했다. 더는 고칠 게 없도록 말이다. 또 한치의 오차 없이 배우를 움직이게 했다. 배우들은 진을 뺄 정도로 리허설을 많이 해야 했다. 이런 유 감독을 견뎌냈다는 것 하나만으로도 의미가 있었다.

〈사춘기여 안녕〉 촬영 중 불의의 사고가 벌어졌다. 원남동 로터리에서 돈화문 입구까지 촬영이 있던 날이었다.

카메라맨이 일반 영업용 차량 뒷트렁크에 탄 채, 뒤따르는 나를 촬영했다. 촬영장비가 열악했던 때였다. 감독은 조수석에 탔고, 촬영조수가 카메라 옆에서 피사체의 거리를 맞춰 조정했다. 요즘은 200mm 망원렌즈로 25m 떨어진 거리에서도 당겨 찍을 수 있지만 당시에는 45mm 스탠더드 렌즈로 찍었다. 배우가 3m 거리에서 바싹 따라붙어야 했다. 너무 느리게 가면 맥 빠지는 화면이 나왔다.

외국에선 스크린 프로세스(Screen Process)란 기법으로 이런 장면을 소화했다. 배우는 차나 오토바이에 가만히 앉아 있고, 미리 찍어놓은 배경과 합성하는 방식이다. 〈로마의 휴일〉(1953)이 대표적이다. 우리나라는 1980년대에야 스크린 프로세스를 활용했다. 영화 〈길소뜸〉이 KBS 이산가족 찾기 필름을 배경으로 써서 김지미와 합성한 게 좋은 예다.

돈화문 부근에서 촬영차가 신호등에 걸리며 갑자기 서 버렸다. 오른쪽에 구경꾼 차량이 따라붙고 있어 나는 오토바이 핸들을 왼쪽으로 틀었다. 오토바이는 중앙분리선을 넘어가 맞은편 차와 정면으로 부딪혔다. 내 몸은 공중으로 붕 떠 주유소 스탠드에 박혀 버렸다. 오른쪽 다리가 뻐근해 움직일 수 없었다. 다행히 부러진 곳은 없었지만 오른쪽 바지가 다 찢어졌다. 오른손 밑이 까지고, 오른쪽 다리는 피투성이가 됐다. 땅을 짚고 일어나 보니 피로 덮인 오른손에 흙이 잔뜩 묻어 있었다. 살점이 푹 파이고, 약 10cm 가량 찢어졌다.

의사는 마취하고 꿰매면 회복이 늦어지고, 마취 안 하면 회복이 빨라질 것이니, 둘 중 하나를 선택하라고 했다. 영화 촬영은 하루하루가 돈이다. 주인공인 내가

1963년 영화 〈김약국의 딸들〉. 맨 왼쪽 엄앵란의 표정이 실감난다. (한국영상자료원 제공(조희문 기증))

누워 있으면 스태프 인건비, 장비 대여비 등이 쌓이게 된다. 마취 안 하고 꿰맨 후 일주일 동안 가회동 하숙집에서 요양했다. 투지 넘치는 배우로 인정받고 싶었다.

일주일 후 〈아낌없이 주련다〉 초대 시사회가 단성사에서 열렸다. 주연배우로서 영광스러운 자리였지만 내 모습은 처연하게 보였을 것이다. 검정 수트와 넥타이, 흰 와이셔츠에 붕대 감은 손을 받침대에 넣은 채로 손님을 맞이했다.

통영 구타사건

깨지면서 배운다고 하지만 이런 수모까지야……. 내 평생 잊을 수 없는 악몽 같은 사건이 경남 통영 앞바다에서 벌어졌다. 1963년 봄 박경리 원작의 영화 〈김약국의 딸들〉에 출연할 때였다. 조연이었지만 〈아낌없이 주련다〉로 나를 키워준 극동흥업이 제작하고, 유현목 감독과 변인집 촬영기사가 참여한 영화였기에 기꺼이 합류했다. 주연은 엄앵란·최지희 등. 미국 유학파 출신의 김석강이 나와 나이도 비슷해 친구처럼 붙어 다녔다.

촬영 둘째 날이었다. 통영에는 여관이 하나밖에 없었다. 우리는 저녁을 먹은 다음 여관 골방에 배를 깔고 이야기에 열중했다. 당시 미국은 아주 멀리 떨어져 있는, 선망의 대상이었다. 영어가 유창한 김석강이 주로 이야기를 하고, 나는 듣는 쪽이었다. 아무리 들어도 미국 이야기는 신기하기만 했다. 다른 스태프와 배우들은 저녁이 되면 술을 마시고, 외출도 나갔다. 나는 집안 내력상 술이 체질에 맞지 않았다. 김석강도 술을 못했다. 더구나 우린 신인이어서 돌아다니는 것도 부담스럽던 터였다.

당시 여관의 심부름꾼을 '조바'라고 불렀다. 그 여관은 일본식이어서

〈김약국의 딸들〉 촬영장에서 고등학교 때 권투선수였던 박노식으로부터 발길질을 당했다. 술에 취한 행동이라지만 내 가슴 속에 영원히 지워지지 않는 장면이 되었다. 담배 파이프를 물고 연기 중인 박노식. (한국영상자료원 제공)

현관문을 열면 미닫이문이 나오고 복도 양쪽으로 방들이 늘어서 있는 구조였다. 감독이 가장 큰 방을, 배우들이 나머지 방을, 신인배우인 나와 김석강은 끄트머리 골방을 썼다. 조바 아이가 오더니 유 감독과 변 기사가 우리를 부른다고 했다. 그때만 해도 촬영기사라고 했지, 촬영감독이라는 말을 쓰지 않았다.

대선배가 부르는데 안 갈 수 없었다. 유 감독과 변 기사는 개다리 주안상을 사이에 두고 대작을 하고 있었다. 변 기사가 미닫이문 쪽으로 등 돌려 앉았고, 유 감독은 문을 바라보고 있었다. 나는 얼굴 오른쪽으로 문을 보고 앉았고, 김석강은 나와 마주보았다. 우린 무릎 꿇고 공손히 앉았다.

유 감독은 아무리 마셔도 취기는 보이지 않고 코만

빨개지는 두주불사(斗酒不辭) 스타일이었다.

"너흰 왜 통영 구경 안 가냐."

말하기 좋아하는 김석강이 대답했다.

"시나리오 공부하고 있었습니다."

우리 두 사람이 얼마나 기특해 보였을까. 나 역시 열심히 하는 후배들 보면 기분이 참 좋다. 유 감독은 흐뭇한 표정으로 한 잔씩 하라며 술을 따랐다. 조심조심 한 잔을 받아 마시는데 밖에서 시끌시끌한 소리가 들려왔다. 곧이어 미닫이문이 '쾅' 소리와 함께 방 안쪽으로 넘어졌다. 문 앞에 있던 변 기사는 재빨리 몸을 피했다. 선배 배우 박노식이 비틀거리며 문틀을 잡은 채 서 있었다. 그가 발로 차는 바람에 문이 넘어졌던 것이다. 잔뜩 취한 박노식이 나를 향해 고함을 쳤다.

"이 새끼, 노승이(박노식의 동생)보다 못생긴 게, 감독하고 촬영기사에게 술 사면 잘 찍어줄 줄 알아?"

그는 〈아낌없이 주련다〉로 인기를 얻은 내게 앙심을 품은 것 같았다. 졸지에 우리가 술을 산 셈이 됐다. 나는 그 상황에도 무릎을 꿇고 앉아 있었다. 그때 불이 번쩍 했다. 박노식이 내 오른쪽 얼굴에 힘껏 발길질을 한 것이었다.

"참을 인(忍)자 세 개면 살인도 면한다"고 했다. 내 경우가 그랬다. 아무리 술에 취한 행동이라지만 정말 그렇게 나올 줄 몰랐다. 박노식은 내 오른쪽 가슴과 어깨도 짓밟았다. 변인집 촬영기사가 소리 지르며 박노식을 제지했다. 그는 박노식보다 한참 선배였다.

"노식아, 너는 후배만 보이고 선배는 안 보여?"

박노식은 변 기사를 뿌리쳤다. 유현목 감독도 "이놈아, 선배는 안 보이냐"라며 한마디 거들었다. 유 감독은 당황하거나 화가 나면, 손가락으로 콧잔등의 안경만 치켜올리던 '양반'이었다. 동료 김석강은 이미 온데간데 없었다. 참다 못한 변 기사는 박노식의 얼굴을 들이받았다. 자기 코에서 피가 나는 걸 확인한 박노식이 고래고래 소리쳤다.

"아이고~, 촬영기사가 배우 팬다."

활극도 이런 활극이 없었다. 사람들이 달려들어 박노식을 끌고 갔다. 나는 무릎을 꿇고 가만히 있었지만 속에선 별별 생각을 다했다. '아무 잘못도 없이 얻어맞으면서까지 배우를 해야 하나? 영화 때려치우고 한 판 붙어?'

유 감독과 변 기사는 술상을 다시 차리라고 시켰다. 오른쪽 볼과 눈이 부어오르는 걸 느꼈다. 그런데도 내가 무릎을 꿇고 있으니, 분위기가 숙연해졌다. 두 분은 신성일이란 청년이 보통이 아니라고 생각했을 거다. "영화계엔 이런 사람, 저런 사람 다 있다"라며 위로를 했지만 성난 마음에 그 다음 말은 들리지 않았다. 눈치 빠른 변 기사가 "미스터 신, 들어가 쉬라"며 다독였다. 방에 가보니 김석강은 이불 속에 들어가 있었다. 실제로 그는 이 영화 이후 충무로를 떠난 것 같다.

다음 날 아침 촬영장 분위기가 가라앉았다. 배우들 사이에 소문이 퍼진 상태였다. 엄앵란도 나를 걱정스럽게 쳐다보았다. 사단을 일으킨 박노식은 뒤늦게 나타났다. 술이 덜 깬 것처럼 보였다. 그가 민망한지 "촬영합시다"라고 외쳤다. 아침이 되니 내 오른쪽 얼굴은 더욱 부어올랐다. 화난 유 감독은 "노식아, 네가 쟤(신성일) 때려서 촬영 못할 정도야"라며 내 모습을 보여주었다. 박노식은 아무렇지도 않게 말했다.

"생각이 하나도 나지 않는데요."

그 한마디가 내 마음에 찬물을 끼얹었다. 만약 그가 "성일아, 미안하다. 내가 술김에 잘못을 저질렀다"고 했다면, 사나이로서 그냥 털고 넘어갈 수 있었다. 내 얼굴을 보면서도 그렇게 말할 수 있다니……. 신필름에 있을 때는 이런 선배를 만난 적이 없었다. '두고 보자. 언젠가 복수하겠다'고 마음먹었다. 그 날 촬영은 왼쪽 뺨으로 때우고 지나갔다. 박노식은 끝까지 사과하지 않았다.

박노식은 고등학교 때 권투선수였다고 한다. 내가 권투선수 역을 두 번이나 맡은 것도, 한편으론 박노식을 겨냥한 것이었는지 모른다. 일단 화를 꾹 눌렀다. 그 사건은 그렇게 지나갔지만 내 가슴 속에 영원히 지워지지 않는 장면이 됐다.

한국 영화계의 새로운 별

한국 최고 영화라고 자부하는 1966년작 〈만추(晩秋)〉. 이만희 감독, 신성일, 문정숙 주연의 이 영화는 지금까지 네 번이나 리메이크되었다. 하지만 불행하게도 개봉을 마친 영화 필름을 제대로 회수하지 못하여 〈만추〉 필름은 현재 남아 있지 않다. 그 필름이 북한 김정일 위원장 개인 필름 보관소에 있다는 말도 있다. (중앙포토 제공)

〈만추〉의 추억

한국 최고 영화라고 자부하는 1966년작 〈만추(晩秋)〉는 다시 볼 수 없다. 불행하게도 필름이 남아 있지 않기 때문이다.

농익은 여인과 혈기 왕성한 남자가 만나면 어떻게 되는가. 뜨거운 사랑을 나누게 될 것이다. 두 남녀가 언제, 어디에서 불타는 행위를 하는가. 〈만추〉의 관전 포인트다. 이만희 감독은 두 남녀의 우연한 만남과 가슴 찢어지는 이별을 여느 액션 영화 이상으로 긴박하고 섬세하게 빚어냈다. 〈만추〉가 지금까지 네 번이나 리메이크된 것은 멜로 드라마로서의 절대적 매력 때문이 아닐까.

열차칸에서 한 남자가 신문지로 얼굴을 덮고 있는 것이 〈만추〉의 첫 장면이다. 남자는 형사에게 쫓기는 위조지폐단 행동대원 훈(신성일)이다. 훈은 열차 안에서 비련의 여인과 마주친다. 여인은 모범수 혜림(문정숙)이다. 출감을 얼마 앞두고 어머니의 임종 소식을 듣는다. 어머니의 묘소를 찾아 뵈러 3박 4일의 귀휴(특별휴가)를 나온 여인은 연령적으로나 정신적으로나 무르익은 상태. 그녀는 교도소 생활로 남자의 체취를 맡은 지 오래다.

훈은 인천에 있는 혜림의 어머니 묘소를 따라간다. 늦가을 바다와 갈색 해초를 배경으로 한 두 사람의 데이트에서 서정적 영상이 나온다. 서로의 눈빛이 달라짐을 이 감독은 치밀한 계산으로 그려나갔다. 다음 데이트 장소는 스산한 창경궁 동물원이다. 날씨가 춥다 보니 동물들이 죄다 우리 안에 들어가 있었다. 분위기가 너무 정적이라며 고민하던 이 감독은 박제 전시실을 찾아갔다. 그의 선택에 나는 깜짝 놀랐다. 역시 탁월했다. 나는 감독의 요구에 따라 호랑이, 올빼미 등 각종 동물의 울음소리와 동작을 코믹하게 연기했다.

긴박한 상황에 놓인 남자는 격렬한 섹스로 카타르시스를 찾게 된다는 심리학자들의 분석도 있다. 멜로 드라마에서 서스펜스와 스릴은 유부녀가 다른 남자와 밀회할 때, 혹은 그 반대의 부적절한 관계 때에 상승된다. 〈만추〉의 하이라이트인 두 남녀의 불타는 행위는 어느 역의 화물차 칸에서 이루어진다. 밑에 깔린 지푸라기는 동물을 수송하는 화물차임을 알려준다. 두 사람의 정사와 동시에 열차는 움직이기 시작한다. 이 감독은 열차가 철로 이음새에 걸리는 '철커덕, 철커덕' 소리로 정사를 표현했다. 다른 소리는 전혀 없다.

혜림이 복귀하는 마지막 장면의 배경은 아파트 건립으로 헐리기 직전의 마포형무소였다. 붉은 벽돌로 지어진, 철제 장식의 출입구를 가진 멋진 건물이었다. 형무소가 배경으로 걸리는 가운데, 한쪽 벽만 세워진 오픈 세트에서 두 사람은 뜨거운 우동을 함께 먹는다. 고춧가루를 남자에게 타주는 것이 여인의 애정 표시다. 문정숙의 눈물어린 큰 눈이 슬프게 느껴진다.

〈만추〉 필름은 어디로 갔을까. 당시 괜찮은 작품들의 네거티브 필름은 홍콩으로 수출됐다. 영화사가 영세하던 그 시절, 개봉을 마친 영화 필름을 회수하는 시스템이 부실해 좋은 영화가 사라진 경우가 많았다.

〈만추〉 필름은 북한 김정일 국방위원장의 개인 필름보관소에 있다는 말도 있다. 신상옥 감독이 필름 목록을 보았다고 했다. 오리지널 〈만추〉를 언제 다시 볼 수 있을지.

다시 만난 신상옥 감독

곰살궂은 성격이 때론 도움이 된다. 평소 강하게 보이는 나의 또 다른 이면이다.

1967년 하반기 어느 날, 신상옥 감독의 부름을 받았다. 신 감독은 1959

년 나를 영화계로 끌어준 은인이다. 1962년 전속계약 만료(3년)로 내가 신필름을 떠난 후로 신상옥·최은희 부부는 나를 냉랭하게 대했다. 매년 설날 세배하러 가면 인사를 받기는 했지만 그리 달가워하지 않는 표정이었다. 나는 무릎 꿇고 앉아 있다가 다른 손님이 오면 그 틈을 보아 자리를 떴다. 서먹서먹하고 어려운 관계였다.

5년 만의 부름이었다. 원효로 신필름 사무실로 갔다. 신필름은 1959년 광화문 조선일보 뒤편, 1962년 을지로, 60년대 후반 원효로, 1973년 허리우드극장으로 사무실을 계속 옮겨 다녔다. 신필름 역시 톱스타가 된 나를 쓰지 않을 수 없는 입장이었다. 신 감독이 〈내시〉 시나리오를 주면서 같이 하자고 했다. 읽어 보니 작품이 좋았다.

신 감독은 일을 전격적으로 했다. '영화계의 제왕' 인 그가 마음먹으면 곧 작품이 만들어졌다. 나 역시 가장 바쁠 때였다. 신 감독의 작품이기에 다른 스케줄을 다 미루면서 네 번이나 그 쪽 편의에 맞춰주었다. 그러던 어느 날 신필름에서 진행을 보던 친구가 집에 찾아와 대뜸 말했다.

"오늘 촬영해야 합니다. 우리 오야지가 부릅니다."

'오야지' 는 일본어로 아버지를 뜻한다. 신 감독을 가리켰다. 두목이라는 '오야붕' 보다 무게감 있는 말이다. 나는 신필름의 스케줄에 대해 들은 바가 없었다. 신 감독이 부르면 내가 꼼짝 못한다는 걸 그는 잘 알았다. 화가 나기 시작했다.

"야, 오늘 네 군데나 촬영 있어."

"오야지가 부르는데 안 갑니까?"

그가 눈을 부릅떴다. 적반하장이었다. 나는 "이제부터 스케줄 잡고 진행해!"라고 소리쳤다. 격한 말이 오간 끝에 그 친구의 뺨을 두세 대 때렸다. 그가 회사에 가서 그대로 이야기를 하고, 1주일짜리 진단서를 떼어와 나를 고발했다. 고발 주체는 신필름이었다. 어찌할 도리가 없어, 난 나대로 촬영을 다녔다. 연예계가 여러 폭행 사건으로 시끄러울 때였다.

신필름에서 제작한 신상옥 감독의 〈내시〉. 윤정희가 열연했다. (한국영상자료원 제공 (조희문 기증))

서울지방검찰청에서 강력부장 이모 검사와 마주했다. 그는 자기 회전의자의 1/3 정도만 차지할 정도로 체격이 왜소했다. 나를 보자마자 카랑카랑한 목소리로 외쳤다.

"네가 신성일이야? 그렇게 힘이 좋아? 왜 사람을 패고 그래."

나는 전혀 위축되지 않았다. 왜소한 그가 되레 정겹게 보였다.

"혼 좀 나봐. 약식기소 2주, 유치장이야. 벌금은 1주에 3만 5천 원씩, 2주에 7만 원."

7만 원이라면 당시 상당히 큰 액수였다. 카랑카랑한 목소리 가운데서 나를 좋아하는 느낌이 들었다. 곰살

굳게 굴어보는 것도 나쁘지 않을 것 같았다.

"아저씨!"

"이놈아, 어디서 아저씨라 그래?"

이 검사는 어이없다는 듯 나를 보았다.

"아저씨, 1주일만 깎아주세요."

"너 돈 많이 버니까 벌금도 많이 내."

"돈은 문제가 아닙니다. 그래도 제가 명색이 스타인데 기분이 다르지 않습니까?"

그는 졌다는 듯 "1주일 약식기소"라고 서기에게 말했다. 난 3만 5천 원을 물고 나왔다. 그 사건은 처음엔 불미스러웠지만 나중엔 유쾌하게 끝났다.

나나 신상옥 감독이나 영화에 미친 사람이었다. '영화'라는 공통분모 아래에서 서로 이해하지 못할 게 없었다.

1967년 〈내시〉 스케줄 문제로 신필름 직원을 폭행해 고소를 당했지만 무사히 촬영을 마쳤다. 1주일 약식기소라는 가벼운 처벌을 받았지만 신필름의 직원 문제를 더 이상 문제 삼지 않기로 했다.

액땜을 한 것일까. 〈내시〉는 크게 성공했다. 1968년 최고 흥행작 중 하나였다. 애인(윤정희)이 나인(內人)으로 뽑혀 궁에 들어가자 그녀를 구하기 위해 내시로 위장하는 남자(신성일)의 이야기다. 〈내시〉는 노출 시비에 휘말리며 검찰에 고소당했다. 왕(남궁원)에게 몸을 앗기는 장면에서 윤정희가 웃통을 벗은 뒷모습이 문제가 됐다. 신 감독은 피고인 조사를 받고, 나와 윤정희·남궁원 주연배우 셋은 증인으로 출두하라는 연락을 받았다. 내가 법정에 섰을 때 윤정희와 남궁원은 보이지 않고, 신 감독만 나와 있었다. 판사가 물었다.

"배우는 감독이 지시하는 대로 다 따릅니까?"

주연배우의 자존심을 지키고 싶었다. "영화배우도 창의성을 갖고 성

1. 맨발의 청춘   57

격을 만듭니다. 감독의 말대로 따라 하는 것은 주연배우의 모습이 아닙니다."

판사는 나머지 증인 두 사람이 나오지 않았으니, 그들을 다시 불러 증인 청취를 해야겠다고 했다. 그가 망치를 내리치려는 순간, 신 감독이 제동을 걸었다.

"재판장님, 신성일은 굉장히 바쁜 배우입니다. 다른 두 배우도 같은 대답일 텐데, 증인 채택은 신성일 한 사람으로 받아들여 주십시오."

판사는 잠시 생각하더니 "증인 심문은 이것으로 마치겠소"라면서 망치를 두들겼다. 복도로 걸어 나오는데 기분이 좋았다. 신 감독과 배짱이 맞았기 때문이다. 신 감독이 말했다.

"오히려 이 사건으로 홍보가 된 셈이다. 우리 〈내시〉 속편 만드는 게 어때?"

사양할 이유가 없었다. 의기투합한 우리는 그 자리에서 〈속(續) 내시〉를 만들기로 했다. 다음 해 신 감독과 나·문희가 뭉쳐 〈속 내시〉도 성공시켰다.

〈내시〉는 신필름의 사세를 일으키는 데 많은 도움이 됐다. 당시 영화 제작사들은 어려움을 겪고 있었다. 극장 수에 비해 영화제작사가 너무 많았던 것. 상영을 기다리는 작품이 줄서 있었다. 때문에 극장의 횡포가 엄청났다. '하루 관객 1000~1500명이 들지 않으면 다음 작품 예고를 내보내겠다'는 계약조항도 강요했다. 커트라인에 걸리면 일주일마다 프로그램을 교체해 버렸다. 수익 정산 때 극장 화장실 청소비까지 제작자에 떠넘길 정도였다. 세기상사처럼 극장을 소유한 제작사들은 버틸 수 있었다. 한국영화 제작은 수입 쿼터를 받는 방편이었고, 수입 쿼터를 받은 제작사들은 외화로 돈벌이 하는 데 혈안이 됐다.

〈춘몽〉(1965)과 〈내시〉, 60년대 외설 및 노출 시비에 걸린 두 작품에서 내가 주인공을 했다는 사실도 이채롭다. 검찰은 사회규범에 비추어 고소를 했지만, 사실 작품성이 뛰어난 영화들이었다. 어찌됐든 〈내시〉로 신 감독과 나 사이에 흐르던 서먹한 마음이 눈 녹듯 사라졌다. 작품을 함께 하면 다 끝난 것이다. 우린 그런 사내들이었다.

대한민국 스포츠머리의 원조

젊음은 거칠 게 없다. 무엇이든 가능하다. 그 힘을 바탕으로 찍은 영화가 〈가정교사〉(1963)다.

〈아낌없이 주련다〉에 출연하면서 극동흥업에 자주 드나드는 관계가 됐다. 〈아낌없이 주련다〉 이후 또 한 번 성공을 노린 극동흥업은 일본 작가 고미가와 준페이의 소설을 원작으로 한 영화 〈가정교사〉의 판권을 정식으로 샀다. 지금도 일본 최고 배우로 추앙받는 이시하라 유지로와 요시나가 사유리가 남녀 주연하며 대성공한 작품이었다. 주인집 이복형제가 가정교사인 여주인공을 서로 좋아한다는 이야기였다. 시나리오 작가 서윤성이 한국식으로 각색을 했는데 대본이 기가 막히게 좋았다. 나는 원작소설을 구해 읽기까지 했다.

어느 날 극동흥업에 갔더니, 차태진 사장이 〈가정교사〉 일본 스틸 사진을 들여다보고 있었다. 차 사장과 김기덕 감독은 남자 주인공을 놓고 고민 중이었다. 나는 명동 뒷골목에서 구한 일본 영화잡지 《스크린》을 읽고 유지로의 스포츠머리를 알고 있었다. 반항적 이미지의 청춘 스타로 떠오른 유지로는 소설가로 명성을 떨친 이시하라 신타로 현 도쿄 도지사의 동생이었다.

이시하라 형제는 전후(戰後) 일본 문화계를 휩쓸었다. 형인 신타로는 1955년 발표한 소설 『태양의 계절』에서 태평양전쟁 패배 후 몰락하는 황족의 후예와 기성 질서에 반항하는 젊은이를 그렸다. '태양족(太陽族)'이

영화 〈가정교사〉에서 짧은 스포츠머리를 유행시킨 신성일은 반항적인 청춘 스타의 이미지를 굳혔다. (한국영상자료원 제공)

라는 용어도 유행시켰다. 동생 유지로는 일본인으로는 보기 드물게 체격이 훤칠했다. 액션에 능하고, 노래도 매력적인 청춘영화의 대명사였다. 유지로가 1962년 부른 〈빨간 손수건(赤いハンカチ)〉은 NHK가 발표한 '20세기 일본의 노래 100곡' 안에 들어 있다.

차 사장이 들고 있는 사진을 보았을 때 '앗싸리(일본어로 산뜻하다는 뜻)' 하다는 느낌을 받았다. 특히 유지로의 스포츠머리가 눈에 확 들어왔다. 〈가정교사〉는 더 생각해볼 필요도 없이 내게 꼭 맞는 영화였다. 나는 차 사장에게 당돌하게 말했다.

"나 머리 깎습니다."

차 사장은 아무 말도 안 했다. 그길로 충무로 라이온스 호텔 1층 이발소로 가 스포츠머리로 깎았다. 〈아낌없이 주련다〉 때는 긴 머리였으니 180도 이미지 변신이었다.

차 사장은 말수가 적은 사람이었다. 배역은 그 다음날 차 사장과 김 감독이 내 머리를 보고 싱긋 웃은 걸로 결정됐다.

예상대로 영화는 대성공이었다. 나는 반항적인 청춘 스타의 이미지를 굳혔다. 그 전까지 어떤 영화배우도 스포츠머리를 시도하지 않았다. 이 영화로 스포츠머리가 유행하게 됐다. 시골 이발소에선 "신성일 머리로 깎아 달라"는 주문이 크게 늘어났다.

내 스포츠머리는 요즘의 퍼머 이상으로 돈이 많이 들었다. 군인머리처럼 휙 밀어버리는 것이 아니었다. 깔끔한 모습을 유지하기 위해 나흘에 한 번씩 다듬어야 했다. 1964년 최고 히트작인 〈맨발의 청춘〉을 비롯해 상당수 청춘물을 이 머리로 소화해냈다. 난 대한민국 스포츠머리의 원조인 셈이다.

'한국의 이시하라 유지로'라고 불리기 시작한 것도 이 때다. 한국의 신성일, 일본의 이시하라 유지로, 미국의 폴 뉴먼이 같은 계열의 배우라 할 수 있다. 난 서서히 〈맨발의 청춘〉을 향해 다가가고 있었다.

촬영 기간 18일, 〈맨발의 청춘〉은 급조된 흥행작이었다

시간이 없어서 어떤 일을 못한다는 말은 핑계에 불과하다. 모든 일은 절박한 상황에서 이뤄진다. 〈맨발의 청춘〉(1964)은 장고 끝에 만들어진 작품이 아니었다. 촬영 기간은 불과 18일. 일정이 매우 촉박했지만 보기 드문 흥행작이 되었다.

"눈물도 한숨도 나 혼자 씹어 삼키며/밤거리의 뒷골목을 누비고 다녀도/사랑만은 단 하나에 목숨을 걸었다/거리의 자식이라 욕하지 말라/그대를 태양처럼 우러러보는/사나이 이 가슴을 알아줄 날 있으리라."

첫 장면부터 짙은 페이소스가 풍기는 가수 최희준의 저음은 관객의 가슴을 파고들었다. 시대의 감성에 호소하고, 카타르시스를 느끼게 하는 탁월함이 있었다. 지금도 뒷골목 청년 두수(신성일)와 천사 같은 상류층 딸 요안나(엄앵란)를 기억하는 사람이 많다.

일정이 빠듯하다 보니 촬영은 변칙적으로 진행됐다. 편집을 잘하는 김기덕 감독은 촬영 중반부턴 아예 녹음실에 틀어박혔다. 현장에서 찍어서 녹음실로 보내면 녹음실에서 편집해가며 녹음을 했다. 조감독 고영남과 나, 엄앵란 셋이 현장을 만들다시피 했다.

나와 엄앵란, 트위스트 김은 상황마다 아이디어를 쏟아냈다. 여러 명의 위트, 열정, 패기가 감각적인 액션을 만들어냈다. 난 그때 엄앵란의 순발력에 놀랐다. 액션에 관한 한, 내가 현장감독이나 마찬가지였다. 울분에 찬 두수가 휘두르는 주먹에 아우 아가리(트위스트

〈맨발의 청춘〉에서 트위스트 김(왼쪽)과 함께. 이 영화가 성공하면서 신성일은 하루 24시간이 모자랄 정도로 많은 영화에 출연했다. (한국영상자료원 제공)

김)가 맞아 쓰러지는 장면은 어떠했나. 나는 영화 출연이 처음인 트위스트 김에게 쓰러지는 동작을 세밀하게 가르쳤다.

"오른손이야. 고개 왼쪽으로 돌려!"

동시녹음이 아니기에 가능한 일이었다. 첫 장면부터 껌을 질겅질겅 씹고 있는, 발을 테이블에 걸치고 찻잔은 무릎 위에 얹은 반항적인 두수의 모습을 생각해보라. 나는 완전히 힘을 빼고 연기를 했다. 배우들이 판에 박은 연기를 하도록 지시하는 유현목, 김기영 감독의 영화 같았으면 그런 모습이 나오지 않는다.

배우의 역량을 최대한 끌어올린다는 지론을 가진 신상옥 감독 밑에서 연기 생활을 시작한 것이 나로서는 행운이었다. 액션에 능한 나는 이미 카메라 앵글을 꿰뚫고 있었고, 청춘영화에서 어떤 연기를 해야 하는지 알고 있었다. 감독들이 나를 안심하고 쓸 수 있는 유일한 배우로 성장해 갔다.

'두수'라는 주인공 이름도 내가 지었다. 차태진 극동흥업 사장과 김 감독은 주인공 이름을 짓지 못해 고심했다. 두수의 모델은 당시 김두수 우석대 재단이사장이었다. 내가 대한민국 최고의 멋쟁이로 여겼던, 미국 배우 안소니 퀸과 닮은 분이었다. 갑자기 김두수 씨가 생각나 전화를 걸었다.

"형, 〈맨발의 청춘〉에 형 이름 써도 괜찮아?"

"나야 좋지."

그는 흔쾌히 허락했다. 두수는 아무리 봐도 뒷골목 이름으로 어울렸다. '요안나'란 이름은 세례명이다. 때묻지 않은 고귀한 이름으로 뒷골목 사나이 두수와의 신분 격차를 벌리는 역할을 했다. 그렇기에 두 사람이 방앗간에서 손을 꼭 잡고 자살했을 때 감동이 커졌다.

트위스트 김이 눈길 위에서 울면서 두수의 시신을 실은 리어카를 끄는 엔딩 장면에도 재미난 사연이 숨어 있다. 촬영팀은 눈을 찾아 대관령으

〈맨발의 청춘〉에서 뒷골목 사나이 '두수' 역의 신성일.
(한국영상자료원 제공)

로 떠났다. 거적에 덮인 발만 찍는데 내가 갈 필요는 없었다. 카메라에 잡힌 두수의 맨발은 제2 조감독의 발이었다.

태종대의 비극

1964년 2월 〈맨발의 청춘〉이 개봉했을 즈음이다. 연달아 욱일승천(旭日昇天)의 기세로 촬영한 작품이 〈욕망의 결산〉이었다. 갓 데뷔한 임권택 감독, 나와 이대엽, 김혜정이 호흡을 맞춘 〈욕망의 결산〉의 배경은 부산 부둣가 뒷골목이었다. 〈맨발의 청춘〉류 영화였다. 내가 이대엽 조직의 부하, 김혜정이 이대엽의 여동생 역을 맡았다. 태종대에서 나와 김혜정이 데이트하는 장면이 백미였다.

촬영팀은 광복동 파출소 뒤편 30m 거리에 있는 여관에 숙소를 정했다. 광복동에 호텔이 있었지만 값이 비쌌다. 국제시장과 극장 3곳(제일극장·부산극장·부림극장)이 있던 광복동 거리는 부산에서도 가장 번화했다. 광복동에서 태종대까지는 가까운 거리가 아니었다. 우리는 부산항 제3부두에서 똑딱선을 타고 태종대로 들어가야 했다. 첫날은 제3부두 촬영이었다.

해가 떨어지자마자 촬영이 끝났다. 세 살 위 선배이자 공군 출신인 이대엽이 내 손을 꽉 잡으며 말했다.

"성일아, 술 한잔 하자!"

내키지는 않았지만 거부할 수도 없었다. 생전 처음으로 부산 시내 술집을 구경했다. 이대엽은 나를 부산진역 앞으로 데려갔다. 그곳 술집은 주로 외항선 마도로스들을 상대했다. 1960년대에는 귀했던 맥주와 양주들이 넘쳐났다. 이대엽이 그 중 가장 크고 화려한 곳으로 앞장서 들어갔다. 그를 알아본 종업원들이 야단법석을 떨었다. 이대엽이 전부터 잘 아는 집인 것 같았다.

"대엽 오빠, 오빠."

보통 인기가 아니었다. 당시 경상도에서 이대엽의 인기는 하늘을 찌를 법했다. 1960년에 출연한 영화 〈경상도 사나이〉의 주인공으로 큰 성공을 거두었던 것이다. 내가 아무리 〈맨발의 청춘〉으로 스타가 됐다고 하지만 그곳에선 이대엽에 비할 바 아니었다. 이대엽이 나를 소개했다.

"내 뒤에 신성일 왔다!"

더 난리가 났다. 우리는 술집 주인과 아가씨들에게 떠밀리다시피 해 2층으로 올라갔다. 조니워커 같은 고급술이 들어왔던 것 같다. 남자는 나와 이대엽뿐인데, 여자는 8명 정도였다. 선배 박노식에게 발길로 얼굴을 얻어맞고 '술은 저렇게 마시면 안 된다'는 것을 가슴에 새겨넣었던 나였

영화 〈의형제〉에서의 신성일. 젊은 시절엔 격렬한 액션 신이 많았다. (한국영상자료원 제공)

지만 그 자리에서 빠져나올 수도 없었다. 부산 지리에 완전히 어두웠던 데다 이대엽이 마주앉아 나를 꽉 누르고 있었다. 독한 양주 탓에 나는 완전히 인사불성이 됐다. 얼만큼 마셨는지 몰랐다.

아침에 눈을 떴다. 창을 열어 보니 해가 중천에 떠 있었다. 심장이 덜컥 멎어버리는 것 같았다. 촬영을 위해 모두들 기다리고 있을 게 분명했다. 내 몸을 살펴보았다. 옷은 다 입고 있었는데 그 사이 무슨 일이 있었는지 알 수 없었다. 이대엽도 보이지 않았다. 옆방에 가 보니 그가 잠에 취해 있었다. 나는 고함을 질렀다.

"대엽이 형, 일어나!"

상황을 파악한 이대엽도 "큰일났다"며 뛰어나왔다. 현장에선 이미 난리가 났다. 주연배우 두 명이 행방불명되었으니……. 범아영화사 제작부장은 사색이 됐다. 그때 제작사와 임권택 감독에게 얼마나 미안했던지. 제3부두에서 똑딱선을 타고 태종대 부두에 도착해 로프를 잡고 올라서는데 몸이 으슬으슬했다. 끔찍한 사건의 전조였다.

발 한 번 삐끗하면 천길 낭떠러지로 떨어질 수 있는 게 인생이다. 부산 술집을 빠져나와 태종대에 닿았을 무렵, 몸 상태가 말이 아니었다. 술도 덜 깬 데다 날씨도 추웠다. 〈욕망의 결산〉 상대역인 김혜정이 촬영 현장에서 나를 기다리고 있었다.

나와 김혜정이 태종대 바위 위에서 나란히 걷는 장면이었다. 뒷골목 건달 역이었기에 파일럿 점퍼에 손을 넣은 채로 카메라 테스트에 임했다. 이게 웬일! 태종대 바위는 울퉁불퉁하고 구멍이 숭숭 뚫려 있었다. 발을 헛디뎠다. 점퍼에 넣은 손을 빼낼 겨를이 없었다. 넘어지면서 얼굴이 그대로 바위에 찍히고 말았다. 선글라스는 깨졌고, 얼굴에서 피가 넘쳐 흘렀다. 누군가 수건으로 내 얼굴을 감쌌고, 바로 그길로 똑딱선 타고 부산항으로 갔다.

도착해 보니 부산 광복동 해돋이병원이었다. 왼쪽 눈 바로 위쪽 미간이 찢어졌다. 선글라스 조각이 그 사이로 파고든 상태였다. 코도 주저앉았다. 김혜정이 울음 섞인 목소리로 의사에게 애원했다.

"선생님, 신성일 씨는 큰 인물이 될 사람입니다. 치료 잘 해 주세요."

눈 감고 누워 있어 그 모습을 볼 순 없었지만, 김혜정의 목소리가 지금도 귓가에 생생하다. 수술은 두 시간 이상 걸렸다. '이제 영화배우 생활 끝났구나. 내 팔자구나'라는 생각이 들었다. 뭔가 해보려고 하는데 한 번의 실수로 배우 생활이 끝난 것 같았다. 그런 내 자신이 한심했다.

수술을 마친 의사는 "흉터를 남기지 않기 위해 가장 가는 6호실로 꿰맸다. 그러나 코는 내가 만질 수 없다"라고 말했다. 얼굴이 붓기 시작하면서 눈을 뜰 수 없었다. 곧바로 열차에 실려 서울로 왔다. 임권택 감독과 제작자에게 미안한 마음뿐이었다.

내 얼굴을 본 어머니는 통곡했다. 며칠이 지났지만 어머니께선 내게 거울을 보지 말라고 하셨다. 주저앉은 코도 빨리 세워야 했다. 어머니가 수소문한 곳은 종로 1가의 노이비인후과였다. 나이 지긋한 의사는 노란 고무줄을 씌운 쇠꼬챙이를 코 속에 밀어넣은 다음 다른 손으로 어긋난 코뼈를 맞추었다. 코에서 '두둑' 소리가 나면서 막혀 있던 피가 확 쏟아졌다. 아픔을 느끼지도 못했다. 확실히 효과가 있었다. 며칠이 지나자 얼굴이 좀 돌아왔다. 병원에 다시 가니 의사가 손으로 코를 만져주었다. 그때 기술로는 그게 최선이었다.

자세히 보면 지금도 내 코는 약간 비뚤어져 있고, 코를 잘못 풀면 피가 섞여 나온다.

1. 맨발의 청춘

건강해서 그런지 회복이 빨랐다. 사건 발생 2주 만에 붕대를 풀고 바깥으로 나갔다. 영화잡지 《영화세계》의 시상식장이었다. 신인상을 받았다. 그리고 〈욕망의 결산〉 촬영을 재개했다. 아쉽게도 흥행 성적은 그리 좋지 않았다.

'태종대 사고'는 내가 기본을 지키지 않아서 일어났다. 배우에게 손 처리는 연기의 기본이다. 손을 못 넣게 하려고 바지주머니를 꿰맨 채 연기공부를 하던 나였다. 춥다고, 폼 잡는다고 손을 주머니에 넣었다가 사고를 당한 것이다. 지금은 추우면 차라리 장갑을 끼고 다닌다. 바지주머니에 절대 손을 넣지 않는다. 내 눈 위의 상처 자국은 그때의 교훈을 웅변한다. 영화계에서 쉬쉬해서 조용히 지나갔지만 말이다.

코끼리의 비극

백 번 잘해도 한 번 잘못으로 망할 수 있다. 1960년대 최고의 흥행 영화 〈맨발의 청춘〉을 제작한 극동흥업이 그랬다. 극동흥업은 나와 엄앵란 콤비, 김기덕 감독을 앞세워 날로 사세를 키워갔다. 60년대 초중반 내가 주연한 〈아낌없이 주련다〉, 〈가정교사〉, 〈맨발의 청춘〉, 〈떠날 때는 말없이〉, 〈불량 소녀 장미〉, 〈말띠 신부〉, 〈흑발의 청춘〉, 〈불타는 청춘〉 등을 쏟아냈다. 극동흥업과 관계가 긴밀했던 아카데미극장은 〈맨발의 청춘〉 하나로 빚 1억 원을 다 갚았다.

1967년께 극동흥업은 서울 중심가의 빌딩 하나를 통째로 사고도 남을 자금을 축적했다. 어떤 영화든 잘 만들어내는 전천후 감독인 김기덕이 소속돼 있었다. 차태진 사장과 함께 극동흥업을 창업하다시피 한 김 감독은 찍기만 하면 흥행이 되는 '달러 박스'였다. 든든한 우군을 가진 차 사장은 중부경찰서 맞은편의 잡지사(희망사) 빌딩을 사서 사옥을 옮기

러는 계획까지 세웠다.

김 감독에 따르면, 극동흥업은 홍콩의 대규모 서커스단을 유치해 전국 투어를 하기로 했다. 이 서커스단은 코끼리까지 보유하는 등 당시로서는 세계 3대 서커스에 들어갔다. 자금을 더 키우려는 욕심에 꼭 맞아떨어지는 이벤트였다. 피에로가 대포를 발사하면 그 속에 있던 사람이 공중으로 날아가는 등 60년대 당시로는 상상을 초월하는 무대였다.

전국 투어의 출발점은 부산이었다. 대구와 각 도시를 거쳐 화려하게 서울로 입성한다는 구상이었다. 하지만 공연은 처음부터 순조롭지 않았다. 자금 문제로 외환관리법과 마찰을 빚으며 차질이 발생했다. 계약을 마친 다음 홍콩측과 이면으로 진행해야 하는 사항도 있었다.

극동흥업은 각 지역에서 매점 등을 운영할 업자를 선정하고, 이들로부터 선금을 받았다.

복잡한 사정으로 공연 일정이 지연됐고, 계약 불이행과 관련한 피해 분쟁이 일어났다. 서커스단 규모도 축소됐다. 결정타는 코끼리 사망 사건이었다. 부산항에서 하역하던 홍콩 서커스단의 코끼리가 바다에 빠져 죽는 불상사가 일어났다.

서커스는 서울까지 올라가지도 못했다. 지방 공연에서 가는 곳곳마다 죽을 쑨 탓에 극동흥업은 자본금을 소진했다. 코미디 같은 일이지만 한국에 온 홍콩 서커스단 단장은 하루아침에 날거지가 됐다. 본국에도 돌아가지 못하고 인천의 허름한 여관방에서 생활하던 그는 PX에서 물건을 훔치다 잡혀 구속됐다. 단원과 동물들은 어떻게 됐는지 알 길이 없다. 이 공연과 관련된 사람들은 모두 망했다.

차 사장은 부도를 내고 해외로 도피했다. 극동흥업이 손해 본 액수를 요즘 돈으로 환산하면 족히 수백 억은 됐을 것이다. 급한 불은 김 감독이 껐다. 그 자금은 영화계에서 나왔다. 차 사장이 영화계에서 인심을 잃지는 않았음을 볼 수 있는 단면이다.

극동흥업은 다음해 재기를 노렸다. 나를 포함해 극동흥업과 인연이 깊었던 배우들이 노 개런티로 김 감독이 연출한 작품에 출연했으나 성과를 내지 못했다. 홍콩 서커스 후유증에 시달리던 극동흥업은 이후로도 명맥만 유지하다가 1972년 정부에서 부실 영화사를 정리하면서 문을 닫게 되었다.

24시는 부족하다, 25시의 삶

지프차 난투극

1964년 7월 무렵 〈잃어버린 태양〉의 촬영이 한창이었다. 〈맨발의 청춘〉에서 조감독을 맡은 고영남의 감독 데뷔작이었다. 나와 엄앵란은 젊은 패기로 〈맨발의 청춘〉을 만들어낸 고 감독의 재능을 인정했다.

합동영화사 곽정환 사장이 우리에게 신인 감독을 소개해달라 해서 그를 추천했었다.

한남동 단국대 부근 세기촬영소 한구석에서 온종일 나를 뚫어지게 보는 사람이 있었다. 연합영화사 제작부장 김태수였다. 그날 저녁 나는 또다른 영화 〈목마른 나무들〉을 찍어야 했는데, 김 부장이 나를 빼앗아 가기 위해 기다리고 있는 것이었다. 〈목마른 나무들〉은 정연희 작가 원작에 〈배신〉의 정진우 감독이 메가폰을 잡은 작품이었기에 나도 신경 쓰지 않을 수 없었다. 그러나 〈잃어버린 태양〉도 고 감독의 데뷔작이어서 많이 도와줘야 했다.

당시 각 영화사는 주먹을 쓸 줄 아는 사람을 제작부장으로 기용했다. 나와 엄앵란의 출연 여부가 영화 흥행과 직결되던 때였다. 제작부장들은 나와 엄앵란이 모월 모일 몇시에 무슨 영화를 찍고 있는지 줄줄 꿰고 있었다. 그걸 정확히 모르면 영화사에서 퇴출되었다.

제작부장의 능력은 다른 것이 없었다. 우리의 스케줄을 따오는 사람이

신성일, 엄앵란의 주연 영화 〈잃어버린 태양〉(1964)의 한 장면. 신성일 앞에서 담배를 피우고 있는 여인은 배우 도금봉이다. (한국영상자료원 제공)

최고였다. 그들은 몸싸움도 불사해야 했다. 연합영화사 김 부장도 주먹 출신이었다. 나는 권투선수 출신 안천호를 매니저로 두고 있었다.

해가 뉘엿뉘엿 넘어가고 있었다. 촬영 분량이 많은 탓에 고 감독은 일정대로 끝내지 못했다. 게다가 그 주변에선 살기등등한 김 부장이 버티고 있었다. 고 감독은 "빨리 다른 촬영장으로 가라"며 미안해했다. 내가 빠져나가면 세트가 곧 부서질 게 뻔했다.

나는 고영남 감독을 위해 한 시간을 더 버텼다. 화가 난 김 부장은 고래고래 고함을 지르다 못해 화풀이로 내 운전기사를 때렸다. 더 이상 참을 수 없어 그에게 맞섰다.

"이 새끼야, 애를 왜 패냐? 내가 월급 주는 아이를 패면 나와 붙자는 이야기 아니냐!"

내가 선방을 날렸다. 아수라장이 되자 주변 사람들이 뜯어말렸다. 곽 사장은 대화로 해결하라면서 나와 김 부장을 지프차에 밀어넣었다. 나도 상대가 누구든, 지는 성격이 아니었다. 우리는 차 안에서 치고받았다. 육중한 지프가 들썩거렸다. 나는 왼쪽 눈이 부어오르고, 김 부장은 이가 부러졌다.

〈목마른 나무들〉 촬영도 급했다. 얼굴이 엉망이었지만 서둘러 미아리 세트장으로 갔다. 도착했더니 그 유명한 충무로 주먹 오형제가 험악한 분위기를 만들며 턱 버티고 있었다. 김 부장이 당했다는 소식이 그들의 귀에 들어간 것이었다. 분위기를 감지한 내 매니저가 그들에게 말했다.

"너희들, 신성일 팰 거야? 떼거리로 싸우지 말고, 신성일과 일 대 일로 떠라."

일촉즉발의 상황이었다. 만약 여럿이서 나를 공격한다면, 권투선수 출신인 자신도 가담하겠다는 경고였다. 나는 얼굴 한쪽이 완전히 부었다. 그때 연합영화사 사장이 달려와 우리를 말렸다. 말할 필요도 없이, 기분은 엉망이었다. 결국 그 날 촬영은 한쪽 얼굴로 넘어갔다. 그러나 그게 끝이 아니었다. 그들은 끈질겼다.

장동휘의 개입

1964년 7월 영화 〈잃어버린 태양〉 난투극의 여파는 컸다. 연합영화사 제작부장 김태수와 지프차에서 주먹다짐을 한 직후 충무로 주먹 오형제가 〈목마른 나무들〉 미아리 촬영장에 나타나 험악한 분위기를 연출했다. 영화사측의 중재로 일단 촬영은 했으나 내가 귀가했을 때, 그들은 "너, 배우 해먹나 봐라"라며 공갈 전화를 해댔다.

다음날 아침 산업경제신문에 내 주먹에 맞아 이가 부러진 김 부장의

〈잃어버린 태양〉에서 함께 연기 중인 신성일과 엄앵란. (한국영상자료원 제공)

얼굴이 클로즈업되어 실렸다. '배우가 제작부장 폭행'이라는 제목이 달렸다. 하루아침에 폭력 배우로 질타를 받는 신세가 됐다. 도처에서 항의가 빗발쳤다. 주먹들의 분위기도 심상치 않았다. 권투선수 출신인 매니저 안천호가 일단 며칠이라도 서울을 떠나라고 권했다. 나는 어머니와 여동생을 데리고 제주도로 갔다.

엄앵란과 매니저에게만 행방을 알려주었지만 막상 제주도에 도착하니 일거수일투족이 화제가 됐다. 우리 가족은 제주관광호텔에 투숙했다. '신성일이 왔다'는 소문이 퍼졌다. 호텔 맞은편 제주여고 학생들이 담벼락에 매달린 채 나를 큰소리로 불러댔다. 그 중에 여배우 오수미가 있었다는 사실도 나중에 그녀로부터 들었다. 오수미는 당시 제주여고 2학년이었다.

제주여고 교감선생이 내 방을 찾아왔다. 나 때문에 아침수업을 못하고 있으니 호텔 옥상에 올라가 학생들에게 인사해 달라는 부탁이었다. 나는 5층 옥상에서 손을 흔들며 인사했다. 교감선생은 내 팬이라며 사인까지 받아갔다.

당시 제주시와 서귀포시를 잇는 가칭 5·16 횡단도로가 건설 중이었다. 박정희 정권이 61년 창설한 국토건설단이 그 도로공사에 투입됐다. 건달·부랑자 등이 강제 동원됐다.

서귀포도 구경했다. 승합차로 서해안 모슬포 자갈길을 6시간 반이나 달려갔다. 서귀포는 듣던 대로 이국적 풍광이었다. 나와 어머니의 마음을 앗아갔다. 하지만 어머니를 모시고 돌아갈 길을 생각하니 눈앞이 깜깜했다. 차량 기사가 서귀포 경찰서장에게 부탁하면 횡단도로를 탈 수 있다고 귀띔했다. 내가 서귀포 경찰서에 들어서니 야단이 났다. 경찰서 직원들과 다같이 사진 한 장 찍으니 만사형통이었다. 경찰서장의 사인을 받아 공사 중인 도로를 타고 제주시까지 2시간 만에 넘어왔다.

다음날 아침 선배 배우 장동휘에게서 전화가 왔다. 영화〈배신〉을 같이 촬영해 잘 아는 사이였다. 그는 인천의 유명한 주먹 출신으로 악극단 생활을 하다가 영화계로 들어왔다. 발차기의 달인인 그는 다짜고짜 다그쳤다.

"나 장동휘야. 너 왜 사람을 함부로 패? 사과 안 해?"

내가 얼마나 화가 났는지 모른다. 정황을 제대로 파악하지 않고 주먹 편을 들다니. 충무로 주먹 오형제가 장동휘에게 비호를 요청했을 수도 있었다.

"장 선생님이 관여할 일이 아닙니다. 사과는 내가 받아야 합니다."

결국 서로 감정이 상한 채 전화를 끊었다. 이 사건으로 우리는 영원한 원수가 됐다. 세월이 흘러 1978년, 배우협회 위원장 선거 당시 험악한 분위기로 치고박기 직전까지 갔다. 제주도에서 3박 4일 머무는 동안 매니저가 일을 정리했다. 김 부장을 위시한 충무로 주먹 오형제와는 화해하고 형제처럼 지내게 됐다.

1. 맨발의 청춘

심장마비 1분 전

상대방 행동의 밑바닥에 깔린 마음을 읽어내는 눈썰미는 세상살이에 큰 도움을 준다. 주먹 생활을 하는 건달도 사람이긴 마찬가지다.

제주도에서 복귀 후 첫 촬영지는 부산 송정리 해수욕장. 엄앵란과 〈목마른 나무들〉의 해변 데이트 장면을 촬영할 예정이었다. 해변에 도착하니 갈증도 나고, 너무 더웠다. 나는 해변에 파라솔을 꽂자마자 그 아래에서 수영복으로 갈아입고 물에 뛰어들었다. 어릴 적부터 영덕 바닷가에서 수영으로 단련된 몸이다.

100m쯤 헤엄쳐 갔을까. 갑자기 근육경련이 일어났다. 몸이 뻣뻣해졌고, 심장이 멎는 것 같았다. 이럴 땐 상처를 내서 피를 흘리게 해야 한다. 그러나 물 속에서 아무것도 할 수 없었다. 익사하거나 심장마비가 올 수도 있는 순간이었다. 일단 배와 얼굴을 하늘로 향한 채 물에 둥둥 떠 있었다.

그때 나를 주목하고 있는 사람이 하나 있었다. 부산 영도다리를 장악하고 있는 안태섭이었다. 그 일당은 매년 여름 해수욕장에 진을 치고 자릿세를 받았다. 송정리는 교통이 불편해 치외법권지대나 다름없었다. 그는 물에 둥둥 뜬 채 움직이지 못하는 날 보고는 사태를 파악했다. "가 봐라. 저 놈 사고 났다"며 부하 둘을 보냈다. 그들에게 구조돼 목숨을 건졌다.

근육경련이 발생한 곳은 난류와 한류가 만나는 지점이었다. 따뜻한 물에서 수영하다가 갑자기 찬 물 속으로 들어가니 사고가 날 수밖에. 준비체조도 없이 뛰어든 게 화근이었다.

촬영이 끝난 뒤 안태섭이 "술 한잔 하자"며 찾아왔다. 술자리는 사양하고 대신 술값을 두둑하게 주었다. 그는 나와 안면을 튼 후 부산에서 사고가 나면 이태원 우리집으로 달려오곤 했다. 훗날 주먹 생활을 청산하고 유명한 가요계 매니저가 됐다.

김정명이라는 주먹도 알게 됐다. 사고를 치고 내게 달려왔길래 제주도로 보냈다. 안태섭과 김정명은 서로 잘 아는 사이였다. 어느 날 안태섭이 "큰형한테 공갈쳤다"며 이태원 집으로 김정명을 끌고 왔다. 두 사람은 잔디밭 정원에서 한 판 붙겠다고 씩씩거렸다. 대결이 벌어졌지만 승부가 나지 않았다. 고수들의 대결에선 어느 한쪽이 넉장거리로 나가 떨어지는 일은 잘 일어나지 않는다. 옆에서 보고 있던 엄앵란이 한마디 했다.

"거참, 잘 싸우네."

대결 후 두 사람을 화해시켰다. 안태섭은 싸울 때 발을 잘 썼고, 김정명은 주먹에 능했다. 나는 의형제로 지내던 권투선수 서강일에게 김정명을 소개했다. 김정명을 권투선수로 키워볼 참이었다. 서강일은 야심차게 김정명을 조련했다. 3개월 뒤 어느 날, 김정명이 나를 찾아왔다. 얼마나 하드 트레이닝을 받았으면 통통했던 몸이 홀쭉해졌을까. 그는 울상을 지으며 말했다.

"큰형, 너무 힘들어. 난 맞아 죽어도 권투 못해."

김정명은 권투를 포기하고 부산으로 내려갔다. 그 이후 나는 그를 보지 못했다. 하지만 이들을 상대하면서 주먹을 이해하게 됐다. 촬영장에서 공포 분위기를 조성하며 서성거리는 것은 나와 형·아우로 지내고 싶다는 그들만의 표현이었다. 그들과의 관계는 한마디로 '불가근불가원(不可近不可遠)'이었다.

이어령의 〈장군의 수염〉

1960년대 중·후반, 문예영화 전성기가 찾아왔다. 제작사들은 너도나도 한국문학 명작을 영화로 만들었다.

나는 1967년 김동리의 〈까치소리〉, 황순원의 〈일월(日月)〉, 1968년 이어령의 〈장군의 수염〉 등에서 주인공으로 출연했다.

이어령(전 문화부장관·현 중앙일보 상임고문)의 중편 〈장군의 수염〉은 1966년 월간 《세대(世代)》지에 게재되자마자 화제가 됐다. 군사정권이 들어서고 수염 기른 장군이 등장하자 국민 모두 너도나도 수염을 기르는데, 신문사 사진기자 철훈(신성일)만이 수염을 기르지 않는다는 내용이었다. 결국 지성인 철훈은 비극적인 죽음을 맞는다. 박정희 정권을 희화화한 작품이라 할 수 있다.

이어령은 지식인의 아이콘이었다. 1956년 한국일보에 〈우상의 파괴〉를 발표한 그는 문단의 '우상'이었던 문학평론가 백철 교수를 거꾸러뜨렸다. 1962년 에세이 〈흙 속에 저 바람 속에〉를 연재하며 한국문화의 본질을 탐구했고, 1966년 소설 『장군의 수염』으로 입지를 굳혔다.

이 영화는 출발점부터 달랐다. 태창흥업 김태수 사장은 서울시청 부근 중식당에서 이어령을 비롯해 〈가고파〉의 작곡가 김동진, 변종하 화백 등과 회의를 열었다. 기획·자문 회의까지 하면서 만든 영화는 그때까지 없었다. 이어령은 한국영화의 도식적 틀을 벗어나자며 새 아이디어를 제시했다. 이성구 감독도 이어령의 집을 자주 방문하며 여러 차례 의논을 했다.

문화계의 재주꾼들도 합류했다. 1964년 「무진기행」을 발표한 소설가 김승옥이 이어령의 추천으로 시나리오를 맡았다. 그리고 화단의 거물인 변종하 화백이 세트를 꾸몄다. 변 화백의 제자이자 당시 서울대 미대 대학원에 재학 중이던 내 여동생 강명희와 그의 남편이 된 임세택이 작업을 도왔다. 강명희·임세택 부부는 현재 프랑스에 거주하며 화가로 활동하고 있다.

1967년 한국 최초의 극장용 장편 애니메이션 〈홍길동〉을 제작했으며 만화가 신동우 화백의 형으로도 유명한 신동헌 감독이 영화에 삽입된 애니메이션 부분을 책임졌다. 수염을 단 장군이 말을 타고 거들먹거리며 군중을 지나가는 장면이었다. 돈 문제로 군중 신을 찍기 부담스러웠는 데다, 새로운 형식미로 수염의 상징성을 강조하려 했다.

〈장군의 수염〉은 원작도 유명했지만 영화 덕분에 더욱 화제가 됐다. 당시 문화와 정권을 다의적으로 비판하는 알레고리 수법의 작품이었다. 박 정권은 이 영화를 불편한 시선으로 바라봤다. 워낙 검열이 엄청난 시기여서 자칫하면 상영이 중지될 수 있었다. 주변에서 원작자에게 이 작품의 진의를 넌지시 묻는 질문도 많았다. 그때마다 이어령은 "쿠바 카스트로의 수염 이야기……"라며 얼버무렸다고 한다.

정부도 인기가 높았던 이어령을 건드리는 데 부담을 느꼈다. 1968년 제7회 대종상에서 제작상·시나리오상을 받은 〈장군의 수염〉은 사회비판적 작품이 아닌, 순수문예물로 분류돼 무탈하게 상영을 마쳤다. 이어령은 "신성일이 지성인의 내적 고독을 잘 소화했다. 이 영화로 대학생 사이에서 지적인 배우로 자리매김했다"고 평가했다. 지금도 이어령 고문과 때때로 오가며 인사한다. 젊은 시절부터 "밥 한번 먹자"고 부담 없이 말하는 그의 담백한 성품이 멋지다.

충무로의 여걸, 전옥숙

1968년 제작돼 운명이 엇갈린 사회고발성 영화 두 편이 있다. 이어령 원작의 〈장군의 수염〉은 문예영화란 점을 앞세워 검열의 칼날을 피해갔지만 이만희 연출, 전옥숙 제작의 〈휴일〉은 그렇지 못했다. 암울하고 퇴폐적이라는 이유로 상영 금지돼 필름조차 찾을 길이 없다가 2005년에야 발견된 불행한 영화였다.

내가 주연한 이 영화를 복구한 CD로 수십 년 만에 보았을 때, 가슴이

신성일, 전지연 주연의 영화 〈휴일〉(1968). 젊은이들의 절망을 담았다는 이유로 상영이 금지되었다. (중앙포토제공)

저렸다. 잃었던 자식을 찾은 기분도 있었지만 작품 자체가 너무나 슬펐기 때문이다. 60년대 젊은이의 절망을 이토록 생생하게 그려낸 작품은 없을 것이다. 〈휴일〉은 어느 일요일, 단 하루 동안에 벌어지는 일을 그렸다. 겉이 멀쩡해 보이는 남자가 택시를 타고 가다가 담배를 산다고 내린 후 도망가버린다. 그 남자는 돈과 직장이 없는 허욱(신성일)이다.

그는 곧이어 연인 지연(전지연)과 만나지만 다방에 들어갈 처지도 못 된다. 길거리를 걷고, 벤치에 앉아 대화하는 그들의 얼굴에는 걱정이 가득하다. 바람 부는 소리가 화면을 을씨년스럽게 할퀸다. 지연은 "결혼식은 교회당에서 할까요? 드레스는 뭘로 할까요. 집은 빨간 벽돌집, 마당에는 꽃을 심어야죠"라며 행복한 표정을 짓는다. 그러나 현실은 정반대다. 허욱은 지연의 임신 중절 비용을 마련하지 못한 괴로움 때문에 "난 바보다……"라고 중얼거린다. 지연은 "이유가 있다면 다 같이 빈털터리인 것뿐이에요"라고 그를 위로한다.

허욱은 학창시절 친구들에게 임신 중절 비용을 구하러 다닌다. 첫 번째 친구는 알코올 중독자가 된 채 "취하려고 술 마시지만 취하지 않아. 오히려 정신이 더 맑아지지"라며 미친 듯이 웃어댄다. 자학의 절정이다. 두 번째 친구는 돈이 넘치지만 그를 외면한다. 허욱이 돈을 훔쳐가자, 그는 "잘됐군. 심심한데 그 녀석이나 잡으러 가야겠다"며 뒤를 쫓는다.

그 사이에 지연은 수술을 받다가 죽는다. 공사장에서 실컷 얻어맞던 허욱은 "날 더 때려, 날 죽여"라고 외치며 자학한다. 허욱에겐 죽지 않고는 살아갈 수 없는 세상인 것이다. 〈휴일〉은 우리 사회의 모순을 보여주면서도 다 보고 나면 가슴을 뻥 뚫리게 하는 매력이 있었다.

이 무거운 스토리는 이만희 감독, 전옥숙 여사, 이 감독의 단짝인 작가 백결의 합작품으로 생각된다. 이 감독과 〈만추〉(1966) 〈원점〉(1967)을 함께 한 나 역시 그의 머릿속을 들여다보듯 연기했다.

당시 연합영화사 대표였던 전옥숙 여사는 사회주의적 시각을 가진 여걸이었다. 정부에서 허가를 받은 영화사 대표 중 홍일점이며, 통영 출신의 미인으로도 유명했다. 해방 후 여고시절, 좌익 활동에 관계했고, 일본 후지TV 서울 지국장을 지내며 킬링필드로 악명 높은 캄보디아에 한국인으로 처음 입국해 총리를 인터뷰하기도 했다. 담배를 피우면서 카랑카랑한 목소리로 한마디 하면, 웬만한 남자들도 꼼짝하지 못했다.

'사회의 어두운 면을 표현해선 안 된다' '미풍양속을 해쳐서는 안 된다'는 검열 기준에 아랑곳하지 않고 이런 영화를 만든 것이 보통 배짱인가. 나의 어머니와 형제같이 지내온 전 여사는 영화감독 홍상수의 어머니입니다.

〈휴일〉의 운명은 뻔했다. 이 영화는 주인공의 자살을 암시했다. 당국은 "주인공이 취직하거나 군에 가는 결말을 내라"고 요구했지만 전 여사는 이를 거부하고 '상영 포기'를 선택했다. 영화 〈휴일〉의 장렬한 최후였다.

영화와 주먹, 〈폭로〉

1968년 벽두 세상을 떠들썩하게 한 영화가 등장했다. 정진우 감독 연출, 나와 남정임 주연의 〈폭로〉였다. 〈폭로〉는 1961년 5·16 당시 형장의 이슬로 사라진 정치깡패 이정재(장동휘)와 그 오른팔인 김모(신성일) 씨를 다룬 실화였다. 남정임은 이들을 취재하는 여기자 역을 맡았다. 정 감독은 사회고발성 작품을 의도했고, 나는 기존 청춘영화보다 더 하드보일드한 연기에 도전했다.

5·16 이후 살아남은 일부 주먹들은 충무로에서 영화 스태프나 제작부장 등으로 일했다. 그들은 자신의 두목들을 비판하는 〈폭로〉가 제작된다는 사실을 알았고, 이정재·임화수 등의 유족이 육영수 여사에게 '너무한 것 아니냐'는 내용의 진정서를 넣었다. "죽여버리겠다"는 협박전화가 걸려왔고, 동대문시장 촬영장에

정진우 감독, 신성일, 남정임 주연 〈폭로〉. (한국영상자료원 제공)

선 돌멩이가 날아왔다. 모 일간지에서 이 사실을 크게 보도했다. 경찰의 보호를 받으며 촬영이 진행됐다.

영화의 첫 장면과 라스트 신 모두 충격적이다. 이정재의 적인 시라소니가 당구장에서 린치를 당해 한쪽 다리가 부러지는 것이 첫 장면이다. 이어 내가 연기한 김모 씨가 중부서 형사로 가장하고 병원을 찾아가 시라소니의 나머지 다리를 아령으로 내리친다. 김모 씨는 뚝섬경마장에서 신익희와 조병옥을 암살하라는 이정재의 명령을 거부하고 쫓기는 신세가 된다. 라스트 신에서 김모 씨가 세운상가 주차장 공중전화에서 조직의 음모와 비행을 폭로하려는 순간 폭발물이 터져 몸이 찢긴다. 라스트 신을 제외하면 대부분은 실화다.

〈폭로〉는 1967년 추석 프로그램으로 잡혔으나 개봉되지 못했다. 영화가 제작되려면 시나리오가 먼저 문공부 검열에서 통과되어야 했다. 소위 '제작신고필증'을 받은 후 촬영에 들어가는 절차였다. 〈폭로〉 시나리오가 들어갔을 때, 문공부측은 "악덕 주먹들 이야기는 영화로 만들어야 한다"며 허가를 내주었다. 녹음과 프린트까지 마친 상태에서 필름이 최종적으로 검열대에 올랐다.

문공부측은 정치깡패들의 이름을 가명으로 바꾸어 오라고 지시했다. 제작진은 등장인물의 이름을 바꾸고 다시 작품을 제출했다. 하지만 그건 핑계에 불과했다. 필름이 몇 차례 오가고, 결국 완전 불합격 판정이 내려졌다.

정 감독은 화가 머리끝까지 났다. 지프를 몰고 광화문 중앙청 건물 왼편에 있던 문공부 영화과로 쳐들어갔다. 당시 문공부 영화과는 낡은 목조건물 2층을 사용하고 있었다. 정 감독은 휘발유통 마개를 열고 사무실로 뛰어들었다. 사무실 안에서는 난로가 시뻘겋게 달아 있었고, 마침 영화기자 몇 명이 영화과 직원들과 함께 있었다. 정 감독은 "나, 분신자살하러 왔다. 모두 무릎 꿇어"라고 말했다. 휘발유를 쏟으면 큰일이 벌어질 판이었다. 모두 사색이 된 채 무릎을 꿇었다.

정 감독이 불합격 판정 이유를 다그쳤더니, 영화과장이 "이정재와 임화수 유족의 진정 때문"이라고 털어놓았다. 결국 문공부가 직접 필름을 삭제한 후 상영허가를 내주었다. 1시간 52분짜리 영화는 20분이나 잘린 채 동아극장에 걸렸다. 아마도 한국영화 사상 최대 가위질일 것이다. 〈폭로〉는 1968년 신정 개봉작 중 흥행 1위를 기록하며 큰 성공을 거뒀다. 영화인의 뚝심이 빛난 작품으로 기억될 만하다.

수류탄 투척 훈련 중 부하의 실수로 수류탄이 중대원 한가운데로 떨어지자 몸으로 수류탄을 막은 강재구 소령의 이야기를 다룬 영화 〈소령 강재구〉의 한 장면.
(한국영상자료원 제공(조희문 기증))

베트남 전쟁

요즘 고엽제 문제가 이슈다. 그만큼 베트남 전쟁의

상처는 깊다. 나는 1966년 영화 〈소령 강재구〉로 베트남 전쟁과 간접이나마 관계를 맺었다. 베트남 파병에 자원했으나 출발 전 수류탄 투척 훈련 중 부하의 실수로 수류탄이 중대원 한가운데로 떨어지자 몸으로 수류탄을 덮친 강재구(1937~65) 역을 맡았다.

1964년 9월 태권도 교관단과 의료단 파견으로 시작된 베트남 파병은 당시에도 큰 논란이 됐다. 십자군 전쟁도 아닌데 왜 우리 젊은이들이 피를 흘려야 하느냐는 반론이 제기됐다. 박정희 대통령은 곤혹스런 상황에 빠졌다. 파병을 강력하게 요구하는 미국과의 관계를 생각해 결단을 내리지 않을 수 없었다. 비둘기부대(의료 부대)·맹호부대(전투 부대)·청룡부대(해병대) 등이 차례로 베트남으로 향했다.

베트남 전쟁을 이야기할 때 빼놓을 수 없는 인물이 채명신(85) 장군이다. 1965년 파월 한국군사령관으로 취임한 그는 베트남 땅을 처음 밟는 장병들에게 "살아서 돌아가라"는 일성을 내질렀다. 젊은이들이 그곳에 오는 걸 가슴 아파하는 마음이 담겨 있었다. 1969년 귀국했을 때, 그의 인기는 하늘을 찌를 듯했다. 견제에 들어간 군부는 야금야금 그의 힘을 빼놓았다. 결국 그는 1972년 군복을 벗었다.

베트남에서 돌아온 병사는 모두 TV 한 대와 철제 트렁크 하나씩을 가져왔다. 트렁크 안에는 각종 탄피가 가득 담겨 있었다. 러시아 마트료시카 인형처럼, 가장 큰 105㎜ 포탄 껍데기 안에 작은 크기의 탄피를 차곡차곡 쌓았다. 모두들 이런 트렁크를 가지고 타는 바람에 화물군함이 위험할 정도였다. 포탄 껍질은 구리 합금으로 한국에서 고가로 팔렸다. 톱 클래스 가수들도 베트남 공연 후 대부분 TV를 가지고 귀국했다. 우리 군대는 베트남 전쟁을 통해 막강하게 성장했다. 전쟁으로 가장 이익을 본 나라는 군수물자 보급로 역할을 한 일본이다.

나는 1965·66년 국군의 날, 광화문에서 베트남 파병 군인들에게 꽃다발을 걸어주었다. 박 대통령과 정부 각료가 모두 나와 대대적인 행사를 벌였다.

〈소령 강재구〉를 촬영하면서 잊혀지지 않는 장면이 있다. 육사생도 1년차인 강재구가 처음 집에 와서 식구들과 밥을 먹는 대목이다. 강재구는 밥숟가락을 직각으로 퍼서 입에 넣는다. "너 왜 이러냐"며 부모들의 눈이 휘둥그레진다. 그 장면을 재미있게 찍었다. 육사생도가 된 체험도 했다. 육사생도의 정복을 입으면 허리를 굽히지 못한다. 바지가 명치까지 올라온다. 그것을 멜빵으로 고정시킨다. 4년 동안 항상 가슴 펴고, 꼿꼿하게 허리를 세우게 된다.

멋쟁이들 사이에선 속칭 '월남 전투복'이 유행했다. 그 점퍼는 독충이 많은 밀림에서 입을 수 있도록 기장이 길면서도 감촉과 디자인이 참 좋았다. 〈군번 없는 용사〉, 〈만추〉의 이만희 감독은 월남 전투복의 애호가였다. 〈소령 강재구〉에서 강 소령의 아내 역은 고은아가, 세 살 아들 역은 아역배우 김정훈이 맡았다. 나는 안성기·손창민·송승환 등을 아역배우 시절부터 지켜보았다. 김정훈은 이들 중에서 어릴 적 얼굴이 가장 예뻤다. 그러나 그는 어른이 돼서도 동안이 변하지 않은 탓에 배우로는 대성하지 못했다.

움직이는 기업, 신성일

한국 스타 시스템 원조가 나와 엄앵란

한 번, 두 번, 세 번…… 청춘영화 세례를 받은 관객들은 영화 〈맨발의 청춘〉에 열광했다. 영화의 시스템도 달라졌다. 방우영 당시 조선일보 전무가 아카데미극장을 맡았을 때 극장이 지고 있는 빚만 1억 원이었다. 1964년에 1억 원은 엄청난 돈이었다. 방우영 조선일보 명예회장은 2008년 펴낸 『나는 아침이 두려웠다』에서 "〈맨발의 청춘〉이 히트해서 1억 원을 갚았다. 신성일·엄앵란에게 정말 고맙게 생각한다"고 썼다. 아카데미극장은 이후로도 나와 엄앵란의 영화를 계속 상영해 굉장한 수입을 올렸다고 한다.

평론가들은 〈맨발의 청춘〉이 대한민국에 스타 시스템을 탄생시킨 작품이라고 평한다. 그렇게 볼 수 있다. 그 전까진 배우의 이름을 내걸어 흥행몰이를 하지 않았다. 그러나 〈맨발의 청춘〉을 계기로 나와 엄앵란은 흥행 보증수표가 됐다. 영화 제작사들은 나와 엄앵란을 출연시키느냐, 못하느냐에 사활을 걸었다. 스타 시스템의 시작이었다.

당시 영화계를 좌지우지하는 세력은 지방업자와 극장주였다. 필름이 매우 귀한 시대였다. 서울의 극장 하나, 부산·광주 등 지방 5개 권역의 각 업자가 많아야 10개 미만의 필름을 입도선매했다. 지방업자들이 필름을 미리 사가는 기준은 몇 가지가 있었다. 나와 엄앵란의 출연 여부, 시

1960년대 중반 이후 매년 30편 이상의 영화에 출연했다. 이 덕분에 연예·예술계를 통틀어 납세왕 타이틀은 항상 신성일 차지였다.
(ⓒ 김한용, 사진 제공 눈빛출판사)

나리오, 제목 등이었다. 제작사측은 지방업자들의 입맛에 맞춰 작품을 만들었다.

서울에도 영화 필름(20분 단위 5~6개 롤)은 하나밖에 없었다. 반면 나와 엄앵란이 나오는 작품을 걸고 싶어하는 극장은 많았다. 서울 중심가 극장에서 상영이 끝나면 오토바이가 필름 한 롤을 들고 영등포 등 다른 지역 극장으로 달렸다. 20~30분 간격으로 상영할 수 있는 것이다. 여러 극장을 돌다 보니 사고도 많이 났다. 필름이 도착하지 않아 상영이 지연되는 경우도 있었다. 제작자는 지방업자와 극장주를 연결하는 역할을 했다. 제작비를 자체 충당할 수 있는 영화사는 거의 없었고, 지방업자에게 손을 벌려야 했다.

한양영화사에서 일하던 신봉승 작가에 따르면 〈맨발의 청춘〉 이후 군소제작사들은 죄다 '청춘'이 들어가는 영화에 달려들었다. 작은 제작사일수록 나와 엄앵란이 더욱 필요했다. 거기 가담한 사람이 명동에서 동양양복점을 운영하던 이종벽 사장이었다. 이 사장은 동양영화사를 설립해 나와 엄앵란 주연의 영화를 제법 많이 만들었다.

할리우드는 스타 시스템의 원조였다. 클라크 게이블·비비안 리 주연의 〈바람과 함께 사라지다〉(1939), 로버트 테일러·데보라 카 주연의 〈쿼바디스〉(1951), 제임스 딘과 나탈리 우드 주연의 〈이유 없는 반항〉(1955), 그리고 워렌 비티·나탈리 우드 주연의 〈초원의 빛〉(1961) 등은 스타를 전면에 앞세운 영화였다. 이와 달리 보수적 경향이 강한 유럽은 철저한 프로듀서 시스템이었다.

1년 제작 편수는 약 150편. 관객층이 완전히 변했다. 그 전까진 '고무신 관객'이라 불린 중년여성을 겨냥한 멜로영화가 대세였지만 그 자리를 청춘영화가 차지하게 됐다.

나는 잠잘 시간이 없었다. 24시로는 부족했다. 24시를 4등분해 한 작품에 6시간씩 할당하는 스케줄로 살았다. 새벽이면 차에서, 라이온스호텔 사우나에서 잠깐 눈을 붙였다. 25시(時)의 삶. 하지만 그보다 더 행복할 순 없었다.

납세왕 신성일

1960년대 중반 이후 매년 30편 이상의 영화에 출연했다. 이 덕분에 연예·예술계를 통틀어 납세왕 타이틀은 항상 내 차지였다.

인기·수입·납세 규모 면에서 영화배우는 다른 직종과 비교가 되지 않았다. 이낙선 국세청장이 고액 납세자에게 표창을 시작한 1965년부터 난 연예·예술인 분야에서 납세 1위를 놓치지 않았다. 기업 분야에선 합판을 생산하는 부산 동명목재 강석진 회장이 1위였으니, 우리나라 기업 규모가 얼마나 작았는지 짐작할 수 있겠다.

70년대 들어 외자 도입과 수출 정책이 시행되고, 포항제철이 가동되고, 경부고속도로가 개통되면서 기업들이 성장할 수 있었다. 국세청에서 고액 납세자에게 표창을 하던 행사는 이 청장이 상공부 장관으로 영전한 69년까지 계속되었다.

나는 총수입의 20~30%를 세금으로 냈다. 당시 영화가 서비스 업종으로 분류되어 있었기 때문에 세금도 엄청났다. 할리우드 스타들도 세금을 많이 냈지만 개인적으로 인력을 고용하고 지출하면 그만큼 혜택을 주었다. 난 당시 서비스 업종에서 세금 징수의 맹점을 발견하고 이를 개선하기 위해 백방으로 로비를 했다. 결국 허사로 돌아가면서 안타까움을 많이 느꼈다.

1965년 내가 낸 1기분(6개월) 세금은 190만 원이었다. 반면 가수 분야 1위 최희준은 9만 8천 원에 불과했다. 나는 1968년 965만 원의 소득을 올려 그 중 339만3,362원을 세금으로 냈다. 국세청이 언론을 통해 발표한 1968년 납세 랭킹 자료를 보면 다른 영화배우, 다른 직종과 더욱 격차가 벌어진다.

정부 당국에서 나를 관리하기 시작했다. 내가 1기분 세금으로 낸 340만 원은 큰 집 한 채를 살 수 있는 거금이었다. 가수 1위 이미자, TV 탤런트 1위 나옥주와 납세액이 몇십 배 차이가 났다. 내무장관이 밤 촬영을 위해 전국을 돌아다닐 수 있는 야간통행증을 내준 사람은 내가 유일했다. 나는 그 통행증을 차에 붙이고 전국을 누볐다. 박노식 등 일부 배우는 서울 지역만 제한적으로 다닐 수 있는 서울특별시장 명의의 야간통행증을 받았을 뿐이다. 내 스스로 '신성일은 최고'란 자부심을 가질 수 있었다.

가장 특별한 두 개의 상

지금까지 숱한 상을 받았지만 1967, 68년 잇따라 수상한 두 개의 상이 가장 특별했다.

1967년 5월 무렵 서울문리대학생회로부터 전화를 받았다. 6월 7일 '최악배우상'을 수여할 테니 시상식에 참여해 달라는 이야기였다. 대학시네마클럽과 서울문리대학생회가 주최한 '제1회 서울대학교 영화페스티벌'이었다. 행사를 기획한 주역은 당시 문리대 불문과 학생이던 하길종이다. 그는 70년대에 〈바보들의 행진〉, 〈화분〉, 〈속 별들의 고향〉 등을 연출했고, '영상시대'란 영화그룹을 조직하는 등 새로운 영화운동을 펼쳤다.

하버드대 유머잡지 《하버드 램푼》이 수여하는 최악배우상을 모델로 한 이 시상식은 최악배우상에 나를, 최악감독상에 정진우 감독을 선정했다. 그들이 나를 뽑은 이유는 이랬다.

"지금까지 한국영화에서 가장 다작 출연을 한 스타이면서 그는 영화 내에서 그릇된 청춘상을 그림으로써 마땅히 한국 젊은이들이 가져야 할 건전한 의지를 빗나간 사랑의 노예나 도덕을 부정하는 데카당한 인간으로 유도해 관객에게 욕구 불만을 대신 풀어주는 스타에 불과했다……. 그는 무한정 스타덤을 차지해 신인 발굴에도 큰 차질을 가지게 했으며, 남자배우는 무조건 잘생겨야 한다는 관념을 불러일으켜 분노를 사게 했으므로 상을 줄 수밖에 없다."

나의 독주를 견제하려는 대학생들의 의도였다. 나는 동숭동 서울대에서 열린 시상식에 흔쾌히 참석했다. 서울대는 내가 집안 사정으로 진학하지 못한 선망의 학교였다. 게다가 상이 애교 있었다. 그날 도자기 흙으로 굽고 유약을 바른 도깨비 얼굴을 나무판에 부착한 상패를 받았다. 서울대 조소과 학생들이 제작한 것으로, 정형화된 상패와 확연히 달랐다.

1967년 대학시네마클럽과 서울문리대학생회가 주최한 '제1회 서울대학교 영화 페스티벌'에서 최악배우상을 받았다. 그 상패를 지금까지 잘 보관하고 있다. (장상용 제공)

나는 여러 상패 중에서도 그것을 가장 아꼈다. 그 해 시상식이 이 상의 처음이자 마지막이었다.

1968년 11월 '제7회 대종상' 남우주연상으로 자존심을 회복했다. 심사위원회는 남녀주연상의 경우 자기 목소리 녹음이 아니면 대종상 후보에 올리지 않았다. 1963년 시작해서 1973년 없어진 조선일보 청룡상의 경우 내가 매년 애독자 투표에 의해 인기상을 탔다. 나는 너무 출연작이 많았고, 열악한 녹음실에 갈 분위기도 못 되었다. 신영균·박노식·최무룡·최은희·황정순·문정숙 등은 자기 목소리를 넣고 대종상을 자주 수상했다. 오기가 생겼다. 영화 〈이상의 날개〉를 촬영할 때 내 친구이자 제작자인 대동흥업의 도동환 사장에게 말했다.

1968년 11월 '제7회 대종상' 남우주연상으로 신성일은 자존심을 회복했다. 심사위원회는 남녀주연상의 경우 자기 목소리 녹음이 아니면 대종상 후보에 올리지 않았다. 여배우 문희도 그 해 대종상에서 〈카인의 후예〉로 여우주연상을 받았다. (중앙포토 제공)

"이번에는 무슨 일이 있어도 내 목소리를 넣어야겠어."

문희와 남정임도 대종상 수상을 목표로 나와 함께 녹음실에서 처음으로 자기 목소리를 넣었다. 예상대로 내게 상이 돌아왔다. 문희도 그 해 대종상에서 〈카인의 후예〉로 여우주연상을 받았다.

1971년 전투기 조종사인 셋째형 강신구 중령이 최신형 전투기인 F5A 한 편대를 미국에서 몰고 귀국했다. 그때 함께 온 미국 조종사 제임스 코너 중령이 이태원 우리집에 머물렀다. 3층에 전시된 내 트로피와 상패를 구경하던 그는 최악배우상 상패에서 눈을 떼지 못했다. 그가 갖고 싶다고 하길래, 선물로 주었다. 그 후 30년이 지난 2001년 가을 방한한 코너 중령 부부가 소공동 롯데호텔에서 "우리는 잘 보관하고 실컷 보았다"며 최악배우상 상패를 돌려주었다. 전혀 생각지도 못한 일이었다. 태평양 건너 30년의 소중한 인연이다.

1. 맨발의 청춘

베를린 영화제에 가다

프랑스 칸, 이탈리아 베니스와 함께 세계 3대 영화제로 꼽히는 독일 베를린 영화제는 내 시야를 넓혀준 소중한 자리였다. 1973년 6월 신상옥 감독이 신필름이 운영하던 허리우드극장 사무실로 나를 호출했다.

"베를린 영화제에 가보자. 영화제 끝나고 파리에 가서 영화 하나 찍자고. 제목은 〈이별〉이다."

유럽에 가본 적이 없던 나는 그 말에 혹했다. 〈이별〉은 신 감독이 파리 로케이션을 염두에 두고 기획한 작품이다. 영화제 시작일은 1973년 6월 22일.

문화공보부(이하 문공부)가 베를린에 출품한 작품은 정진우 감독의 〈섬개구리 만세〉였다. 낙도 어린이들이 고생 끝에 상경해 전국농구대회에서 준우승한 실화가 바탕이 됐다. 신 감독은 나와 윤정희 주연의 〈내시〉를 희망했지만, 문공부측은 외설 시비가 있는 〈내시〉를 한국 대표작으로 낼 수 없다면서 비경쟁 부문 옵서버 작품으로 결정했다.

김재연 영화진흥공사장을 단장으로 영화진흥공사 진흥이사인 정진우・신상옥 감독, 〈이별〉의 남녀 주연인 나와 김지미, 〈섬개구리 만세〉의 주인공 신일룡 6명으로 한국 대표단이 꾸려졌다.

당시 서베를린은 동독 안에 있어 한국인이 육로로 왕래하는 것이 수월하지 않았다. 항공편을 이용해야 했다. 서베를린 도착 후 베를린힐튼호텔에 여장을 풀었다. 나는 일행과 저녁을 하기 위해 주머니에 200달러만 넣고 나갔다. 나머지 2,800달러는 호텔방 가방 속에 있었다. 저녁을 먹고 돌아오니 가방이 열려 있었고, 돈이 감쪽같이 사라졌다. 큰돈을 잃어버린 나는 망연자실했다.

경북고 선배인 김형배 영사가 호텔 지배인에게 항의했으나 지배인은 난색을 표했다. 귀중품은 호텔 프런트에 맡겨야 했는데 그렇게 못한 내 잘못이었다. 경험 부족으로 벌어진 일이다. 김 영사는 체류 중 쓰라며 개인 돈으로 2천 달러를 주었다. 나는 귀국해 여러 번 식사 때마다 돌려드리겠다고 했으나 김 영사는 끝내 사양했다. 고마운 선배다.

베를린 영화제 경쟁부문에 나선 〈섬개구리 만세〉 기자회견이 열렸다. 외국 기자들은 영화 속 혹독한 훈련 장면이 아동학대며, 전체적으로 정부 홍보 성격이 짙다고 비판했다. 신 감독의 〈내시〉는 호평과 함께 외국 수입업자들의 러브콜을 받았다. 그러나 문공부가 허가를 내주지 않아 수출은 무산됐다.

영화제 기간 중 말론 브란도 주연의 〈파리에서의 마지막 탱고〉가 노컷 버전으로 상영됐다. 김지미가 나와 신일룡 사이에 앉아 이 영화를 보았다. 자유분방한 섹스를 추구하는 성애영화지만 자본주의를 비판한 작품이었다. 격렬한 정사 후 여배우가 돌아누울 때 체모 일부가 노출되자 당황한 김지미가 고개를 확 숙였다.

베를린 체류 이틀째, 신 감독이 재독 작곡가 윤이상을 만나러 가자고 했다. 김 영사가 우리의 방문을 도왔다. 호반 숲 속에 있던 그의 집은 동화 속 집처럼 아름다웠다.

윤이상 부인이 뜻밖에 참기름으로 버무린 고사리 무침을 내왔다. 우동 면발처럼 통통한 고사리 맛이 기막혔다. 부인은 "뒷산에 고사리 천지인데 지금이 한창 맛있을 때"라고 했다. 그 날 윤이상의 수제자인 강석희도 만났다. 신 감독과 윤이상은 소름 끼칠 정도로 신랄하게 정부의 문화예술 정책을 비판했다. 베를린의 밤이 저물고 있었다.

별들의 고향

초보 감독 이장호, 소설책 들고 영화 찍다

암울한 시대. 영화 〈별들의 고향〉의 탄생은 필연이었다. 1973년 말 강원도 인제에서 이만희 감독의 〈들국화는 피었는데〉 촬영을 마쳤다. 인제에서 한 달 이상을 보냈다. 나와 이 감독은 후속작으로 황석영 원작의 〈삼포 가는 길〉을 하자고 약속했지만 실현되지 못했다.

서울로 돌아오니 집에서 신상옥 감독의 〈13세 소년〉과 최인호 원작의 〈별들의 고향〉 출연을 확정해 놓은 상태였다. 두 편의 촬영이 동시에 잡혀 있었다. 이것들

신성일, 안인숙 주연의 영화 〈별들의 고향〉. (중앙포토 제공)

을 포함해 나는 1974년에만 무려 19편을 찍었다. 40여 일 동안 강원도 평창에서 〈삼포 가는 길〉을 찍을 시간이 도저히 나지 않았다. 너무 오랫동안 충무로를 비웠기 때문이다. 친형제 이상으로 가까운 이 감독에게 사정을 설명하고 미안한 마음을 전했다. 〈삼포 가는 길〉은 이 감독의 유작이 됐다. 지금도 그 작품에 출연하지 못한 게 후회스럽다.

영화계는 3선개헌·유신헌법 등으로 사회가 혼란스러운 시점과 맞물려 내리막길을 걸었다. 사회 현실을 반영한 영화는 검열에서 통과되지 못했다. 문예영화 대신 새마을운동·전쟁·반공영화가 우후죽순처럼 제작됐다. 영화계가 쓰러지는 모습이 훤히 보였다.

어두운 터널 같은 시대에 갇힌 젊은이들의 문화적 갈망은 더욱 커졌다. 양희은·송창식·이장희 등이 청바지를 입고 통기타를 치며 세시봉 열풍을 일으켰다. 1972년 1월 고우영은 만화 〈임꺽정〉을 일간스포츠에, 1973년 9월 최인호는 호스티스를 주인공으로 한 소설 『별들의 고향』을 발표하며 각자 분야에서 두각을 나타냈다. 젊은이들은 일명 '청바지문화', '청년문화'를 통해 해방감을 맛보았다.

영화계에선 〈별들의 고향〉 판권 잡기 전쟁이 벌어졌다. 최종 승자는 최인호의 서울고 동창인 이장호였다. 이장호는 신상옥 감독의 막내 조감독쯤 됐다. 신필름에서 소품 들고 촬영장을 왔다갔다 했던 그가 "나 한 번 도와다오. 내가 감독할 수 있게 해줘"라며 친구 최인호에게 사정했다. 이장호는 신 감독을 찾아가 감독을 하게 해 달라고 했다. 그러자 신 감독은 이렇게 말했다고 한다. "작품은 놓아두고, 넌 가거라."

낙심한 이장호는 작품을 들고 사방팔방 돌아다니다가 화천공사에서 투자를 받게 됐다. 그는 원래 이희우에게 원작을 각색시킨 시나리오를 가지고 있었다. 이 시나리오는 원작과 상당히 달랐다. 불만을 가진 최인호가 원작을 요약한 시나리오를 이장호에게 주었다. 그는 두 개의 시나리오를 들고 고민하다가 소설책을 촬영장에 들고 와 찍기 시작했다.

1979년 1월 20일 서울 한남동 한강볼링장에서 열린 신성일 모친 김연주 여사의 환갑 겸 출판기념회. 가운데는 소설가 최인호. (중앙포토 제공)

〈13세 소년〉을 동시에 촬영하던 나로선 답답하게만 보였다.

"그만해. 책 들고 찍으면 5시간짜리 영화 만들겠다."

난 이장호에게 손을 흔들고 현장을 떠났다. 그는 다른 시나리오를 내게 내밀었지만 실제로는 소설책 촬영을 고수했다고 한다. 내가 속은 셈이다. 이장호는 2시간 반짜리를 찍은 후 한 시간을 줄여 상영했다. 당시 필름 3만 자(2만 자 미만이 일반적)를 넘게 사용해 화제가 됐다.

1974년 벽두부터 촬영이 시작됐다. 4월 국도극장에 걸어야 해 굉장히 쫓기는 일정이었다. 초보 감독의 의욕으로 좌충우돌했지만 분위기만큼은 정말 좋았다. 촬영장인 뚝섬에 함박눈이 펑펑 쏟아졌다.

40만 관객의 흥행 기록

1970년대 초 여동생 같은 처녀들이 여직공·버스 안내원 등이 되기 위해 시골에서 상경했다. 소외받는 사람도 생겨났다. 도시 뒷골목에서 만신창이가 된 채 거친 발길에 차이는 호스티스다. 바로 〈별들의 고향〉의 경아다.

암울한 정치상황과 경제성장은 주변부 인생을 불러왔다. 모두 돈만 좇는 사이에 누군가는 쓰러지고 있었다. 최인호 원작 〈별들의 고향〉은 산업사회 속에서 '도시가 죽인 여자'의 이야기다. 나는 80년대 미국 브로드웨이에서 뮤지컬 〈캣츠〉의 그리자벨라를 보며 경아와 참 많이 닮았다는 생각을 했다. 경아가 살아 있다면 그리자벨라 같은 모습이 되지 않았을까.

이런 캐릭터를 누가 맡을 것인가. 초보감독 이장호와 화천공사는 내 상대역을 신인 공모했으나 마땅한 사람이 없었다. 이장호가 경아 역으로 보아둔 신인 탤런트가 있었는데 슬그머니 사라졌다. 그 다음 카드는 신인 탤런트 김영애였다. 화천공사는 김영애를 거부하고, 아역 출신 안인숙을 추천했다. 이 역을 간절하게 원한 안인숙은 일명 '노 개런티', 무료출연을 선언했다. 아역 배우로 유명한 그의 첫 성인물 도전이었다.

나는 경아와 동거하는 화가 문호 역을 맡았다. 감독은 내게 "입술과 입술이 닿은 형식적인 키스 말고요……"라며 대담한 키스신을 부탁했다. 자신이 여배우에게 직접 요구하지 못하겠으니 내게 설득해 달라는 말이었다. 이장호는 〈별들이 고향〉의 키스신이 그 때까지의 영화 중 가장 실감났다고 지금도 이야기하고 있으나, 그건 사실과 조금 다르다.

나는 카메라 앞에서 '체' 하는 것을 싫어했다. '체' 하는 연기로 어떻게 감정을 전달할 수 있겠는가. 1966년 〈종이배의 연정〉 촬영 때도 그랬다. 상대 여배우 이빈화는 내가 좋아하는 선배였다. 나는 키스신을 앞두고

"여기는 허가받은 자리입니다. 마음껏 키스합시다"라고 했다. 이빈화는 "동생, 맞다. 맞아" 하면서 응했다.

〈별들의 고향〉에서 유행이 된 대사 중 하나가 '내 입술은 작은 술잔이에요'였다. 경아가 문호에게 입에서 입으로 술을 넘겨주면서 하는 대사였다. 또 다른 유행어 '경아, 오랜만에 함께 누워보는군' 처럼 실감나는 연기가 화제가 됐다.

〈별들의 고향〉 키스신은 문화공보부 검열에서 거의 커트되지 않았다. 그 전까지 키스신이 상당 부분 편집된 것과 비교하면 큰 차이다. 원작에 대한 호감이 검열관들에게 영향을 준 것 같다. 이 무렵 재미있는 사건이 발생했다. 나는 〈별들의 고향〉과 신상옥 감독·선우휘 원작 전쟁영화 〈13세 소년〉 촬영장을 오가고 있었다. 고아 같은 소년이 전쟁의 포화 속을 헤매는 이야기였다. 〈조약돌〉로 유명한 가수 박상규가 내 부관 역으로 이 영화를 통해 데뷔했다. 내 뒤를 따라오던 박상규는 포탄이 터지자 깜짝 놀라 그 자리에서 기절해버렸다. 함께 있던 아역 출신의 13세 소년 김정훈은 멀쩡했다. 김정훈이 "아저씨가 기절했어요"라고 하자, 스태프가 모두 웃었다.

〈별들의 고향〉은 105일 동안 국도극장에서만 약 40만 관객을 동원하는 흥행 기록을 세웠다. 초보감독 이장호가 필름을 어마어마하게 사용한 것도 용서됐다. 제작 관련자 모두에게 해피엔딩이었다.

필름 공장에서 영화감독, 배우협회장까지

전량 수입하던 필름 "공장 세우자" 결심

영화배우로 많은 돈을 버는 나는 충무로에 뭔가 기여해야겠다고 생각했다. 그 답을 필름공장에서 찾았다. 1960년대 우리나라는 필름을 전량 수입했다. 축구공을 못 만들어 시골에선 돼지 오줌보에 물을 넣어 차고 놀던 때였다. 당시 필름은 특별관세를 무는 사치성 물품으로 분류됐다. 고가일 수밖에 없었다. 제작자가 감독에게 "2만 피트(1피트=30.48㎝) 이상 쓰면 그 값을 개런티에서 제하겠다"고 압박을 가할 정도였다. 감독들은 필름을 아껴야 한다는 스트레스가 컸다. 또 필름이 떨어져 발을 동동 구르는 경우도 많았다.

필름은 크게 세 가지였다. 미국산 코닥, 유럽의 게바, 일본의 후지다. 생산지 기후에 따라 질이 조금씩 달랐다. 코닥필름은 삼원색이 또렷하게 나왔다. 할리우드의 날씨가 맑기 때문이다. 값이 가장 비쌌다. 후지필름은 녹색이 좀 강하게 나오고, 게바필름은 회색이 깔려 있었다.

당시 영화 상영시간은 105분이 스탠더드였다. 첫 회를 오전 10시에 틀고 하루 6회 상영했다. 통금까지 고려한 시간이다. 105분에는 약 8,890피트의 필름이 들어간다. 2000년 이후 제작된 모 영화에 30만 피트를 사용했다는 말을 듣고 깜짝 놀란 적이 있다. 그건 제작자를 죽이는 일이다.

나는 감독이 필름만 마음대로 쓸 수 있어도 좋은 영화를 만들 수 있다는 생각을 했다. 필름공장을 세워야 한다고 노래를 부르고 다녔다.

아내 엄앵란의 외삼촌인 노재원 씨가 평소 내 마음을 잘 알고 있었다. JP(김종필 전 총리)와 육사 8기 동기생으로 아주 강직한 분이셨다. 6·25 때 부상당해 오른쪽 다리가 불편했다. 나는 처가 식구 중에서 그분을 가장 좋아했다. 내가 하는 일에 대해 허물없이 이야기했다. 서울 중부경찰서 옆 영락교회 부근의 중국집 건물을 구입할 기회가 있었다. 그때 그분이 "경찰서 옆에 장사되는 것 없으니, 다른 건물 사"라고 해 구입을 포기하기도 했다.

1967년 어느 날 노재원 씨가 "코닥필름 공장을 세울 방법을 찾았다"고 말했다. 코닥필름의 독일 지사장 사위가 서긍연이라는 변호사의 아들인데, 서씨를 잘 안다는 것이다. 기대에 찬 나는 "한번 데려오세요"라고 답했다.

며칠 후 변호사 서씨가 우리 집에 왔다. 후덕하고 점잖게 생긴 사람이었다. 그는 아들이 써 보냈다는 영어 편지를 들고 왔다. 번역을 한 것도 없고, 나도 마땅히 내용을 확인하지 않았다. 변호사인 데다, 처외삼촌이 소개한 사람이니 믿는 수밖에. 서씨는 땅 문서 하나를 내놓으며 필름공장 건립안을 제시했다.

"상봉동 3650평(여섯 필지)입니다. 이 땅에다 필름공장을 지읍시다. 신 선생 쪽에서 현찰 1억 원을 대주십시오. 회사 대표도 신 선생이 맡고요."

행정구역상으로 상봉 1동과 6동이었다. 건국대 뒤편과 뚝섬에 걸친 땅이었다. 당시 우리가 보유한 현찰은 약 8천만 원. 1966년 박종규 청와대 경호실장의 허리우드극장 인수 제의를 거절하면서 갖고 있던 돈이다. 1억 원을 맞추기 위해 극장을 지으려고 면목시장 옆에 사놓은 680평의 땅까지 팔았다. 모든 준비가 끝났다.

1967년 30살의 젊은이로 CEO가 됐다는 생각에 가슴이 뿌듯했다. '대표이사'란 명함도 마음에 들었다. 서울역에서 염천교로 가다 보면 오른쪽으로 KAL 사무실이 조그맣게 있었다. 그곳 2층에 필름공장 건립을 추진하면서 사무실을 냈다. 차를 타고 지나갈 때마다 '우리 사무실이구나'라며 뿌듯하게 바라보았다.

변호사 서긍연 씨에게 현찰 1억 원을 건넨 후 일주일이 지난 어느 날이었다. 처외삼촌 노재원 씨가 기가 팍 죽은 채 찾아왔다. 서긍연이란 사람을 찾을 수 없다고 했다. 촬영이 바쁜 탓에 처외삼촌에게 따져보지도, 누구와 상의해 보지도 못했다. 처외삼촌은 민망한지, 이후 발길을 끊었다. 서씨는 감쪽같이 증발했다. 두 번 다시 볼 수 없었다.

나는 1억 원의 가치를 잘 몰랐다. 요즘으로 환산하면 100억 원은 족히 될 것이다. 밥을 먹어도 제작사가 값을 치르고, 옷이 필요하면 엄앵란이 가져다 놓았던 때였다. 한마디로 세상물정 모르는 사나이였다.

서씨가 필름공장 부지 명목으로 맡긴 상봉동 땅문서를 조회해 보았다. 이미 네 차례나 담보를 잡혀 돈이 다 빠져나간 후였다. 엄앵란은 그 땅이라도 살려보려 했다. 땅을 인수받았지만 은행 이자가 만만치 않았다. 돈을 버는 족족 이자로 나갈 정도였다. 다음 해 한 건축업자가 찾아와 솔깃한 제안을 했다. 그 땅을 주면 집을 지어 분양한 후 우선적으로 우리 땅값을 돌려주겠다는 것이다. 60평 단위로 땅을 쪼개 집을 지었지만 집은 거의 팔리지 않았다.

건축업자도 종적을 감췄다. 곧이어 건축자재상들이 엄앵란에게 들이닥쳤다. 알고 보니 건축자재를 죄다 외상으로 가져다 썼던 것이다. 그 돈을 엄앵란이 뒤집어쓰게 됐다. 빚더미에서 해방되려면 분양을 마무리하는 수밖에 없었다. 아내는 간이 분양소를 짓고, 깃발을 꽂고, 모자를 쓴 채 직접 계약에 나섰다. 떨이로 집들을 처분했지만 빚을 정리하고 나니 남는 게 없었다.

간이 분양소에 앉은 엄앵란에게 온갖 협잡꾼이 몰려들었다. 변두리 싸구려 양복을 입고 자기를 과시하는 사람, 엄앵란에게 쉴새없이 찬사를 퍼붓는 사람, 엄앵란의 눈을 똑바로 안 쳐다보는 사람 등등. 엄앵란은 그

460만 원짜리 인디언레드 색깔의 69년형 무스탕 마하1. 신성일은 필름공장 사기사건의 영향으로 이 차를 사게 되었다. (중앙포토 제공)

때 협잡꾼에 대한 공부는 다 끝냈다고 한다. 이 사건으로 아내를 다소 원망했던 것도 사실이다. 처외삼촌이 소개해준 사람에게 사기를 당했기 때문이다. 그러나 엄앵란은 애초부터 필름공장 건립을 반대했다. 나 때문에 벌어진 일이다.

이 일을 겪고 나니 '뼈빠지게 벌어도 돈은 펄펄 날아가는구나. 그래서 돈은 돌고 도는 거다'라는 옛말을 실감했다. 나는 노름도, 술도 몰랐고 여색을 가까이 할 수도 없었다. '에라, 돈 좀 써보자' 해서 1969년 8월 460만 원짜리 인디언레드 색깔의 69년형 무스탕 마하1을 사게 되었다. 1968년 일본에 촬영 갔다가 요코하마항에서도 68년형 무스탕을 보았던 터다.

올 봄 서울 중랑구청장 명의로 '재정비촉구구역' 공문이 날아왔다. 3,650평의 상봉동 땅 중 60평이 내 명의로 남아 있었다는 사실을 처음 알게 됐다. 감회가 묘했다. 44년 전 필름공장 사기사건이 절로 기억났다.

"내 영화 올려달라" 무릎을 꿇었다―영화감독 신성일

배우와 감독은 역할이 다르다. 제작을 겸하면 얘기가 더 달라진다. 1971년 5월 〈연애교실〉로 감독 데뷔를 했다. 그 해에 〈어느 사랑의 이야기〉, 〈봄 여름 가을 그리고 겨울〉까지 내리 세 편을 연출했다. 감독을 하니 영화를 보는 눈이 넓어졌다.

당시, 영화법의 폐해를 절감했다. 문공부 허가를 받은 18개 제작사만 영화를 만들 수 있었다. 나 같은 경우 허가받은 영화사의 이름을 빌려 제작을 해야 했다. 대명(代名) 비용은 작품당 100만 원이었다. 허가받은 영화사는 영화법에 따라 1년에 2편 이상 제작하면 외화 수입 쿼터를 얻을 수 있었다. 〈연애교실〉은 국도극장이 운영하는 한국영화사 이름을 빌려 상영 허가를 받았다.

1971년 가을 제작한 〈봄 여름 가을 그리고 겨울〉도 한국영화사 대명 작품이다. 녹음은 서울 남산 영화진흥공사에서 시작되었다. 배우와 성우가 모두 나왔는데 신영균만 보이지 않았다. 신영균의 매니저 정광석에게 물었다.

"왜 그래? 무슨 사고 났어?"

그가 우물쭈물하기만 하고 아무 말도 못했다. 그는 내 제작부장을 통해 "(신영균이) 녹음비 보내랍니다"라는 언질을 전했다. 당시 통상 녹음비는 출연료의 10~20%. 녹음이 끝난 후 지불하는 게 관례다. 내가 그간 빵집이며, 볼링장이며, 선거판에서 도와준 것이 얼마인가. 울화가 치민 나는 그 자리에서 "녹음비 30만 원 보내"라고 지시했다. 신영균은 돈을 받자마자 현장에 도착했다.

신영균·윤일봉·남궁원이 모두 출연한 이 작품은 국도극장에 상영될 예정이었으나 극장측은 '신영균' 때문에 상영할 수 없다고 통보해 왔다. 사정을 알아보니 이랬다. 70년 〈저것이 서울의 하늘이다〉를 공동 제

자연을 사랑한 한 노인의 말로를 그린 신성일 감독의 영화 〈봄 여름 가을 그리고 겨울〉. (한국영상자료원 제공)

작한 신영균과 김희갑은 국도극장 개봉을 원했다.

당시 국도극장은 최고의 극장으로, 개성 출신의 경영주 안 회장이 극장을 튼실하게 꾸려갔다 〈저것이 서울의 하늘이다〉는 중앙정보부의 지원을 받은 영화였다. 흥행성이 없다고 판단한 극장측은 상영하지 않기로 결정했다. 아마도 중앙정보부와 친밀한 사이였던 김희갑이 중앙정보부를 통해 극장측에 압력을 넣은 것 같다. 중앙정보부는 안 회장 아들인 안 상무를 불러다가 뺨까지 때리는 수모를 주었다. 극장측은 울며 겨자 먹기로 그 영화를 올렸다가 일주일 만에 막을 내렸다. 화가 잔뜩 난 극장측은 '신영균·김희갑' 이름이 들어간 영화는 무조건 붙일 수 없다는 방침을 내렸다.

국도극장에서 〈봄 여름 가을 그리고 겨울〉을 상영하려는 나로서는 암담했다. 안 상무는 난감해하는 나에게 아버지의 허락을 직접 받으라고 조언했다. 다음 날 새벽 안 회장의 혜화동 자택으로 찾아갔다. 내 얼굴을 보려고 그 집안 식구들이 몰려들었다. 나는 안 회장 앞에 큰절을 올렸다. 그는 내가 온 이유를 잘 알고 있었다. 내게 웃음 띤 얼굴로 "편히 앉아"라고 했다. 분위기를 보니 이미 내 승리였다.

"아버님, 저를 보고 상영을 허락해 주세요."

"알았어. 이번에 잘 만들었다면서?"

화기애애한 분위기 속에서 차 한 잔 얻어 마시고 그 집을 나섰다. 이 모두가 영화 감독의 몫이다. 배우 때는 생각하지도 못한 일이었다.

대박 꿈꾸던 〈러브 스토리〉 카피작

내 영화 인생에서 가장 쓰라린 패배를 맛본 사건이었다. 1971년 〈연애교실〉로 감독 데뷔한 나는 후속작을 찾고 있었다. 그 해 어느 날 TBC 방송국에서 만나자는 연락을 해왔다. TBC 본사로 들어갔을 때, 이건희 이사(현 삼성전자 회장)와 김규 상무가 나를 맞이했다. 이 이사는 미국 유학을 마치고 돌아온 지 얼마 되지 않았다고 했다. 그들이 토크쇼 〈회전목마〉 진행을 제안했다. 나는 MC에 별 재능이 없었다.

출연이 성사되지 않았지만 중요한 정보를 얻었다. 김 상무가 미국에서 본 영화 이야기였다. 영화 소재를 고민하고 있던 나는 '바로 이거다' 라고 무릎을 탁 쳤다. 아서 힐러 감독의 〈러브 스토리〉였다. 김 상무는 "손수건으로 일곱 번이나 눈물을 닦으며 봐야 한다는 뜻에서 미국인 사이에 'Seven Handkerchief Movie'로 불린다"고 했다. 갑부의 아들인 아이스하키 선수 남주인공과 이탈리아 이민자의 가난한 딸 여주인공이 대학도서관에서 만나고, 여주인공이 백혈병에 걸린다는 기막힌 드라마였다.

비디오 테이프를 구하기 힘들었다. 일본 시나리오를 번역해 읽어보니

신성일의 감독 데뷔작 영화 〈연애교실〉(1971)에서 신성일이 발탁한 신영일과 나오미. (한국영상자료원 제공)

당장 내가 촬영해야 할 작품이었다. 표절이란 개념이 없던 시절이다. 빨리 번안작을 만들기로 마음먹었다.

〈연애교실〉에서 내가 발탁한 신인 신영일과 나오미를 이 작품의 연인으로 다시 세웠다. 남주인공이 아이스하키 선수라는 점이 국내 상황과 맞지 않았다. 그래서 남주인공을 수영 선수로 바꾸었다. 신영일은 원래 유도를 한 데다 어깨가 딱 벌어져 몸이 멋졌다. 여주인공이 문제였다. 두 번째 영화인 나오미에겐 여주인공 역할이 과중했다. 촬영 하루 만에 나오미에게 양해를 구하고, 문희를 캐스팅했다. 제목은 〈어느 사랑의 이야기〉로 결정됐다.

국도극장에 〈어느 사랑의 이야기〉 예고 간판을 걸었다. 작품은 참 예쁘게 나왔다. 그런데 청천벽력 같은 일이 벌어졌다. 국제영화사가 표절 시비를 걸었다. 그들이 원작 〈러브 스토리〉를 7만 달러라는 거액의 개런티로 수입 계약한 것이다.

 문화공보부가 '국제영화사의 항의가 이유 있다'고 받아들였고, 〈어느 사랑의 이야기〉는 상영금지 조치를 받았다. 〈러브 스토리〉가 수입된다는 사실을 알았다면, 〈어느 사랑의 이야기〉를 제작하지 않았을 것이다. 예고 간판이 내려갔다. '나는 망했구나'라고 혼자서 탄식했다. 당시 충무로의 대단한 화제였다.

 그 무렵 국무총리인 JP가 국립영화제작소를 방문했다. 그곳에서 가끔 영화를 보는 JP는 윤주영 문공부 장관에게 "요즘 볼 영화가 없다"고 말했다. 윤 장관은 마침 신성일이 제작해 상영금지당한 영화가 있다고 말했다. 영화를 본 JP는 "한국영화 제작자가 손해를 안 보게 해"라고 지시했다. JP가 나를 배려한 것 같다.

 1971년 9월 뜻밖에 재상영 허가가 나왔다. 국도극장에 다시 간판이 올라갔다. 그러나 한 번 입은 타격을 만회하지 못하고 상영 일주일 만에 종영됐다. 그래도 지방업자들이 필름을 사주어 최악의 상황은 면했다. 〈러브 스토리〉는 그 해 12월 국제극장에서 개봉해 대성공을 거두었다.

사생결단—배우협회장 선거, 주먹 출신 장동휘와 붙다

 난 세상에 두려운 게 없는 사람이다. 단 한 번, 1979년 3월 영화배우협회장 선거 때 오금이 저렸다.

 1978년 12월 내가 지원한 공화당의 박경원 전 내무부 장관이 용산·마포 중선거구에서 3선의 신민당 김원만 의원을 물리쳤다. 박 장관을 도운 배경이 하나 있었다. 나는 78년 초부터 영화인협회 연기분과위원회(2001년 사단법인 영화배우협회로 개칭) 위원장(이하 배우협회장) 선거에 도전하고 있었다. 박 장관은 국회의원이 되면 내가 배우협회장이 되도록 돕겠다고 약속했다.

배우협회장 선거에서 당시 협회장인 선배 장동휘와 맞붙어야 했다. 3년 임기의 배우협회장 자리는 60년대 초부터 김승호·신영균(연임)·박암(연임)·장동휘 순으로 넘어갔다. 나는 60년대 중·후반 신영균 재임 시절 부위원장을 맡았다. 선배들은 "신성일은 독한 놈"이라면서 내가 협회장이 되는 걸 막았다. 젊은 피가 끓는 내가 영화계의 개혁을 부르짖었기 때문이다. 내겐 배우협회장을 맡아 영화계를 대변해보겠다는 야심이 있었다.

나와 장동휘는 공존할 수 없는 사이였다. 주먹 출신의 장동휘는 1964년 여름 내가 충무로 주먹들에게 억울하게 쫓길 때 도리어 그들에게 사과하라고 내게 압력을 넣었다. 15년 가까이 서로 악감정이 쌓여 있었다. 나로선 악극단 출신의 장동휘가 배우협회장을 맡는 게 마땅치 않았다. 최무룡·박암·신영균 같은 신극단과

1979년 배우협회장 선거에서 신성일(왼쪽)이 당시 협회장인 장동휘(오른쪽)와 신경전을 벌이고 있다. (중앙포토 제공)

신협극단 출신까지는 영화계 선배로 받아들일 수 있었다.

하지만 악극계 출신은 정통성을 가진 영화배우가 아니다. 70년대 중반부터 이소룡을 계기로 국내에 무술영화 바람이 불었다. 장동휘는 1인당 30만 원씩 받고 무술영화에 출연하려는 태권도 선수들도 배우협회 회원으로 대거 받아들였다. 그 돈은 선거 대결에 사용됐다.

1978년 초로 예정됐던 배우협회장 선거는 장동휘 때문에 계속 연기됐다. 충무로 대원호텔과 명보극장 맞은편에 선거 캠프를 차린 내게 타격을 주려는 의도였다. 장동휘는 충무로 주먹들의 비호를 받으며 판세를 자신이 원하는 대로 끌고 갔다. 더 이상 기다릴 수 없었다.

내 진영에 오창구라는 주먹 출신의 쇼단장이 있었다. 선거가 임박한 어느 날 나는 우리 캠프에서 평소 형이라고 불렀던 오창구와 욕설을 퍼부으며 싸웠다. 그는 장동휘 캠프로 가서 내게 복수하겠다고 다짐했고, 곧바로 장동휘의 신임을 얻었다. 밤마다 공중전화로 장동휘 캠프의 정보를 속속들이 내게 보고하는 '첩자'가 있었다. 그가 바로 오창구였다. '지피지기 백전불태(知彼知己 百戰不殆)'라는 『손자병법』 구절을 떠올린 내 계획에 따라 거짓 투항한 것이다. 상대방의 자금줄을 차단해야만 승산이 있을 것 같았다.

오창구가 장동휘에게 선거자금이 들어간다는 첩보를 전해왔다. 이태원 태흥영화사 사장이 300만 원, 곽정환 합동영화사 사장이 200만 원을 내놓는다는 것이다. 나는 다음 날 아침 태흥영화사 건물로 이 사장이 출근하는 것을 확인하고 뒤따라 들어갔다. 아침부터 웬일이냐는 듯 보는 이 사장에게 단도직입적으로 물었다.

"형, 장동휘 씨에게 돈 주기로 했죠?" 그는 아무 말도 안 했다.

"돈 300만 원 주기로 했죠? 나와 오래 보려면 알아서 하세요. 곽정환 사장에게도 전화해줘요."

정곡을 찔린 이 사장은 곽 사장에게 순순히 전화를 걸었다.

극적인 역전승

1979년 3월 영화배우협회장 선거는 내게 불리하게 전개됐다. 현 배우협회장 장동휘의 자금줄을 차단해야 했다. 이른 아침 이태원 태흥영화사 사장의 사무실로 쳐들어간 나는 그 자리에서 곽정환 합동영화사 사장과 통화했다. 곽 사장이 여배우 고은아와 결혼하게 된 과정과 집안 내력까지 소상히 알고 있는 나였다.

"승남이 아버지(곽정환 사장), 나 신성일입니다."

수화기 너머에서 들려오는 곽 사장 목소리에는 당혹스러움이 섞여 있었다.

"웬일이야?"

"오늘 장동휘 씨에게 200만 원 보내기로 했지요? 돈 보내면 인연 끊습니다."

나는 그 말과 동시에 전화를 끊어버렸다. 장동휘 캠

담소를 나누고 있는 어느 날의 신영균(왼쪽)과 신성일. (중앙포토 제공)

프에 선거자금 500만 원을 보내려던 이 사장과 곽 사장은 그 직후 행적을 감추었다고 한다. 자금줄이 끊긴 장동휘가 큰 타격을 받았음은 두말할 필요가 없다.

장동휘는 1979년 1월 15일 긴급이사회를 열어 협회비(월 2000원)를 내지 않은 배우 수십 명을 징계하고 선거권을 박탈했다. 김지미·김희라·남궁원·고은아·이영옥 등은 투표권이 없는 준회원으로 강등됐다.

일간스포츠 1979년 1월 19일자는 이 사태에 대해 이렇게 보도했다. '이 같은 조치는 지금 한창 열기를 뿜고 있는 장동휘·신성일의 선거 대결에서 현집행부를 지지하지 않는 대다수 회원을 정리, 신성일측에 타격을 주기 위한 것으로 풀이된다.' 장동휘는 배우들이 미납 회비를 내려고 해도 '지난해 12월 20일로 회계연도 마감을 넘겼다'는 이유로 받아주지 않았다.

1979년 3월 7일로 예정된 배우협회장 선거가 임박했다. 절친한 선배이자 배우협회의 상위 기구인 영화인협회 이사장 신영균이 장동휘를 밀고 있다는 첩보가 입수됐다. 이성을 잃은 나는 우리 캠프에서 "신영균 배를 칼로 찔러버리겠다"고 울분을 토했다.

즉시 신영균에게 전화가 왔다. 그는 "뭐, 선배를 찔러 죽여?"라고 호통을 쳤다. 정신이 아득하고, 오금이 저렸다. 이때까지 내가 백 번 잘했어도, '선배를 죽인다'고 말한 것은 내 잘못이다. 영화인협회 이사장 신영균이 이 문제를 확대시키면 수 개월 간의 내 선거운동은 물거품이 될 판이었다.

당장 명보극장 뒤편에 자리한 신영균의 사무실로 달려간 나는 신영균 앞에 무릎 꿇고 외쳤다.

"형님, 분이 풀릴 때까지 저를 때리십시오. 친형 같은 형님이 저를 도와주시지 않는다는 말을 듣고 이성을 잃었습니다."

신영균은 "나가!"라고 고함쳤다. 그에게 용서받기 전까진 한 발자국도

1979년 3월 7일 신성일이 영화배우협회 회장으로 선출된 후 주위 사람들에게 감사의 인사를 보내고 있다. 오른손에 붕대를 감고 있는 것이 보인다. (중앙포토 제공)

움직일 수 없었다. 결국 신영균의 분이 풀릴 때까지 사죄했다.

나는 평소 생활이 어려운 동료 배우들을 도왔다. 도봉동의 백송과 미아리의 임해림이 자녀 학비로 어렵다고 하길래 5만 원씩 주었다. 두 사람은 내가 금품을 살포했다고 장동휘에게 신고했다. 그건을 받아들인 신영균은 3월 6일 영협 긴급이사회를 열고 7일 열리는 총회를 무기한 연기하기로 결정했다. 내게 결정타를 주려는 조치였다. 난 녹슬어 울퉁불퉁한 철제 비상문을 때리면서 울부짖었다.

"선배들, 커가는 후배를 이렇게 짓밟아도 되는 겁니까?"

주먹의 살점이 뭉개지고, 피가 줄줄 흘러내렸다. 나는 그곳에서 오른 주먹에 붕대를 감고, 내 캠프로 갔다. 그 소식을 전해들은 내 캠프 사람들은 전의를 불태웠다. 배우협회 재적 111명 중 68명이 7일 총회를 강행해 나를 배우협회장으로 선출했다. 극적인 역전승이었다.

Part 2

아낌없이 주련다

엄앵란(ⓒ 김한용, 『꿈의 공장』, 사진 제공 눈빛출판사)

내 남자, 내 여자

청평호 키스 사건

나는 연기와 사랑을 혼돈하지 않았다. 농도 짙은 멜로 연기를 해도 '오케이' 사인이 떨어지면 그것으로 끝이었다. 단 한 번의 예외가 엄앵란이었다.

엄앵란은 1963년 〈새엄마〉 촬영 당시 내 목에 찍힌 키스 마크를 본 후 알뜰살뜰 나를 돌보았다. 촬영장에 나올 때 꼭 내 도시락까지 싸가지고 왔다. 내가 잘못된 길로 가지 않을까 걱정하는 눈빛이었다. 하지만 연인의 감정보다 선배의 배려에 가까웠다.

〈맨발의 청춘〉이 상영된 1964년 나는 출연작 33편 중 23편을 엄앵란과 함께 했다. 가족보다 엄앵란과 같이 있는 시간이 더 많았다. 우리를 이상한 각도에서 처음 다룬 기사가 산업경제신문 연예가십란에 게재됐다. '신성일·엄앵란 열애 중'이라는 추측성 기사였다. 내 매니저가 〈새엄마〉 촬영장에 신문을 들고 와 모두들 웃었다. 읽어 보니 알맹이는 아무것도 없었다. 우리는 겸연쩍게 웃어넘겼다.

1963년 늦가을 경기도 가평군 청평호에서 〈배신〉 촬영이 있었다. 장동휘가 조직의 보스, 엄앵란이 장동휘의 애첩, 내가 애첩의 수행원 역이었다. 애첩과 수행원이 보스 몰래 아슬아슬한 사랑을 하는 작품이었다. 라스트 신 촬영 때였다. 정진우 감독은 호수 한가운데 멀리 보트를 띄워

신성일, 엄앵란 주연의 영화 〈배신〉. 가평 청평호를 배경으로 한 이 영화에서 두 사람은 처음으로 진짜 키스를 했다. (한국영상자료원 제공)

놓고 나와 엄앵란이 껴안는 장면을 롱샷으로 잡고 싶어했다. 그러나 당시에는 줌 렌즈가 없었다.

보트장은 오목하게 들어간 곳에 있었다. 보트장 주인이 나를 보더니 반가워했다. 청평으로 촬영을 자주 나간 탓이었다. 보트에 오르면서 속으로 '기회는 왔다'고 생각했다. 보트를 조종하는 친구가 눈치도 없이 따라 올라탔다. 원래 보트 키는 조종 경험이 없는 사람은 만질 수 없다. 그래도 방해꾼이 없어야 기회를 잡을 게 아닌가. 이런 기회를 놓치면 바보다.

"너, 내려."

그 친구는 순순히 내게 키를 넘겼다. 나는 직접 보트를 몰고 메가폰이 들리지 않을 정도로 멀리 갔다. 정 감독은 호수 한가운데 떠 있는 우리에게 수신호로 'Go'

사인을 내면서 서로 밀착하라고 지시했다. 키스를 하라는 주문은 없었다. 내 눈앞엔 엄앵란의 빨간 입술만 보였다. 그 누구의 시선도 의식하지 않고 오랜만에 엄앵란을 껴안으니 심장이 멎는 듯했다. 엄앵란도 당황한 듯했다.

"미스 엄, 가만 있어봐."

이 키스는 연기가 아니었다. 우리의 키스를 방해할 만한 어떤 소리도 들리지 않았다. 키스는 오랫동안 계속됐다. 지금 생각해도 가슴 두근거리는 순간이었다. 정 감독은 우리 커플이 탄생하는 것을 가장 먼저 지켜본 목격자라 할 수 있다.

왜 그런 일이 벌어졌을까. 구로자와 아키라 감독의 〈라쇼몽(羅生門)〉에서 산도적 타조마루는 아무 잘못 없는 사무라이를 죽인 이유를 "살살 부는 바람 때문에"라고 설명했다. 우리의 역사도 청평호의 물결과 바람이 살랑거렸기 때문에 시작된 것일까.

이후 서로를 바라보는 나와 엄앵란의 눈빛이 달라졌다. 차를 타고 이동할 때도 손을 잡고 가는 사이가 됐다. 그리고 몇 개월 후 미스 엄이 나를 평생의 반려자로 생각하게 된 사건이 벌어졌다.

여자를 보호하는 남자

큐피드는 경기도 가평 청평호 위에서 나와 엄앵란에게 화살을 계속 쏘아댔다. 키스 사건 이후 또 한 번의 화살이 우리를 묶어버렸다.

1964년 늦봄 다시 청평호에서 〈대륙의 밀사〉를 촬영했다. 일제 강점기를 배경으로 독립운동 밀사들을 다룬 시대극이다. 나와 엄앵란이 일본군에 쫓기는 마지막 장면을 찍게 됐다. 내가 보트에 여인을 태우다가 뒤에서 총을 맞고 물 속으로 떨어지는 대목이었다. 이어 엄앵란이 보트에

로프를 걸어 물에 빠진 나를 끌고 가는 설정이었다.

물 위로 총알 튀기는 장면이 실감나야 했다. 폭파감독은 수류탄 내관에 플러스·마이너스 선을 연결해 물 위에 띄워 놓고 터뜨렸다. 요즘은 PVC 비닐에다가 마그네슘도 넣고, 횟가루도 넣고, 선을 넣어가지고 밀폐해서 아주 작은 팩으로 만든다. 사이즈는 엄지손가락만 하지만 폭발하면 불길도 나고, 마그네슘이 타면서 석회분 가루도 튀니 안전하면서도 효과가 제대로 난다.

수류탄 구리 뇌관이 '파파파' 소리와 함께 터졌다. 그게 불행히도 엄앵란의 얼굴을 향했다. 물에 빠진 상태에서 올려다보니, 엄앵란의 얼굴이 핏자국으로 변해 있었다. 얼굴로 먹고 사는 여배우에겐 치명타였다. 나는 급히 보트에 올라타 핸들을 뭍으로 돌렸다.

인근 병원에서 간단하게 치료를 받았다. 그리고 쏜살같이 을지로 5가 메디컬센터로 갔다. 독일의 지원을 받은 외국계 병원으로, 당시 서울대병원 다음으로 유명했다. 병원에선 '신성일·엄앵란이 왔다'고 난리가 났다. 〈맨발의 청춘〉으로 우리의 인기는 대단했다. 이태원 181번지 2층 하얀집을 480만 원에 샀을 정도로 돈도 벌었다.

결혼 후 얘기지만 전 가족을 데리고 남이섬 별장에 갔을 때도 소동이 벌어졌다. 우리는 전용 보트로 휴가 물품을 실어 옮겼다. 인근 주민들이 온종일 별장을 둘러쌌다. 밖으로 나갈 수 없는, 동물원에 갇힌 동물 신세가 됐다. 나는 화가 나 그날로 별장을 처분해 버렸다.

메디컬센터 의사들이 와서 엄앵란의 얼굴을 살펴보았다. 구리 뇌관이 면도칼 조각처럼 얼굴을 쫙쫙 긁고 지나갔다. 눈을 안 다친 것이 천만다행이었다. 그 때는 성형외과가 없었다.

의사는 치료를 마치고 난 후 '더 이상 손댈 게 없습니다. 다시 약 바릅시다'라고 정리했다.

그런데 왠지 내 뒤가 따끔따끔했다.

내 등과 엉덩이를 살피던 의사가 물었다.

"미스터 신은 괜찮아요?"

"저도 뒤가 이상한데요. 한 번 봐주세요."

알고 보니 내가 엄앵란보다 더 큰 부상을 당했다. 엉덩이, 허벅지 등 바지 뒷부분이 피로 벌겋게 물들었다. 엄앵란에게 신경을 온통 쏟은 바람에 내 자신을 돌아보지 못한 것이었다. 엄앵란은 이 사건으로 나를 평생의 배우자로 확신했다고 한다.

우리를 태운 차는 청평에서 서울까지 전속력으로 달려 1시간 반 만에 주파했다. 그 시간 동안 엄앵란은 내 품에 안겨 있었다. 내가 부상당한 것도 모르고 엄앵란을 걱정해주었으니. 이 사건으로 신성일은 한 살 연상인 엄앵란의 마음 속에 '여자를 보호하는 남자'로 각인됐다. 나 역시 내가 엄앵란을 사랑하고 있다는 사실을 확인했다. 이후 우리는 눈빛으로 이런 대화를 나누었다. 당신은 내 남자, 내 여자…….

'충무가' 2층 구석방은 둘만의 아지트―스키야키 데이트

그 바쁜 일정에도 나와 엄앵란은 살짝살짝 데이트를 즐겼다. 1964년 늦봄 〈대륙의 밀사〉 촬영을 마친 다음 우리는 서로 크게 의지하게 됐다. 〈떠날 때는 말없이〉, 〈동백 아가씨〉 등에서 연이어 호흡을 맞추었다.

나는 〈잃어버린 태양〉 때는 무려 10개 작품이나 동시에 찍었다. 엄앵란의 말을 빌리면 '드럼통 속에서 흔들리는 돌' 같은 감각으로 살았다. 작업은 살인적이었다. 제작부장들은 우릴 한 번 놓치면 일주일 혹은 보름 후에나 만나기 때문에 필사적으로 따라다녔다. 양쪽 코트를 왔다갔다 하는 배구공 같은 신세였다. 연애에 빠질 시간이 없었다.

촬영 중간, 가끔씩 비는 시간이 생겼다. 우리는 소공동 반도호텔(현 롯데호텔) '맨스 바'나 조선호텔의 '프린세스 룸' 같은 바에 숨어들어갔다. 칵테일을 한 잔씩 시켜놓고 서로 쳐다보며 빙그레 웃었다. 팬이라며 인사를 하거나 사인해 달라는 사람도 없었다. 누구도 의식하지 않고 눈빛을 교환하는 그 시간이 그렇게 좋을 수 없었다. 그곳을 출입하는 멋쟁이 부인들은 웨이터를 시켜 칵테일을 잔으로 우리 테이블에 보냈다. 잠시 앉아 있으면 테이블이 술잔으로 가득 찼다. 우리는 감사의 마음만 전하고 자리를 떴다.

나와 엄앵란이 나타나면 길거리가 난장판으로 변할 때였다. 엄앵란은 남들처럼, 눈 오는 날 남산공원에서 내 코트 주머니에 손을 넣고, 손도 만지고, 땅콩도 까먹으면서 산책을 하고 싶어했다. 작정하고 날을 잡았다. 우리는 상상한 그대로 땅콩과 오징어를 사서 걸었다. 밤이니 알아보는 사람도 없을 듯싶었다. 웬걸! 껌 파는 아이들이 케이블카 앞에서 '신성일, 엄앵란이다'라고 외쳤다. 밤에 어디서 그 많은 사람이 튀어나오는 건지. 우리는 눈길에 미끄러지고 엎어지면서 도망갔다. 결국 남산파출소로 피신했다.

우리는 집에서 통화를 하다가 전화기를 베고 잠들었다.

충무로 대연각빌딩 옆에 '충무가'라는 일식집이 있었다. 우리 둘만의 추억이 깃든 장소다. 주인 아주머니는 우리가 가면 다른 손님 눈에 띄지 않도록 2층 구석방으로 안내했고, 손수 스키야키를 만들어 주었다. 스키야키는 각종 야채를 다듬고, 숯불로 정성스럽게 끓여내야 한다.

그래서 나는 아직도 최고의 음식은 스키야키라고 생각한다. 주물 프라이팬 가운데 오목한 부분에 진득한 국물이 만들어진다. 대파·무·당근·배추·쑥갓·양파 등 물기 많은 야채의 엑기스와 고기의 단백질이 섞인 것이다. 야채 국물과 육수를 빨아들인 두부는 또 얼마나 맛있던지. 익힌 고기를 식혀 건져 먹은 다음, 취향에 따라 국수·당면·우동 중 한 가지를 넣고 야채마저 먹은 후 밥까지 비벼 깔끔하게 마무리한다.

지금도 나는 '충무가' 스키야키를 종종 떠올리며 추억에 빠지곤 한다.

어머니가 찍은 며느릿감은 재일동포 여배우였다

청춘 스타로 주가를 떨칠 무렵 맞선 상대가 나타났다. 재일동포 여배우 공미도리(孔美都里)다.

1963년 여름, 나는 몸이 두서너 개라도 모자랄 정도로 바빴다. 이 때 일본인 여인과 한국인 남자의 사랑을 다룬 〈현해탄의 구름다리〉 출연 제안이 들어왔다. 공미도리가 여주인공을 맡았다.

〈현해탄의 구름다리〉는 한운사 작가의 라디오 드라마 〈현해탄은 알고 있다〉(1961)가 원작이다. 원작 드라마는 크게 히트했다. 일본으로 끌려간 학도병 아로운이 얼마나 사랑을 받았던지……. 아로운을 괴롭히는 악질 일본 헌병 역의 이예춘(이덕화의 아버지)을 미워하는 사람들까지 생길 정도였다. 아로운 역의 김운하는 내 또래의 라이벌 배우였지만 나약한 이미지를 벗지 못해 영화배우로 대성하진 못했다. 공미도리는 아로운을 동정하는 여인 히데코 역으로 나왔다.

한국예술영화사가 공미도리를 두고 기획한 작품이 〈현해탄의 구름다리〉였다. 촬영은 내 스케줄에 맞춰 이뤄졌다. 초반에는 일주일에 한 번 정도 촬영을 했다. 공미도리는 우리 말도 서툰 데다 촬영 날을 빼면 마땅히 갈 곳도 없었다. 그 때 말상대가 된 사람이 일본말에 능통한 내 어머니였다.

공미도리는 촬영이 없는 날이면 우리 집에서 어머니와 이런저런 얘기를 했다. 어머니는 혜화동 여인 사건 이후 내 주변을 감시했지만 그녀만큼은 마음에 들어 했다. 명동 메트로호텔에 묵고 있던 공미도리는 아주 곱고, 교육을 잘 받은 처녀였다. 항시 눈에 웃음이 번졌고, 말이 별로 없

한국예술영화사가 재일동포 여배우 공미도리를 두고 기획한 작품이 〈현해탄의 구름다리〉(1963)였다. 영화 촬영 후 신성일, 공미도리 양가 부모 사이에 혼담이 오갔다. (한국영상자료원 제공)

었다. 집안도 좋았다. 아버지가 일제 강점기 때 중의원을 지낸 부잣집 딸이었다.

〈현해탄의 구름다리〉 촬영이 끝난 후였던 것 같다. 어머니가 메트로호텔로 공미도리의 부모님을 만나러 가자고 했다. 나 모르게 양가 부모님 사이에 혼담이 오간 것이다. 맞선인 셈이었다. 일본에서도 영향력이 막강했던 공미도리 부모는 멋쟁이였다. 나를 사윗감으로 생각하고 나온 옷차림이었다. 일본에서도 영화배우는 인기가 치솟고 있었다. 시간이 지나고 다시 한 번 공미도리 부모님과 마주했다. 그분들은 결혼 이야기를 구체적으로 꺼냈다.

"이곳(한국) 말고, 일본에서 생활하는 게 어떤가. 뒷바라지는 우리가 하겠네."

공미도리와의 혼담은 즐거운 일이었다. 일본은 우리보다 모든 여건이 좋았다. 게다가 쟁쟁한 재일동포 집안에서 사윗감으로 생각해주었으니……. 그러나 1964년 당시 내 가슴에는 엄앵란이 들어와 있었다. 나와 엄앵란의 관계를 잘 모르던 극동흥업 차태진 사장은 우리 둘을 조선호텔로 불러내 이렇게 말했다.

"앵란이는 김기덕 감독과 결혼하고, 너는 공미도리와 결혼해라."

차 사장에겐 김 감독과 나, 그리고 엄앵란이 모두 중요한 존재였다. 비즈니스 차원에서 보면 이런 커플을 형성하는 게 극동흥업에 유리하다고 판단한 모양이었다. 나는 그 자리에서 "전 엄앵란과 결혼합니다"라고 선언했다.

공미도리는 공화당 시절 이동원 외무부 장관의 동생과 결혼했다. 엄앵란이 없었다면 공미도리와의 혼담이 어떤 방향으로 흘러갔을지 모를 일이다. 공미도리보다 엄앵란과의 인연이 더 강했던 것이다.

피할 수 없는 운명, 세기의 결혼식

스파이 작전

나와 엄앵란이 스파이가 된 적이 있다. 내 최대 히트작인 〈맨발의 청춘〉이 스파이 작전으로 탄생했다는 사실을 고백한다.

이 사건을 이야기하기 전에 반드시 짚어야 할 작품이 있다. 1963년 나온 〈청춘교실〉이다. 조선일보는 이

신성일 주연 영화 〈가정교사〉(1963). 신성일은 이 시기에 〈청춘교실〉, 〈가슴에 꿈은 가득히〉 등으로 청춘스타의 자리를 굳혔다. (한국영상자료원 제공)

무렵 광화문 사옥 옆에 운영하던 시네마극장을 한국 영화 전용극장인 아카데미극장으로 바꾸었다.

방우영 조선일보 전무는 김연준 한양대 총장에게 연극영화과와 영화사를 설립하고 아카데미극장 개관 영화를 제공해달라고 요청했다. 그 바람에 생긴 게 한양영화사였고, 아카데미극장 개관 프로그램으로 일본 작품이 원작인 〈청춘교실〉을 기획했다. 〈아낌없이 주련다〉, 〈가정교사〉 등으로 입지를 굳힌 나는 엄앵란·최지희·남미리·방성자 등과 함께 캐스팅되었다.

〈청춘교실〉의 배경은 대학교였다. 김수용 감독은 촬영무대를 건국대 캠퍼스로 잡았다. 당시 캠퍼스에 호수가 있는 학교는 그곳밖에 없었기 때문이다. 발랄한 젊은이들의 상을 그려 크게 히트했다.

이후 아카데미극장은 청춘영화 전용극장으로 이름을 날렸다. 로비가 긴 복도로 돼 있고, 그 양쪽을 열대어 수족관으로 장식해 젊은이들의 눈길을 잡았다. 열대어를 감상하며 15m 이상 걸어 들어가야 했으니 당시로선 명물이었다. 한양영화사는 〈청춘교실〉을 히트시킨 다음 또 다른 청춘물을 아카데미극장에 걸고 싶어했다.

어느 날 〈청춘교실〉로 인연을 맺은 한양영화사의 최모 기획실장이 나와 엄앵란을 불러 식사를 사며 다음 작품에 대한 구상을 들려주었다. 훗날 〈맨발의 청춘〉이 된 기획이었다. "일본에서 히트한 작품이 있어. 남자는 뒷골목 젊은이고, 여자는 대사의 딸이지. 결국 두 사람의 자살로 끝나는 작품이야. 딱 둘이서 하면 되겠다."

일본 원작의 제목은 〈맨발의 청춘〉이 아니었다. 〈맨발의 청춘〉은 최실장이 즉흥적으로 붙인 것이었다. 선배 격인 그는 개인 생각을 들려준 것일 뿐, 이 작품을 회사에 정식 제안하진 않은 것 같았다. 나와 엄앵란은 이미 여러 영화에서 호흡을 맞춰 각 영화사의 분위기를 훤히 꿰뚫고 있었다. 〈가정교사〉로 극동흥업, 〈청춘교실〉로 한양영화사의 분위기를

〈동백아가씨〉 1964년 LP판 재킷. 가수 이미자가 이 영화의 주제곡으로 스타덤에 올랐다. 신성일과 엄앵란은 이 영화를 부산에서 찍으며 잊지 못할 하룻밤을 보냈다. (고서점 호산방 제공)

비교할 수 있었다.

나는 이 작품을 더 잘 만들 수 있는 곳은 극동흥업이라고 생각했다. 한양영화사는 규모만 클 뿐, 작품을 알차게 만드는 시스템이 부족했다. 극동흥업은 김기덕이란 유망 감독을 전속으로 두고 있었다.

내 생각을 엄앵란에게 이야기했더니, 그녀도 같은 의견이었다. 우리는 그 기획을 극동흥업에 넘기기로 했다. 〈맨발의 청춘〉이란 기획에 깜짝 놀란 극동흥업의 차태진 사장은 우리의 말을 대번에 알아들었다. 곧바로 〈가정교사〉를 각색한 서윤성 작가를 중심으로 대본 입수작업이 이루어졌다. 시나리오는 그 다음날로 극동흥업에 들어왔다. 일본의 4대 메이저 영화사 중 하나인 니가츠(日活)사 작품이었는데, 서 작가가 일본 라인을 통해 구한 것이었다. 극동흥업은 기획과 동시에 촬영에 들어갔고, 결국 〈맨발의 청춘〉은 1964년 초 아카데미극장에 걸렸다.

만약 〈맨발의 청춘〉이 한양영화사로 갔으면 어떻게 됐을까. 돌아보면 내 인생의 분수령이었다. 나름대로 성공한 스파이 작전이었다.

5층 호텔 외벽을 타고 잠입

매일 얼굴을 보면서도 연애 한 번 제대로 할 수 없는 신세. 엄앵란을 내 여자로 만들어야겠다고 결심했다. 1964년 여름 〈동백아가씨〉의 3박 4일 부산 촬영 일정이 나왔다. 더 좋은 기회는 앞으로 없을 것 같았다. 서울에선 사람들 때문에 손 한 번 잡을 시간이 없었다.

엄앵란의 집은 남산동 외교구락부 못미처 오른쪽 막다른 골목에 있었다. 두어 번 식사를 하러 간 적이 있다. 집은 컸지만 친척들의 왕래가 잦았다. 또 그 집 위쪽에 다른 집 두세 채가 있었다. 동네 사람들이 우리들 동향을 눈치챌 수 있어 나는 차 조수석에 몸을 숨긴 채 들어가곤 했다.

나와 엄앵란은 3박 4일 여정을 철저히 준비했다. 엄앵란은 여동생, 보조하는 아이, 기사와 함께 59년형 쉐보레 스테이션 왜건을, 나는 남자 일행 셋과 함께 크림색 닷지 왜건을 탔다. 이태원 미군부대에서 먹거리와 아이스박스를 구입해 놓았다.

촬영팀이 머문 곳은 부산 중앙동 반도호텔. 부산역에서 가까웠다. 반도호텔 부근에선 '40계단'이 유명했다. 1965년 나·최지희 주연의 〈무정의 40계단〉, 1999년 안성기·박중훈 주연의 〈인정사정 볼 것 없다〉의 무대가 된 곳이다. 해방 후 귀환동포, 한국전쟁 피난민이 이 주변에 모여 살았고, 동광동·영주동 판자촌을 가려면 이 계단을 거쳐야 했다.

반도호텔은 말만 호텔이었다. 전체 5층으로 한 층에 방 5개가 전부였다. 나와 엄앵란 식구들이 5층을 썼다. 계단에서 올라오면 1호실이 가장 먼저 나오고, 2호실부터 5호실까지 횡으로 늘어섰다. 1호실은 내 식구, 2호실은 엄앵란 기사, 3호실은 엄앵란 여동생과 코디, 4호실은 엄앵란, 5호실은 내 방이었다.

부산을 떠나기 전날 밤, 엄앵란 방에 잠입하기 위해 눈치를 살폈다. 밖에선 방범대원이 통행금지를 알리는 딱딱이 소리가 들렸다. 나를 제외하고 남자가 넷. 그들은 양쪽에서 바리바리 싸온 음식을 먹은 다음 복도에 앉아 밤새 고스톱을 칠 기세였다. 내가 엄앵란 방에 들어가지 못하도록 감시하는 꼴이 되었다.

호텔은 벽 하나를 사이에 두고 2·3호실, 4·5호실 욕실이 마주한 구조였다. 4호실과 5호실에는 파이프가 붙어 있었다. 갑자기 아이디어가 떠올랐다. 좁은 욕실 들창을 통해 4호실로 들어갈 수 있을 것 같았다.

들창을 열고 내려다보니 낭떠러지나 다름없었다. 제정신이 아니었다. 욕실 밖으로 물이 흐르는 홈통이 지나갔다. 나는 야생동물처럼 민첩하게 창틀을 붙잡고 홈통에 발을 디딘 채 4호실 들창 앞에 이르렀다. 창문을 두드리자 불이 켜졌다. 넉살 좋게 말했다.

"미스 엄, 나 떨어져 죽어."

1964년 개봉한 신성일·엄앵란(왼쪽) 주연의 〈보고 싶은 얼굴〉. 두 사람은 그 해 10월 세상을 깜짝 놀라게 한 결혼 발표를 했다. (한국영상자료원 제공)

깜짝 놀란 엄앵란은 나를 끌어올렸다. 생명을 건 모험은 대성공이었다. 그날 밤 목욕을 막 끝낸 엄앵란을 처음으로 안을 수 있었다. 잊지 못할 초야였다.

엄앵란은 창틀에 매달린 나를 보고 '아, 내 인생은 이제 끝났다'라고 생각했다고 한다. 문 밖으로 뛰어나가면 모두에게 알리는 꼴이 된다.

한 살 연하의 내가 부담스러울 수도 있었지만 그녀는 그날 운명을 받아들였다.

빅 뉴스— "나 임신 3개월이래"

엄앵란과 결혼을 피할 수 없게 됐다. 1964년 10월 어느 날 엄앵란이 자신의 남산동 집에서 저녁을 먹자고 했다. 그 날 들은 이야기는 충격 자체였다. 임신 3개월째라고 했다. 〈동백아가씨〉 촬영 때 부산 반도호텔에서 가진 초야에 임신이 됐던 것 같다.

나는 담담하게 받아들였다. 어릴 적부터 '경상도 사나이'라는 강박관념을 갖고 자랐던 터다. 남자라면 의리를 지키고, 당당한 모습을 보여야 한다고 믿어왔다. 자연스럽게 '이 여인을 책임져야겠다'고 마음먹었다.

나와 엄앵란의 관계는 극비였다. 〈맨발의 청춘〉을 찍은 김기덕 감독마저 우리가 사귄다는 것을 전혀 예상하지 못했단다. 지금도 연상연하가 자연스럽지 않은데 엄앵란이 한 살 위였기에 연인으로 맺어질 것으로 보지 않은 것이다. 오죽하면 차태진 극동흥업 사장은 눈치도 없이 "엄앵란은 김기덕 감독과, 너(신성일)는 공미도리와 결혼해라"라고 했을까. 내가 그 자리에서 엄앵란과 하겠다고 선언하는 바람에, 차 사장도 우리의 결혼을 알게 됐다.

그 직후 차 사장이 "큰일났다. 너희들 이야기를 쓴다고 기자들이 벼르고 있다. 너희가 먼저 터트려라"며 엄앵란에게 다급하게 전화했다. 기자 출신인 그의 조언을 따를 수밖에 없었다. 지금 돌이켜보면 차 사장이 누군가에게 이 이야기를 흘렸다가, 사건이 걷잡을 수 없게 되자 부랴부랴 수습한 게 아닌가 싶다.

그 해 10월 20일 소공동 조선호텔 레스토랑에서 약혼식 겸 결혼 발표 기자회견이 열렸다. 장안의 기자란 기자는 다 모여 홀이 꽉 찼다. 60년대 최고의 빅 뉴스였다. 기자회견장에는 우리 둘과 양가의 어머니만 나왔다. 엄앵란은 급하게 준비한 탓에 다소 촌스러운 한복을 입은 것으로 기억한다. 25일 후인 11월 14일에 결혼하겠다고 선언한 우리는 홍성기 감독의 〈대석굴암〉 촬영을 위해 경주로 직행했다.

불국사 앞 불국사관광호텔을 숙소로 잡았다. 지금 불국사 주차장 자리다. 경주 시민들이 다 나온 것 같았다. 우리는 거기 머물 수 없었다. 호텔 지배인은 우리를 경주 최 부자 집으로 안내해 주었다. 최 부자측은 선뜻 응해주었다.

우리는 그곳에서 밤을 보내고, 다음 날 아침 호텔로 돌아왔다. 한옥집에서 태어난 나였지만 아흔아홉 칸 한옥에서 자본 것은 처음이었다. 당시 우리를 받아준 경주 최 부자 가문에 감사드린다.

경주에서 3박 4일을 지내던 중 잊지 못할 추억이 생겼다. 포항 큰형님 형수가 바닷가 토박이 분이었는데, 영화 스타 아랫동서가 경주에 온다고 하니 친구 세 분과 함께 영덕대게를 부대에 가득 담아 왔다.

형수는 큰동서로서 무척 자랑스러웠던 것 같다. 과장 없이, 한 마리가 어린아이 머리만 한 크기였다. 이런 상품 대게는 요즘 잡히는 족족, 선상에서 일본으로 수출돼 뭍에서는 구경할 수 없다. 보름달 달빛이 포근한 밤. 우리는 형수의 사랑이 가득 담긴 대게를 밤새도록 먹었다. 6명이 한 부대를 다 먹어치웠는데 배탈도 안 났다. 그 뒤로 그렇게 푸짐하고 맛있는 대게를 먹은 적이 없다.

워커힐 호텔에서 결혼하는 첫 커플

결혼 준비는 일사천리로 진행됐다.

1964년 11월 14일 결혼식까진 25일밖에 남지 않은 시점. 쇼흥행업자인 'AAA쇼(3A쇼라고도 부름)단' 김영호 단장은 우리 커플이 전국 5대 도시 공연에 나와 인사하는 조건으로 200만 원을 내놓았다. 나로선 팬 서비스가 되기도 하고, 목돈이 생겨 일거양득이었다. 그 해 구입한 이태원 181번지 2층 하얀집 가격이 480만 원이었으니 얼마나 큰 금액인지 짐작할 수 있겠다. AAA쇼단은 후에도 남진·나훈아 등 잘나가는 가수들을 앞세운 전국 투어쇼로 인기를 누렸다.

결혼 장소가 문제였다. 1964년 서울 시내에 마땅한 결혼 장소가 없었다. 차태진 극동흥업 사장과 머리를 맞댔다. 차 사장이 시민회관(현 세종문화회관)을 제안했으나 엄앵란은 단호하게 반대했다. 시민회관에서 할 경우 쇼처럼 보일 수 있다는 우려였다. 엄앵란은 엄숙하고 신성한 분위기를 희망했다. 나도 그 뜻을 존중했다. 출입이 제한적인 장소를 찾아야 했다. 그 때 떠오른 게 워커힐이다.

1963년 4월 개장한 워커힐은 박정희 정권이 외국인 유치 및 국내 관광 산업 진흥을 위해 만든 야심작이다. JP가 건립을 추진했다. 워커힐 안에는 '퍼시픽홀'이란 나이트클럽, 슬롯머신, 수영장·볼링장 등이 있었다. 슬롯머신은 미8군 부대를 제외하고 국내 처음이었다.

든든한 후원자도 있었다. 오재경 국제관광공사(한국관광공사 전신) 초대 총재였다. 그는 자유당 시절 공보처장으로 재직했으며, 박정희 정권이 5·16 이후 공보부로 승격시키면서 공보부 장관이 됐다. 그러나 군사정권과 코드가 맞지 않은 관계로 취임 몇 개월 만에 사표를 냈다. 박정희 정권은 그를 필요로 해 1962년 설립한 국제관광공사를 그에게 맡겼다. 워커힐호텔은 국제관광공사 관할이었다.

1964년 11월 14일 워커힐 호텔에서 세기의 결혼식을 올린 신성일과 엄앵란 커플의 폐백 사진. (중앙포토 제공)

나는 오 총재를 존경했다. 영어도 잘하고, 눈웃음과 단정한 옷차림으로 호감을 갖게 했다. 3·1절, 광복절, 한글날 등 나라의 가장 큰 행사를 주재했던 그였다. 나와 엄앵란은 시민회관 행사 때마다 먼 발치에서 오 총재께 인사드렸다. 오 총재는 워커힐호텔 주인이나 마찬가지였다.

일단 오 총재께 주례를 부탁드리기로 했다. 나와 엄앵란은 혜화동 자택을 찾아가 오 총재께 큰절을 올렸다. 그분이 주례를 해준다는 것만으로도 영광이다. 그의 부인은 이대 음대학장을 지낸 피아니스트 신재덕 여사. 오 총재는 주례를 허락하면서 조건을 달았다. "두 사람이 절대 헤어지지 않겠다는 약속을 해야만 주례를 봐줄 수 있네."

나는 오 총재께 맹세했다. 따지고 보면 지금까지 오 총재와의 약속을 지키고 있는 셈이다. 오 총재는 워커힐호텔 퍼시픽홀을 결혼식장으로 내주겠다고 했다. 우리는 워커힐호텔에서 결혼하는 첫 커플이 됐다.

운명의 날. 넋이 나갈 상황이 벌어졌다. 결혼식 접수계는 공군 조종사인 형님의 동기 두세 분이 맡고 있었다. 워커힐 퍼시픽홀 입구에 폭이 2m쯤 되는 수로가 있었다. 하객들이 몰려드는 바람에 접수계를 맡은 형님들과 의자가 수로에 빠졌다. 바깥은 통제 불능이 됐고, 나는 장내 분위기가 심상치 않다는 걸 느끼면서 신랑 입장을 기다리고 있었다. 주위를 둘러봤다. 홀은 꽉 찼는데, 양가 부모님을 빼곤 아무도 아는 사람이 없는 게 아닌가!

난장판 결혼식 — 웨딩드레스는 짓밟히고, 화환은 넘어지고

결혼식장은 통제불능 상태가 됐다. 하객 3,500여 명이 워커힐 퍼시픽홀을 덮쳤다. 영화사 제작부원 몇몇이 3,000명이 넘는 하객을 통제하기엔 중과부적(衆寡不敵)이었다. 우리와 상관도 없는 사람들이 결혼식장을 장악했다. 아는 사람이 거의 없는 게 당연했다.

여기저기서 사고가 터져 나왔다. 정체불명의 하객과 맞선 거친 제작부 인력이 몽둥이로 누군가를 때렸는데, 맞은 사람이 마침 동아일보 기자였다. 그 기자는 하객을 몽둥이로 때리는 법이 어디 있냐며 거칠게 항의했다. 다행히 엄앵란의 친구 남편이어서 사후 우리가 정중히 사과하는 선에서 넘어갔다.

앙드레 김이 디자인한 엄앵란의 웨딩드레스. (중앙포토 제공)

앙드레 김이 정성스럽게 지어준 웨딩드레스도 짓밟혔다. 여왕처럼 머리에 관을 쓴 엄앵란의 웨딩드레스는 환상적이었다. 모두들 감탄을 금치 못했다. 앙드레 김은 레드 카펫 앞까지 신부가 쓰고 갈 수 있는 망토를 세트로 만들어 주었다. 길게 늘어뜨린 엄앵란의 망토는 뒤에서 누군가에게 밟혔다. 뒤를 돌아보았을 때 망토는 이미 사라지고 없었다. 엄앵란은 이성을 잃고 좌중을 향해 고함쳤다.

"여러분, 조용히 하세요! 너무하는 것 아닌가요."

충분히 화날 만도 했다. 그러나 신부가 직접 고함치는 건 지나쳤다. 나는 말도 못한 채 참으라는 의미로 엄앵란의 발등을 꾹 밟았다. 그 때서야 그녀는 정신을 차렸다. 엄앵란은 지금도 주부 강좌에서 기회가 있으면 '그 때 발등 눌린 기운으로 지금도 눌려 산다'고 말하고 있다.

객석의 웅성거림은 혼을 빼놓는 수준에 이르렀다. 레드 카펫 양쪽으로 나란히 세워놓은 국화꽃은 죄다 넘어졌다. 호텔 직원들이 꽃을 정리하고 난 후, 나는 누군가 입장하라고 하는 소리를 들은 것 같았다. 성큼성큼 걸어 주례를 보는 오재경 국제관광공사 총재 앞에 섰다. 오 총재는 당황스런 얼굴을 했다.

"내가 안 불렀어. 장내가 정리되면 그때 나오게."

주례 앞에서 퇴장했다가 재입장하는 초유의 사태가 벌어졌다. 그렇게 침착한 오 총재도 이 사태를 어떻게 수습할지 몰라 했다. 최무룡·김지미 등 지인들은 아예 입장을 못했다. 아무리 둘러봐도 접수계가 없었다.

그들은 근처의 워커힐 슬롯머신으로 가서 축의금을 탕진했다. 거금 200만 원을 들인 결혼식에 접수된 축의금은 단돈 2만 2,500원.

전국의 소매치기는 다 몰려든 것 같았다. 친척을 운운하며 축의금을 가로챈 '네다바이(일본어로 사기라는 뜻)'도 부지기수였다. 오 총재는 2층 테라스로 올라가 입장 못한 하객들을 위해 인사하라고 했다. 2층에 올라갔더니 워커힐측에서 120㎝ 높이의 대형 케이크를 마련해 놓았다. 꼭대기에 우리 커플의 모습을 조각해 놓은 멋진 케이크였다. 둘이서 케이크를 커팅하는 순간, 사방에서 손이 뻗어 나오더니 케이크를 낚아챘다. 케이크는 순식간에 공중 분해됐다.

결혼식 후엔 웨딩카가 인파에 밀려 사라졌다. 휴대전화가 없던 시절이다. 웨딩카와 연락이 닿지 않았다. 제작부장들이 몽둥이를 휘두르며 길을 냈다. 우리는 제작부장들의 에스코트를 받으며 워커힐 빌라에 피신해 한동안 갇혀 있었다. 이전에도, 앞으로도 없을 결혼식이었다.

외설 시비 영화들

결혼식 직후 나와 연관된 영화가 다시 한 번 세상을 떠들썩하게 했다. 대한민국 최초의 외설 시비였다. 1965년 박수정이란 신인 여배우와 함께 유현목 감독의 〈춘몽(春夢)〉을 촬영했다. 외설스럽다는 이유로 검찰에 고소됐고, 〈오발탄〉, 〈김약국의 딸들〉로 유명한 유 감독은 실형을 받기까지 했다.

〈춘몽〉은 〈백일몽〉이라는 일본 작품을 각색했다. 일본에서 〈백일몽〉을 본 세기상사(대한극장) 국쾌남 사장이 유 감독을 설득해 제작이 이뤄졌다. 유 감독은 원작이 선정적이라며 고사했으나 표현하고 싶은 대로 해도 좋다는 허락을 받은 후 연출을 맡았다.

1965년 박수정이란 신인 여배우와 함께 유현목 감독의 〈춘몽(春夢)〉을 촬영했다. 외설스럽다는 이유로 검찰에 고소됐고, 유 감독은 실형을 받기까지 했다.
(한국영상자료원 제공(조희문 기증))

검찰은 전라 장면을 문제 삼았다. 한 청년이 치과에서 마취주사를 맞고 치료를 받던 중 옆자리의 여자환자를 보고 환각에 빠지게 되는 도입부와 그가 마취에서 깨어나 병원을 나서는 엔딩 장면만 현실적인 설정이다. 나머지는 꿈의 세계를 그렸다. 전라 장면은 꿈속의 여인이 천국의 계단을 올라가는 대목이다. 천국의 계단을 걷는데 아름다운 여인이 옷을 입고 있으면 멋대가리가 없다. 〈춘몽〉은 스토리가 거의 없다시피 했다. 표현으로 승부를 거는 작품이다. 유 감독은 영상미를 위해 나체 여인을 고집했다.

검열에 대한 압박감이 엄청났다. 제작진은 여배우에게 나일론 타이즈를 입혀 검열을 피해 보려고 했다. 국내에 나일론 타이즈가 없던 관계로, 홍콩에 수소문해 물건을 구했다. 카메라는 박수정의 뒷모습만 담았다. 흑백화면이었기에 나일론 타이즈를 입으면 나체처럼 보이는 효과가 있었다. 간이 작아진 유 감독은 검열이 걱정돼 편집과정에서 이 부분을 잘라냈다.

그런 노력도 소용없었다. 검사가 해당 장면 사진을 어디선가 구해와 자료로 내밀었다. 유 감독은 징역에 1년 반 자격 정지를 당했다. 졸지에 전과자가 됐다. 이후 상고해 집행유예를 받았으나 그의 심신은 피폐해졌다. 지금 보면 말도 안 되는 이야기다. 그러나 당시 법정에선 강변이 통했다. 판·검사가 그렇다면 그런 것이다.

박정희 정권에서 검열이란 돋보기를 들고 보는 정도였다. 나일론 타이즈를 입는 영화적 트릭 따위는 인정해주지 않았다. 박정희 정권이 경제 부흥을 이룬 점은 높이 평가하지만 대중예술인 입장에선 아쉬움이 크다. 설렁탕에 기름기·고기 다 걷어내고 무얼 먹으라는 것인가. 70년대 영화는 엑기스가 다 빠져 버린 채 TV에 관객을 뺏겨버렸다.

배우들도 검열에 알레르기 반응을 보였다. 80년작인 〈밤의 찬가〉(김호선 감독)에서 원미경은 유두에 스카치테이프를 붙이고 촬영했다. 유두가 상대 배우에게 닿는 것도 싫다는 뜻이 반영됐다. 연기자들도 보수적으로 변했음을 보여주는 대목이다.

5공 들어 다소 변화가 왔다. 전두환 정권은 통행금지를 없애면서 성을 개방했다. 1981년 종로에 심야극장인 서울극장이 문을 열었고, 안소영 주연의 에로 영화 〈애마부인〉(정인엽 감독)이 상영됐다. 그 유명한 3S(Screen·Sports·Sex)의 일환이다. 밤늦게 퇴근한 노동자들이 값싸고, 오래 즐길 수 있는 심야극장으로 몰려들었다. 반면 현실 비판적인 영화는 눈곱만큼도 허용되지 않았다. 슬픈 시절이었다.

별거

"나가!" 한마디에 아내는 친정으로

세상에서 가장 어려운 게 결혼 생활 아닌가 싶다. 하물며 사생활이 공개된 우리 부부는 어떠했으랴. 1964년 11월 14일 결혼식이 끝난 후에도 일상에는 큰 변화가 없었다. 나는 영화 출연으로 더 바빠졌고, 엄앵란도 촬영 중인 몇 작품을 마무리해야 했다.

사실 양가가 결혼을 썩 반기는 처지가 아니었다. 내

신성일과 그의 어머니. 김연주 여사는 문학을 좋아하는 인텔리였다. (중앙포토 제공)

어머니는 악극계 집안이라는 이유로 엄앵란을 좋아하지 않았다. 장모 노재신 여사는 1939년 이명우 감독의 〈홍길동전〉으로 데뷔해 1961년 유현목 감독의 〈오발탄〉을 끝으로 은막을 떠난 선배 연기자였다. 또 아내의 스케줄을 꽉 쥐고 관리했다. 아내의 삼촌 엄토미(본명 엄재욱)는 색소폰 및 클라리넷으로 명성을 날리는 연주자였다. 어머니의 바람은 공미도리 같은 명문가 며느리를 들이는 것이었으리라. 아내가 한 살 연상이라는 점도 어머니를 불편하게 했다.

처가 쪽도 뭔가 손해 본 느낌이었다. 엄앵란은 집안의 기둥이었다. 부모와 여동생, 그리고 친척들이 하늘같이 떠받들고 살았다. 그 쪽에선 아내가 영화배우 생활을 더 하길 바란 것 같다. 하지만 아내는 당시 29살. 과년한 나이였다.

아내는 몸만 왔다. 내가 결혼 전 "몸만 오라"고 했지만 정말로 그렇게 할 줄이야. 나는 아내가 배우를 접는 쪽으로 가닥을 잡았다. 살이 찌는 체질이어서 더는 연기 생활이 힘들어 보였다. 돈은 내가 버니 결혼 생활만 잘 해주면 됐다. 사실 엄앵란만 한 아내도 없었다. 새벽까지 촬영하고 귀가 못하는 날이 많은 배우라는 직업을 일반인은 이해하기 힘들다. 엄앵란은 영화계를 이해하고 나를 도와줄 수 있는 면에서 최고였다.

새댁 엄앵란은 결혼 후 애매한 처지에 놓였다. 젊은 시절부터 살림을 할 겨를이 없었고, 시어머니가 부리는 사람이 5명 정도 됐다. 빨래·청소 등은 이들의 몫이니, 아내는 딱히 할 일이 없었다. 시어머니 입장에선 뭔가 탐탁하지 않은 며느리였다. 시댁이 불편한 아내는 아침에 내가 나가면 촬영을 핑계 대고 약수동 친정으로 갔다. 계속 시어머니 눈 밖에 날 수밖에. 고부 갈등이 깊어졌다. 1965년 7월 초, 아내에게 한마디 했다.

"여기가 하숙집이냐."

말다툼을 했다. 손찌검으로 이어졌고, 아내는 심하게 저항했다. 그 바람에 또다시 손찌검이 됐다. 밥을 먹던 나는 딱 한마디로 내 기분을 표현

1985년 프랑스 대사관에서 열린 파티에서 신성일·엄앵란 부부가 영화배우 문희(오른쪽) 등과 이야기하고 있다. 왼쪽에 고 이주일이 보인다. (중앙포토 제공)

했다. "나가!"

아내는 주섬주섬 짐을 챙겨 한 달 전 태어난 큰딸을 업고 처가로 떠나버렸다. 자연스럽게 별거가 됐다. 6개월 가까이 됐던 것 같다. 영화계에선 이혼 직전이라는 소문이 돌았다. 마침 부산일보가 주최하는 '부일상'에서 내가 주연상을 타게 됐다는 기별이 왔다. 부일상 조직위원회는 '모일 모시, 부산 제일극장에서 시상식이 있다. 반드시 엄앵란을 동반해달라'는 조건을 붙였다. 우리 부부가 정말로 이혼했는지 떠 보려는 모양이었다. 엄앵란을 동반하지 못한다면 소문이 기정사실화되는 셈이다. 부산일보가 이혼 기사를 터트려 버릴지도 몰랐다. 처가에 간 아내와는 아직 화해도 못했는데……. 정말 난처한 상황이었다.

장모와의 신경전

정면돌파. 내 특유의 문제 해결 방식이다. 결혼 직후 막다른 골목에 몰렸다. 아내 엄앵란은 집을 떠났고, 매스컴은 우리의 별거를 보도할 태세였다. '세기의 결혼식'이라는 스포트라이트를 받은 우리의 결혼은 어떻게 될 것인가. 부산일보 영화제(부일상) 시상식에 엄앵란을 데려가지 못하면 파경 기사가 터질 판이다.

약 한 달 전인 1965년 6월 9일, 큰딸이 태어났을 때 얼마나 기뻤던가. 고영남 감독의 〈이 세상 끝까지〉 촬영 중이었다. 김지미는 원효로 신필름 세트장에서 출산 연기를 했다. 극심한 산고로 몸부림치는 김지미를 남편인 내가 지켜보는 장면. 그때 엄앵란이 친정집 인근 약수병원에서 아기를 낳고 있다는 소식이 전해져 왔다. 나는 김지미의 귀에 "딸을 낳았으니 장차 무엇을 시킬까"라는 대사를 속삭인 뒤 공중전화 쪽으로 갔다. 전화를 걸어 보니, 엄앵란 역시 딸을 낳았다. 현실과 영화가 그렇게 일치할 수 있을까!

우리는 첫 아이에게 '경아(炅娥)'라는 이름을 붙였다. 당시는 여자 이름에 일본식으로 '자(子)' 자를 붙이던 때였다. 딸 이름이 보도된 후, 동료 배우 이낙훈과 가수 패티김이 딸 이름을 '정아'라고 지었다. 훗날 소설가 최인호는 신문 연재소설 『별들의 고향』 여주인공을 경아라고 지었다. 내가 출연한 〈별들의 고향〉까지 성공하면서 '경아'는 술집 아가씨의 대표적인 이름이 되어 버렸다.

부일상 수상차 부산으로 내려가기 전, 진땀나는 일을 겪었다. 엄앵란이 딸아이를 업고 우리의 주례를 서준 오재경 국제관광공사 총재를 찾아가 별거 얘기를 전했다. 나는 오 총재의 혜화동 자택으로 불려가 따끔하게 야단맞았다.

"그래, 앵란이하고 헤어지고 나서 배우 해먹을 수 있을 것 같아?"

20대 초반의 엄앵란. (중앙포토 제공)

오 총재의 훈계는 내게 엄청난 압박이었다. 나는 무릎을 꿇은 채 오 총재의 질책을 받아들였다. 어떤 방식으로든 엄앵란을 집으로 데려와야겠다고 마음먹었다. 사회적 명망이 높은 오 총재의 말을 듣지 않을 수 없었다. 정면돌파를 선택한 나는 약수동 처가로 들어갔다. 장모는 마루 가운데 떡 버티고 앉아 나와 엄앵란 사이를 가로막았다. 못 만나게 하려는 심중이 분명했다. 사위의 기를 확실히 꺾어놓겠다는 계산도 깔려 있었다. 장모와 대치하고 있는 중에 딸아이를 안고 있는 아내의 그림자가 안방 한지 문짝에 실루엣으로 비쳤다. 영화적 효과를 잘 아는 아내는 자기가 안방에 있음을 은근히 알려준 것이었다.

장모와는 더 이상 결론이 나지 않을 것 같았다. 나는 엄앵란이 듣도록 큰 소리로 말했다.

"경아 엄마, 내일 부일상 타러 부산 가는데 아침 8시 김포비행장에서 떠나요!"

엄앵란은 이렇게만 해도 모든 걸 알아들을 여인이었다. 나는 장모를 등 뒤로 하고 뛰쳐나왔다. 다음 날 아침 김포비행장에 가면서도 큰 기대를 하지 않았다. 포기하니 오히려 마음이 편했다. 그러면서도 시상식에 혼자 설 일을 생각하니 가슴이 답답해져 왔다.

엄앵란의 선택

엄앵란은 심지가 곧은 여자였다. 그렇지 않았다면 그 풍파를 어떻게 견뎌냈겠는가. 엄앵란에 대한 기대를 접고 아침 일찍 김포비행장에 도착했다. 그런데 터미널 입구에 한복을 곱게 차려입은 여인이 서 있는 게 아닌가! 엄앵란이었다. 감동이 밀려왔다. 그녀는 곤경에 빠진 나를 외면하지 않았다.

우리는 부산 제일극장에서 열린 부산일보 영화제(부일상) 시상식에 정답게 손을 잡고 나섰다. 그간 떠돌았던 온갖 추측과 소문을 단박에 잠재웠다.

제일극장 주변은 인산인해였다. 일반인이 스타 배우를 직접 볼 기회가 많지 않던 때였다. TV가 거의 없던 시대였다. 우리는 주최측이 마련해준 폭스바겐 비틀(일명 딱정벌레차)을 타고 극장 정문을 돌파했다. 제일극장은 라운지가 큰 편이어서 비틀 같은 조그만 차를 댈 수 있었다. 변변한 보디가드도 없었다. 군중을 헤치고 들어가는 배우는 봉변을 당하기 일쑤였다. 대선배 김진규가 그랬다. 열광하는 여인들에게 남자의 중요 부위를 잡히기도 했다. 가수 최희준의 경우 나와 함께 행사 무대에 선 날은 "신형, 나 먼저 가"라면서 재빨리 도망쳤다. 내 뒤에 있으면 빠져나오기가 힘들기 때문이다.

나와 엄앵란은 별일 없이 사는 모습을 보이려고 이를 악물었다. 우리는 매스컴의 속성을 너무 잘 알았다. 화려한 스포트라이트의 이면에는 우리가 잘 살길 바라기보다 헤어지길 바라는 심리가 감춰져 있다. 우리가 헤어지면 '그럴 줄 알았다'라며 박수치고, 고소하게 생각하는 사람이 훨씬 많을 게 자명했다. 오죽하면 나와 친분이 있는 제프리 존스 전 주한 미국상공회의소 회장이 "한국인의 유일한 결점은 배고픈 건 참아도, 배 아픈 걸 못 참는 것"이라고 했을까.

별거 기간 중 우리 관계를 파헤치려는 시도가 왜 없었겠는가. 엄앵란은 집에 꽉 틀어박힌 채 일절 함구했다. 현명한 처사였다. 나도 기자라면 전화도 안 받다. 기자들이 남자 쪽, 여자 쪽을 따로 만나면서 서로 감정적인 기사가 나오고, 결국 타의에 의해 파경에 이르는 연예인을 많이 보았다. 언론의 속성이란 그렇다. 독자에게 충격을 주지 않으면 특종이 아니다. 기자 입장에선 특종을 찾아야 하는 것이다. 무반응이 최선이다.

엄앵란과 떨어져 있는 동안 조그만 사건이 있었다. 나는 엄앵란 대신 내 여동생을 시민회관에서 열린 보스턴 팝스오케스트라 지휘자 아서 피들러의 공연에 데리고 갔다. 내가 묘령의 여대생을 데려갔다는 식의 이야기를 매스컴의 누군가가 처가 쪽에 전했다. 엄앵란은 시누이를 데리고 갔으리라고 짐작하고 태연하게 대응했다. 그에 발끈해 양쪽이 하나씩 감정을 보태면 평행선이 그어질 뿐이다.

김포비행장에 도착한 즉시, 엄앵란은 자연스럽게 집으로 들어왔다. 우리 두 사람은 감정이 풀렸지만, 아내와 어머니는 아니었다. 아내를 다시 집에 데려다 놓은들, 어떤 변화가 있지 않으면 아내는 또다시 개밥에 도토리 신세일 뿐. 엄앵란을 안방 장롱 열쇠를 쥐는 명실상부한 안주인으로 만들어주어야 했다. 그 누구에게도 언질을 주지 않았다. 내가 꺼낸 카드는 나와 어머니, 엄앵란의 삼자대면이었다.

깊은 고부 갈등 그리고 어머니의 따귀

남자가 중심을 잡아야 가정이 순탄하다. 남녀가 평등한 지금에도 일리가 있다고 본다. 결단을 내려야 할 시점이 왔다. 어머니와 아내 엄앵란, 나 셋이 이태원집 2층에 모였다. 아내에게 숨 쉴 공간을 만들어줘야 했다. 그래야 가정의 평화를 이룰 것 같았다. 어머니에게 단도직입적으로 말했다.

"어머니께서 나가서 사셔야겠습니다."

얼마나 충격이었을까. 고심 끝에 내린 결정이었다. 어머니께 너무나 죄송했다. 일찍이 과부로 살아오면서 막내아들인 내게 특별한 애정을 쏟으신 분이셨다. 그런 분에게 이런 기막힌 요구를 하다니. 하지만 당시로선 그 길밖에 없는 것 같았다.

"경아 엄마는 제가 데리고 살 여자이지, 어머니가 데리고 살 여자는 아니지 않습니까?"

어머니는 며느리 앞에서 내 따귀를 때렸다. 평생 처음 맞는 따귀였다. 어느 정도 각오한 일이었다. 분노에 찬 어머니의 음성이 들려왔다.

"불효자식!"

다시 한 번 어머니의 손이 날아왔다. 그러나 이번에는 내가 어머니의 손을 잡았다. 어머니께선 손을 잡히자마자 쓰러지셨다. 그리고 소파에 누우셨다. 나는 당황한 아내에게 말했다.

"경아 엄마, 냉수 좀 가져와요."

어머니는 한참 동안 아무 반응이 없었다. 그 시간이 얼마나 길게 느껴졌는지 모른다. 나는 속으로 '절대 기절할 분이 아니다' 라고 생각했다. 어머니처럼 의지가 굳은 분이 없었기 때문이다. 아무것도 모르는 아내는 손을 덜덜 떨며 냉수를 갖다 바쳤다. 어머니께서 눈을 뜨신 후 냉수를 입에 대셨다.

"생각해 보자."

어머니께선 이 한마디를 던지고 1층으로 내려가셨다. 1층은 어머니, 2층은 우리 내외의 공간이었다. 사흘 정도 흐른 날. 아내가 다가왔다.

"여보, 어머니께서 나가시겠다고 하세요. 집을 사 달라고 하시네요. 이미 집을 봐 놓으셨다는 거예요."

일단 반가웠다. 하지만 내가 모르는 게 있었다. 아들 내외와 대립하는

2. 아낌없이 주련다   147

신성일이 영화배우로 성공한 뒤 장만한 이태원 181번지의 집. 신성일과 엄앵란의 신혼 보금자리가 되었다. (중앙포토 제공)

동안 정릉 국민대 부근의 집을 보아놓을 만큼 어머니께선 속이 깊으셨다. 집 앞으로 개천이 흐르는 예쁜 주택이었다. 지휘자 금난새의 부모님도 그 동네에 살았다. 금난새 어머니는 그 동네에서 유치원을 운영했다. 내 어머니는 그곳에서 금난새의 부모님과 형제처럼 친하게 지냈다.

어머니로부터 장롱 열쇠를 물려받은 엄앵란은 자신이 부릴 수 있는 사람 네 명을 집에 들였다. 일단 고부갈등은 줄어들었다. 나에 대한 아내의 신뢰를 얻을 수 있었다. 아내도 몰라보게 달라졌다. 차례·제사·명절·어머니 생신 등 집안 대소사를 알뜰하게 챙겼다. 나에게 실망했던 어머니를 흡족하게 해드렸다.

대체로 홀어머니 밑에서 자라면 마마보이가 되기 쉽다. 어머니에게 뺨을 맞은 순간, "알겠습니다" 하고 무릎을 꿇었으면 나 역시 마마보이에 불과했을 것이다. 엄앵란을 다시 한 번 죽이는 셈이다. 부부끼리 존경하고, 인정하고, 신뢰하는 것을 확실하게 보여줘야 했다. 그때 선택에 대해 지금도 어머니께 죄송한 마음을 지울 수 없지만 말이다. 생각이 짧아 보였던 아들의 입장을 받아주신 어머니에게 감사할 뿐이다.

어머니와 분가한 뒤 200여만 원을 들여 이태원 집을 새롭게 꾸몄다. 2층집에 한 층을 더 올리고, 3층을 응접실·스탠드바·서재 겸 음악 감상실로 사용했다.

복싱영화 두 편

예나 지금이나 스포츠에 대한 관심이 크다. 인기 스포츠는 언제나 영화의 주된 소재다. 1960년대는 농구·권투·레슬링·야구의 시대였다. 그런 분위기 속에서 두 편의 권투영화 〈가슴에 꿈은 가득히〉(1963)와 〈오늘은 왕〉(1966)에 출연했다. 영화를 찍으며 두들겨 맞은 기억이 난다.

1963년 2월 서울 장충체육관이 건립되면서 실내 스포츠가 큰 인기를 얻었다. 그 전까지는 서울운동장 야구장 홈베이스 쪽에 링을 만들거나 수영장에 무대를 설치해 권투 경기를 열었다. 농구는 박신자, 권투는 강세철·서강일·김기수, 레슬링은 김일 같은 스타를 배출해 인기몰이를 해나갔다. 고교·실업야구에선 유백만이 떠오르는 별이었다.

장충체육관의 스케줄이 빡빡할 땐 인근 장충공원에 링이 설치됐다. 레슬링 열혈 팬인 아내 엄앵란은 1964년 결혼 후에도 아기를 데리고 장충공원을 찾곤 했다. 장영철·김일·천규덕 등이 링에 오르면 그렇게 좋아했다. 링 위가 아수라장이 되면 아내는 이성을 잃고 고래고래 고함을 질러댔다.

"사람 죽인다, 사람 죽여~."

주최측으로선 얼마나 고마웠을까. 장내 아나운서는 기다렸다는 듯 "엄앵란 씨, 좀 조용히 하세요"라고 경고 코멘트를 날렸다. 그러면 구경꾼들이 폭소를 터뜨렸다.

개싸움도 장충공원의 인기 이벤트였다. 아내는 개싸움에서도 명성을 떨쳤다. 결혼 후 아기를 기르며 살던 무료함을 달랬던 것이다. 아내가 그 동네를 좋아한 또 다른 이유가 있다. 장충체육관 인근에 태극당 빵집 장충동 분점과 족발 거리가 들어섰다. 결혼 후 이태원 181번지에 살고 있던 나는 젖이 많이 나오도록 하기 위해 촬영에서 돌아올 땐 장충동 족발을 사다 주었다.

내가 권투영화 주인공을 맡게 된 데는 두 편의 외화가 영향을 미쳤다. 커크 더글라스가 주연한 〈챔피언〉, 이탈리아계 이민자로 49전 전승을 거둔 록키 마르시아노를 그린 폴 뉴먼의 〈상처뿐인 영광〉이었다.

이 두 영화는 권투 장면이 실감나고 감동적이었다. 슬로모션으로 주인공 얼굴이 찌그러지고 피가 터지는데, 박진감이 철철 넘쳐 흘렀다. 미국은 이런 장면을 찍을 수 있는 카메라 메커니즘이 있었지만 우리는 없었다. 때리는 장면은 화면을 거꾸로 돌리는 리와인드 장치를 사용하면 훨씬 실감난다. 지금 생각하면 별것 아니지만 그땐 넘을 수 없는 한계였다.

복싱 장면을 찍으려면 정말로 때리고 맞아야 했다. 〈가슴에 꿈은 가득히〉는 명보극장에서 을지로 쪽으로 가는 길에 있던 한국체육관에서 촬영했다. 권투·역도·보디빌딩 등에서 나름 운동을 한다는 사람들이 모였던 곳이었다. 권투 연습생 출신이 내 상대역으로 나왔다. 나도 많이 맞기는 했지만, 내가 챔피언이 되는 설정이었기 때문에 그 친구가 더 맞은 것 같다.

장충체육관을 빌려서 촬영한 〈오늘은 왕〉 때는 내 매니저와 싸웠다. 매니저는 권투선수 출신인 데다 나와 키가 비슷했다. 내가 마음껏 때리는 바람에 매니저의 코에서 코피가 났다. 슬슬 열이 오른 매니저가 진짜 실력을 보였고, 나는 주먹에 맞아 나가떨어졌다. 아침이면 장소를 비워 주어야 했기에 우리는 밤샘 촬영을 했다.

권투영화에선 실컷 얻어맞기만 했다. 외화의 실감나는 권투 장면을 따라잡을 수 없었기에 흥행에서는 큰 재미를 보지 못했다. 상처뿐인 영광이었다.

스타의 가족—단란했던 이태원 시절

"와 이래 뜨겁습니꺼"—일제 보온병

나와 엄앵란의 신혼 보금자리가 된 이태원 181번지는 미8군 부사령관인 콜터 장군 동상(지금의 녹사평역 사거리에 있다가 능동 어린이대공원으로 옮겨짐)이 내려다보이는 하얀 집이었다. 미8군에서 흘러나온 물자와 GI(미군) 문화를 쉽게 접할 수 있었다.

지금은 흔하지만 보온병은 60년대 초반만 해도 대단히 신기한 물건으로 통했다. 결혼 직전인 1964년 여름 영화 〈동백아가씨〉 촬영장에서 있었던 일이다. 여주인공을 맡은 엄앵란은 빨간 PVC로 모양을 낸 예쁜 일제 보온병에 커피를 담아가지고 다녔다. 그 보온병은 남대문의 일명 '도깨비 시장'에서 구입한 것이었다.

하루는 〈동백아가씨〉의 작곡가 백영호가 촬영장을 찾아왔다. 〈동백아가씨〉는 섬 처녀가 방학 때 잠시 내려와 있던 서울 학생과 사랑을 나눈 이야기다. 여자는 연인을 찾아 서울로 올라갔다가 카바레 여가수가 된다. 남자가 사회인이 되어 카바레에 갔다가 여자와 우연히 재회한다. 이 때 엄앵란이 무대에서 부르는 노래가 〈동백아가씨〉였다.

엄앵란은 자신의 노래를 지도하기 위해 현장을 찾은 백영호에게 따끈한 커피를 한 잔 대접했다. '퐁퐁퐁퐁' 소리가 나면서 커피가 흘러나오는 모습에 모두들 놀라워했다. 카바레도 난방이 잘 안 되는 시대인데 밤을 새워가며 뜨거움을 유지할 수 있다니. 아주 투박한 부산 사투리를 쓰는 백영호는 감탄사부터 연발했다.

"아쿠야!"

그는 깜짝 놀라며 "전기도 없는데 와 이래 뜨겁습니꺼"라고 물었다.

생전 처음 보온병 커피를 마신 백영호는 이 영화의 주제가로 대성공을 거두었고, 노래를 부른 이미자도 단번에 무명가수에서 유명가수로 발돋움했다.

보온병은 사치품의 하나였다. 밥을 굶지만 않아도 행복하던 시절이었으니 말이다. 보온병 안은 수은이 칠해진 유리여서 약간의 충격을 받아도 깨지곤 했다. 나와 엄앵란의 보조원들이 보온병을 많이 깼다.

결혼 후 이태원 집에 살면서 이런 고충을 해결했다. 미식축구 선수 출신의 흑인 주임 상사가 이웃에 살고 있었다. 그 사람으로부터 선수 시절에 쓰던 보온병을 케이스와 함께 선물로 받았다. 가죽으로 외관을 두른 그 보온병은 안이 스테인리스 스틸이어서 절대 깨지지 않았다. 내가 아스팔트에 떨어뜨린 적도 있는데, 밑이 약간 찌그러졌을 뿐 안은 멀쩡했다. 모두들 부러워하는 물건이었다. 우리는 상당히 오래 이 스텐 보온병을 썼다.

보온병뿐만 아니라 커피도 밀수품이었다. 원두커피가 국내에 도입된 지 20여 년 됐지만, 그 당시에는 병에 든 인스턴트 커피밖에 없었다. 밀수품은 주로 여수 앞바다와 부산항 등을 통해 일본에서 들어왔다. 물건을 바다의 특정 지점에 가라앉혀 놓으면 잠수부가 건져내는 방식이었다. 이 물건들은 대구 양키시장·부산 국제시장·서울 남대문시장에 풀렸다. 그곳엔 없는 물건이 없었다. 당국에서 가끔 단속을 실시해 밀수품을 걷어가곤 했지만 언제 그랬냐는 듯이 다시 물건을 팔았다.

우리는 사각형 포장의 1회용 커피도 즐겼다. 이 커피는 미8군에서 흘러나온 C-레이션 상자 안에 들어 있었다. 가로·세로·높이 약 40㎝ 크

1965년 유모차에 탄 큰딸 경아의 백일 잔치를 맞아 신성일, 엄앵란 부부의 결혼식 주례자인 오재경 국제관광공사 총재(가운데)와 그 아들(왼쪽에서 두번째)이 이태원 181번지를 방문했다. 〈신성일 제공〉

기의 C-레이션 상자는 야전용 군 지원 식량이어서 GI 시계와 초콜릿을 포함해 별별 것이 다 있었다. 토마토소스 미트볼, 치킨 누들, 빈(bean) 깡통을 따 먹으면 맛이 기가 막혔다. 쿠키에 딸기잼을 찍어 먹으면 하늘로 올라가는 기분이었다. 입 안에서 새로운 음식을 맛보는 즐거움이란 삶의 또 다른 낙이었다.

한국에 몇 대 없던 에어컨, 동네에서 구경왔다

이태원 181번지는 영화 관계자들이 좋아하는 장소가 되었다. 1960년대 중반 아이스크림·코카콜라·오렌지주스, 커피, 우유를 맛볼 수 있는 곳이 흔했겠는가. 우리 집은 시나리오를 들고 찾아오는 사람들로 항상 분주했다. 우리와 스킨십을 하면서 아이스크림까지 맛볼 수 있으니 일석이조였다.

엄앵란은 배우 활동을 쉬고 있었지만 집안에서도 영화계를 손바닥 들여다보듯 했다. 제작부장들로부터 한두 마디씩만 들어도 엄청난 정보가 됐다. '신성일을 붙들기 위해 제작부장들이 이태원 집 앞에서 거적을 깔고 밤을 샜다'는 말도 있었는데, 그건 과장이다.

손이 큰 엄앵란은 아이스크림을 큰 통으로 들여놓았다. 큰 박스로 포장된 닭다리·감자튀김 등도 들어왔다. 냉장고로는 감당이 안 되었다. 냉장고와 같은 크기의 냉동고도 있었다. 에어컨 역시 사람들이 부러워하는 물건이었다. 'Needs'라는 브랜드의 에어컨을 3층에 달아놓았는데, 동네 사람들이 구경을 왔다. 한국에서도 몇 손가락 안에 들 정도로 빨리단 것이다.

이태원 집 3층을 증축한 사람은 김수용 감독의 동생이었다. 아주 멋스럽게 지어 나로선 만족스러웠다. 그는 이태원 집 3층과 함께 미8군 지하벙커를 공사하고 있었다. 그 지하벙커가 얼마나 비밀스러웠는지, 건축가 역시 자신이 맡은 부분 이외에는 아는 게 없었다. 미8군 기지를 보면 높은 건물이 없다. 지하벙커가 더 훌륭하지 않을까 싶다. 계약 당시 공사를 마치면 미국으로 떠나야 한다는 조건도 있었다. 실제로 김씨는 지하벙커 완성 직후 미국으로 이민 갔다.

이태원 문화는 우리집에서 시작됐다고 볼 수 있다. 미국 본토의 각종 생활용품 목록이 적힌 백화점 '시어즈(Sears)' 카탈로그가 있었다. 1,000페이지 분량으로, 잔디 깎는 기계부터 등산용품까지 망라되어 있었다.

나와 엄앵란은 주로 옷을 보았다. 배우에게 옷은 생명이다. 나와 엄앵란의 경쟁력 중 하나가 옷이었다. 다른 배우들은 옷에 관한 한 나를 따라올 수 없었다.

1965년 촬영했던 신성일, 최지희 주연의 영화 〈의형제〉. (한국영상자료원 제공)

필요한 물건은 미군을 남편으로 둔 한국 부인들을 통해 조달했다. 그들은 군사우편으로 물건을 가져왔다. 물론 면세여서 이문이 컸다. 출입증을 얻어 미8군 기지를 구경하는 것도 볼거리였다. 미군 레스토랑에서 한국인을 상대로 갈비탕을 팔 정도였다. 무엇보다 뼈에 고기가 엄청나게 달려 나왔다.

부대찌개는 우리의 슬픈 역사 속에 태어났다. 6·25 때 나는 중학생이었다. 대구의 시장에 가면 아줌마들이 좌판에서 부대찌개를 팔았다. 그땐 '부대찌개'란 이름도 없었다. '꿀꿀이죽'이었다. 대구에도 미군부대가 있었는데, 군 식당 쓰레기통에서 나온 음식물을 씻어낸 다음 푹 끓여냈다. 닭다리와 소시지 정도만 형태가 남았다. 자존심이 강했던 나는 친구들이 먹고 있는 중에도 혼자 먹지 않았다.

이태원 181번지에서 살 때 수많은 영화가 탄생했다. 1965년 〈적자인생〉, 〈상속자〉, 〈춘몽〉, 〈흑맥〉, 〈성난 영웅들〉, 〈밀회〉, 〈의형제〉 등이 강한 인상을 남겼다.

최영오 일병 총기 사건을 다룬 〈푸른 별 아래 잠들게 하라〉 같은 사회고발 작품도 있었다. 나는 어떤 작품이라도 소화할 수 있는 배우로 성장했다.

엄앵란의 복귀작

엄앵란이 가장 어렵게 찍은 영화는 1968년작 〈아네모네 마담〉이 아닌가 한다. 1964년 11월 결혼 후 엄앵란은 집안살림에 전념했다. 1965년 첫딸 경아가 태어났고, 1967년 초 둘째로 아들 석현이가 임신됐다. 몸이 불어 영화 출연에 적합하지 않았다.

1965년 상영된 엄앵란의 작품은 모두 결혼 전에 찍었던 것이다. 인심이 푸짐했던 아내는 이태원 181번지 우리집을 '영화계의 사랑방'으로 만드는 데 만족했다.

1967년 가을 무렵 어느 날, 엄앵란은 평소처럼 수건을 쓴 채 김장용 고추꼭지를 따고 있었다. 영락없는 시골 아낙네 모습이었다. 그 때 한 남자가 헐레벌떡 대문을 열고 들어왔다. 나의 출세작인 〈아낌없이 주련다〉를 비롯해 〈가정교사〉, 〈맨발의 청춘〉 등 수많은 청춘영화를 히트시킨 극동흥업 차태진 사장이었다. 극동흥업은 신성일·엄앵란표 청춘영화의 산실이었고, 차 사장은 우리를 굉장히 귀여워해주었다. 엄앵란과 극동흥업의 전속인 김기덕 감독을 결혼시키려 하기도 하고, 나와 엄앵란이 결혼할 때 함께 작전을 짠 사람도 그였다. 우리에겐 가족 같은 분이었다.

아내로부터 들은 그날 상황은 이랬다. 차 사장은 고추꼭지를 따고 있는 엄앵란의 손을 꼭 쥐며 말했다.

"앵란아, 나 좀 살려줘라. 네가 집으로 들어가고 난 후, 난 망해버렸다.

이태원 시절의 신성일, 엄앵란 부부.(중앙포토 제공)

우리 영화에 출연해줘."

엄앵란은 깜짝 놀랐다. 임신 5개월인 데다, 스크린을 떠난 지 3년이나 된 주부에게 주연 제안이라니. 그녀는 완곡하게 사양했다.

"차 사장님, 저 74kg이에요. 상품가치가 있겠어요?"

극동흥업은 엄앵란이 떠난 후 다소 고전했다. 차 사장은 햇빛에 말리려고 널어 놓은 고추 사이에 털썩 주저앉아 버렸다. 간곡하게 매달리는 통에 엄앵란은 결국 그 자리에서 출연을 약속했다. 상대가 차 사장이었던 만큼, 의리를 생각하지 않을 수 없었다. 또한 그의 열정적 태도에 감동을 받았다.

그 작품이 나와 엄앵란 주연의 〈아네모네 마담〉이다. 〈아네모네〉 다방 마담과 젊은 청년의 사랑 이야기였다. 엄앵란이 결혼 후 촬영한 처음이자 마지막 작품이라고 해도 무방하다. 엄앵란이 60년대 트로이카(문희·남정임·윤정희)와 함께한 〈결혼교실〉(1970)의 경우 라스트 신에서 무스탕을 타고 나타나는 특별출연에 불과했다.

엄앵란의 복귀작인 〈아네모네 마담〉은 그녀에 대한 극동흥업의 애정 표시라 할 수 있다. 당시 여배우의 결혼은 은퇴를 뜻했다. 엄앵란이란 배우가 사라지는 것에 대한 아쉬움과 향수라 할까. 참 고마운 회사였다.

내가 남자 주인공을 맡기는 거북한 일이었다. 사실 나는 다른 배우가 엄앵란을 상대해 주기를 바랐다. 뱃속에 아기를 가지고 있다는 사실을 알고 있어선지 촬영 중 연애 감정이 살아나지 않았다. 엄앵란 역시 나와의 해변가 러브신이 실감나지 않았다고 했다.

〈아네모네 마담〉은 크게 성공하진 못했다. 그럼에도 차 사장은 결산 후 코로나 자동차 한 대를 보내주었다. 개런티에 대해 한마디도 하지 않았던 엄앵란은 차 사장의 선물에 놀랐다. 훈훈한 마음씨였다.

서귀포로 날아온 득남의 낭보

어느 아빠에게든 자식의 탄생은 기적이다. 아들 석현이를 얻을 때는 하늘도 기뻐해 주었던 것 같다.

1967년 겨울, 영화 〈밀월〉 촬영차 제주도 서귀포에 머물고 있었다. 정진우 감독은 제주의 바다와 폭포, 마라도 등을 찍기 위해 서귀포 허니문하우스를 촬영지로 선택했다. 해안 절벽 위에 있던 허니문하우스는 자유당 시절 이승만 박사가 별장으로 사용하며 낚시도 즐기던 제주 최고의 명소였다. 작지만 고급스런 호텔이었다. 허니문하우스에서 내려가는 계단이 낚시 포인트까지 연결돼 있었다. 이 대통령이 낚시를 할 때 무료할까 싶어 잠수부가 물 밑에서 물고기를 낚시 바늘에 꽂아주었다는 소문도 있었다.

허니문하우스를 운영하던 전낙원 파라다이스 그룹 회장이 촬영팀에게도 틈틈이 신경을 써주었다. '카지노 왕'이라 불린 전 회장은 1974년 아프리카 케냐 나이로비에 카지노를 진출시킨 경험을 바탕으로 90년 허니문하우스를 파라다이스호텔서귀포(현 파라다이스호텔제주)로 바꾸고, 호텔도 아프리칸 스타일로 성대하게 꾸몄다.

악천후가 촬영장 일대를 덮쳤다. 〈밀월〉은 조직에서 만난 두 연인이 목숨을 건 사랑을 하고, 두목마저도 그들의 사랑을 인정해 놓아준다는 이야기다. 문희가 여주인공을 맡았다. 촬영은 닷새 예정이었으나 사흘간 비가 세차게 쏟아졌다. 파도가 포세이돈의 분노처럼 해안 일대를 강타했다. 파도가 현무암과 부딪히면서 물보라가 솟아올랐다. 물보라는 허니문하우스 지붕을 덤블링하듯 넘어가 출입구에 쏟아졌다. 파도를 따라온 물고기 5~6마리가 파닥거릴 정도였다. 즐거운 구경거리였다.

그러나 촬영에는 재앙이었다. 정 감독은 발만 동동 굴렀다. 비바람은 끝을 모르고 울어댔다.

밤 12시가 넘지 않았을까. 잠에 빠진 내 방문을 정 감독이 "신형, 신형" 하고 다급하게 두들겼다. 성격이 급한 정 감독다웠다.

"앵란 누이가 아기 낳았대."

나는 내 귀를 의심했다.

"뭐라고?"

"아들이래, 아들."

아들이 생겼다는 사실이 너무 반가웠다. 촬영을 못해 침울한 분위기 속에 날아든 낭보였다.

정 감독은 내가 득남했다는 소식을 내 장모인 노재신 여사에게 가장 먼저 전해 들었다. 전화는 정 감독의 방에만 있었다.

정 감독은 엄앵란 집안과 두루 친했다. 영화계 족보로 보면 정 감독과 엄앵란은 동기나 마찬가지였다. 다만 엄앵란이 한 살 더 많았다. 정 감독은 노재신 여사를 양어머니처럼 대했다. 서귀포에 있던 출연자와 스태프는 대략 10여 명이었다. 나는 제작부장에게 외쳤다. 정 감독은 그 옆에 서 있었다.

"내일 저녁 일찍 한턱 내겠다. 술집 잡아서 파티 합시다!"

날씨로 푸닥거리라도 해야 할 판에 경사까지 겹쳐 거나하게 쏘기로 한 것이다. 다음 날도 여전히 비가 왔다. 그날 진탕 먹고 마셨다.

그 다음 날 아침, 거짓말처럼 하늘이 뻥 뚫렸다. 먹구름은 흔적도 없이 사라졌다. 모두들 내가 파티를 열어준 덕에 날씨가 좋아졌다며 기뻐했다. 서귀포 촬영은 이틀 만에 끝냈다.

몇 년 전 파라다이스호텔에 간 적이 있다. 이승만 기념관을 건축 중이라는 팻말을 보며 추억에 젖어들었다.

북한 공작원의 협박

영화배우 신성일의 전성기였던 1967~68년은 남북갈등이 고조된 시기였다. 나는 일본에서 북한 사람을 처음 만나고 남북분단을 실감했다.

1968년 영화 〈일본인〉 촬영차 도쿄 아카사카(赤坂) 뉴재팬호텔에 머물렀다. 돈 많은 재일동포 니시야마가 제작자였기 때문에 좋은 대접을 받을 수 있었다. 호텔 건너에는 조총련이 운영하는 백두산이라는 대형 식당이 있었다. 60년대에는 북한이 우리보다 잘 살았다. 70년대 들어 남북의 경제력이 비슷해졌다.

그 당시에는 해외에 나가기가 쉽지 않았다. 더구나 북한인과 만나는데 긴장하지 않을 수 없었다.

1967년 7월 발생한 동베를린 사건은 남북관계를 경색시켰다. 중앙정보부는 독일과 프랑스로 건너간, 194명에 이르는 유학생과 교민 등이 간첩 활동을 했다고 주장했다. 중앙정보부가 지목한 간첩단 중에는 독일 체류 중인 작곡가 윤이상과 화가 이응로, 시인 천상병 등이 포함되었다. 윤이상은 무기징역을 선고받았다. 그는 독일 정부가 우리 정부에 보석금을 내 복역 2년 만에 독일로 돌아갔고, 그 직후 귀화했다.

뉴재팬호텔에 숙소를 정한 우리는 백두산 식당 앞을 지나갔다. 그러자 검은 양복을 입은 북한 공작원들이 우리 일행에게 시비를 걸었다. 겁을 주려는 것 같았다.

"우리보다 못 사는 것들이 어디, 비싼 데 와서 촬영해. 간나새끼야!"

그들이 큰소리칠 만한 상황이기도 했다. 그들은 넉넉한 공작비를 갖고 활동했다. 해외에 금괴를 지니고 나가 공작비로 사용하기도 했다. 나로선 겁먹을 입장은 아니었지만 무척 기분이 나빴다.

북한은 교수들까지 거칠었다. 1973년 프랑스 파리 샤이오궁에서 남북 사학자대회 리셉션이 열렸고, 나는 파리에 체류 중인 내 여동생과 함께 참석했다. 내가 한 프랑스 교수와 자연스럽게 이야기했기에 대사관측은 내가 프랑스어를 잘 한다고 생각한 것 같다. 사실 그 교수가 한국학을 연구해 한국어를 유창하게 했다. 그때도 북한 교수들의 경직된 태도 때문에 현장 분위기가 무거웠다.

일본에서 북한 공작원들 때문에 기분은 좋지 않았지만 개인적으로는 돈이 풍족했다. 니시야마는 내게 용돈이 얼마나 필요하냐고 물었다. 돈에 대한 개념이 없을 때였다. 딸 경아가 세 살, 아들 석현이가 한 살이어서 애들 장난감 사주려고 별 생각 없이 150만 엔을 달라고 했다. 일본에서도 만 엔짜리는 1967년 처음 등장한 고액권이었다. 웬만한 일본인은 만 엔 지폐를 구경하지 못할 때였다. 나는 니시야마에게 받은 만 엔 다발을 주머니에 넣고 다녔다.

김수용 감독을 데리고 긴자(銀座) 스시집에 갔다. 스시 한 조각에 500엔이었다. 만 엔짜리 다발을 카운터에 올려놓고 계산하니 일본인들 눈이 휘둥그레졌다. 조금 괜찮게 생긴 데다 롤렉스 백금 시계까지 차고 있었으니……. 귀국할 땐 재일동포 아주머니에게 120만 엔을 주며 아이들 선물을 사달라고 부탁했다. 세발자전거를 비롯해 큰 트렁크로 6개가 아이들 선물이었다. 그 아주머니는 내게 10만 엔을 돌려주었다.

김포공항에선 세관원들이 트렁크 6개를 살피느라고 난리가 났다. 세관원들은 결국 "팔 물건이 아니고, 애들 물건이네. 구경 잘했수"라며 통과시켜주었다.

북한의 경제적 우위는 그로부터 얼마 가지 못했다.

세 남매

서울 이태원 181번지는 우리 부부에게 귀한 선물을 주었다. 세 아이 모두 그 집에서 태어났다. 큰딸 경아(1965년생), 아들 석현(67년생), 작은딸 수화(70년생)다. 부모가 스타 부부였고, 집이 '영화계 사랑방'이었으니 이보다 더 특수한 환경이 있었을까. 별별일이 많았지만 아들과 관련된 사건이 기억에 남는다.

석현이가 세 살 때였다. 나는 영화에 바빠 집안일을 잘 몰랐다. 20일 가까이 지방 촬영을 마치고 귀가한 날이었다. 오랜만에 3층 목욕탕에서 아들과 함께 목욕을 했다. 그런데 아이가 바싹 말라 있었다. 갈비뼈가 앙상했다. 그 전까진 포동포동했는데……. 아들을 돌봐주는 가정부에게 물었다.

"순이야, 애가 왜 이렇게 북한의 실정이냐?"

'북한의 실정'이란 말랐다는 것을 뜻하는 당시 유행어였다. 순이가 머

스타 부모를 둔 아이들은 외출도 꺼릴 만큼 마음 고생이 심했다. 왼쪽부터 막내딸 수화, 엄앵란, 첫째딸 경아, 신성일, 아들 석현. (ⓒ 김한용, 사진 제공 눈빛출판사)

뭇머뭇 대답했다.

"석현이가, 밥을 안 먹어요. 하루 종일 아이스크림과 콜라만 먹어요."

기가 막혔다. 아이스크림과 콜라는 아내가 영화 관계자들을 대접하려고 들여놓은 것이다. 큰 냉동고도 장만했었다. 먹을 게 없어서 굶은 것도 아니고, 아이스크림과 콜라 때문에 아이가 그런 꼴이 되다니. 화가 치밀었다.

"이제부터 애한테 아이스크림과 콜라 주면 가만 있지 않을 거야. 냉동고 없애버려."

하루 아침에 우리 집에서 아이스크림과 콜라가 사라졌다. 엄앵란은 반대했었지만, 내가 화나서 소리친 이상 어쩔 수 없었다. 아이는 울어댔다. 나는 애가 밥을 안 먹으면 차라리 굶기라고 했다. 사흘 동안 촬영장과 집을 드나들며 아이를 감시했다. 고집을 피우던 석현이는 결국 사흘 만에 밥을 먹기 시작했다.

이 사건을 계기로 나부터 "미국 사람의 검은 물을 먹지 않겠다"고 선언했다. 특정 상표를 지칭하지 않기 위해 콜라를 '검은 물'이라 한 것이다. 건강에 좋을 게 하나도 없는 식품 아닌가. 나는 그 원칙을 철저히 지켰다. 1988년 미국 LA 사막 한복판 하이웨이에서 영화 〈아메리카 아메리카〉 로케이션을 할 때조차 콜라에 눈길도 안 주었다. 식사로 햄버거와 콜라가 나올 땐 차라리 주스나 냉수를 마셨다.

큰딸 경아는 1965년 나와 엄앵란이 별거하면서 외가에 간 후 국민학교 입학 때까지 처가에서 자랐다. 내가 촬영 때문에 외박이 너무 잦았기에 딸을 집에 데려다 놓으라고 주장할 입장이 아니었다. 묵인 아닌 묵인이 돼버렸다. 외할머니는 경아에게 맹목적인 사랑을 퍼부었다. 친할머니는 그에 비하면 애들을 이성적으로 대했다. 그런데 경아가 어느 날 혼자서 보따리를 주섬주섬 싸며 이렇게 말했단다.

"할머니, 나 이태원 집에 갈래요. 데려다 줘."

경아는 자기가 리라국민학교에 입학하는 걸 알았다. 리라국민학교는 노란색 교복과 스쿨버스로 아이들에겐 선망의 대상이었다. 외할머니는 속으로 얼마나 섭섭했는지 몰랐다고 한다. 아이란 자연히 부모 품에 안겨오는 법이란 걸 느꼈다. 아버지로서 생전 처음 느껴보는 감동이었다.

작은딸 수화는 어릴 적부터 엄앵란의 판박이였다. 어디서나 엄마 치마폭을 붙잡고 늘어졌다. 애 엄마가 귀찮아할 정도였다. 지금 애들이 의젓하게 자란 모습을 보면 언제 일이던가 싶다.

스타 부모 탓에 아이들은 외출을 꺼렸다

우리 아이들은 스타 부모를 만난 탓에 남모르는 고통을 겪었다. 큰딸

1976년 동부이촌동 자택에서 촬영한 신성일 가족 사진. 왼쪽부터 아들 석현, 엄앵란, 큰딸 경아, 작은딸 수화, 신성일. (중앙포토 제공)

경아, 아들 석현, 작은딸 수화는 어린 시절부터 외출을 싫어했다. 우리 가족이 나서면 사람들은 항상 세 아이의 생김새를 비교했다. '누군 엄마 닮았네, 아빠 닮았네' 하며 들으라는 식으로 말했다. 동물원의 동물 보듯 하며, 무턱대고 껴안고 만지는 일도 잦았다.

아이들에겐 이런 상황이 큰 부담이었다. 고급 식당이 별로 없던 시절이었다. 아이들과 갈 수 있는 곳은 종로 한일관 정도였다. 그것도 주변의 눈치를 봐야 했다. 오붓한 식사가 불가능했다. 아이들은 특히 초등학교 때 가장 곤욕을 치렀다. 아이들과 스킨십을 할 수 있는 기회가 없었던 것이 못내 아쉽다.

아이들에겐 가부장적이고, 독선적인 아버지로 비춰졌던 것 같다. 내 판단이 서면 바로 결정을 내렸기 때문이다. 세 살배기 석현이에겐 그토록 좋아하는 아이스크림과 콜라를 빼앗아간 존재가 아버지였다. 문제가 있으면 그냥 두고 못 지나가는 성격이었다. 아버지를 일찍 여읜 탓에 부성애를 표현하는 방식을 몰랐다. '내리사랑'이 어떤 것인지, 아이들을 어떻게 대해야 할지, 혼란스러웠다.

큰딸 경아와 석현이를 리라국민학교에 입학시킨 것도 내가 결정한 사항이다. 1965년 개교한 리라국민학교는 당시만 해도 알음알음 들어가는 학교였다. 설립자인 권응팔 교장은 입지전적 인물이다. 남산에서 쓰레기를 주우며 텐트 생활을 하다 성공했다. 그는 남산 언덕의 빈 땅을 개발해 리라국민학교를 지었다.

아이들은 아무 결정권이 없었다. 아이들이 나와 엄앵란, 양쪽 입장을 이해하게 된 것은 철이 든 이후다. 부부간에 취미나 성격이 꼭 맞았던 것도 아니다. 나와 엄앵란은 한마디로 '엇박자 부부'다. 서로 맞추려고 노력하다 보니 어느새 47년의 세월이 흘렀다.

나는 보호자로서는 훌륭했다고 생각한다. 그러나 아이들이 껴안고 뒹굴다가 함께 엎어지는 아버지를 그리워했다면 충분히 불만스러웠을 수 있다. 이 땅의 많은 아버지가 아마도 나 같은 경험을 겪었을 것이다.

아이들을 감싸고 도는 외할머니도 나를 힘들게 했다. 우리 가족은 1971년 무렵 이태원 181번지를 떠나 한남동에 새 집을 지어 1년 살았다. 1972년 1차 오일쇼크 영향으로 동부이촌동 삼익아파트로 이사했다. 같은 동네의 현대아파트 시절엔 우리 가족과 외할머니가 나란히 24동 1201호와 1202호를 썼다. 아이들은 집에서 밥을 먹고 나면, 외할머니에게 몰려갔다. 외할머니는 아이들이 조금이라도 혼날 것 같으면 거짓말을 해왔다. 속으로 무척 언짢았다.

내가 만든 가풍이 있다. 아이들이 음식 가리지 않도록 하고, 알코올이 무엇인지 알게 하기 위해 13살이 되면 집에서 와인을 마시도록 가르친다. 대학교 때 술 때문에 사고 나는 경우가 얼마나 많은가. 아들이든, 딸이든 마찬가지다. 부모로서 시행착오가 많았다. 하지만 인생 전체에서 보면 작은 부분에 불과하다. 긍정적 사고를 가지면 모든 게 행복이다.

내 인생의 여인들

첫사랑 혜화동 여인

원숙한 여인과의 사랑.

스탕달의 소설 『적과 흑』의 주인공 쥘리앵처럼, 내가 생애 처음으로 경험한 사랑의 형태였다.

1960년 12월 24일 크리스마스 이브. '내일이면 크리스마스'라는 설렘이 가슴 속에서 요동쳤다. 〈로맨스 빠빠〉에 출연하면서 나름 대중에게 얼굴을 알렸지만 나는 아직 초짜 배우의 티를 벗지 못했다. 외로움이 그림자처럼 따라다녔다.

당시 신필름에 정동일이라는 견습 배우가 있었다. 나이도 같고, 처지도 비슷해 우리는 동병상련을 느꼈다. 이십대 중반 우리의 호주머니는 궁색하기 짝이 없었다. 나는 5만 환이라는 비교적 많은 월급을 받았지만 돌아서면 돈이 없었다. 신필름에서 내 월급 지불은 가장 후순위였다. 월급이 한 달씩 늦게 나오다 보니 '외상 인생'이 돼 버렸다. 가회동 하숙비는 매번 한 달씩 밀렸고, 신필름 주변 다방과 당구장에도 늘 외상이 달려 있었다. 그 날 정동일은 우울한 마음을 다 안다는 듯 내게 "좋은 데 가자"고 제안했다. 사실 마음이 너무 허전해 아무데나 끌려가고 싶은 기분이었다.

정동일의 손에 끌려 지금의 서울 광화문 동화면세점 자리 맞은편의 감

〈백사부인〉(1960)에서의 최은희. (한국영상자료원 제공)

리회관 다방에 갔다. 다방 마담은 굉장히 인심 좋게 생긴 여인이었다. 정동일은 평소 그 여인과 친한 모양이었다. 마담은 밤이 되자 다방 문을 닫고, 자신의 친구들이 모이는 혜화동의 어느 한옥으로 우리를 데려갔다. 혜화동은 당시 대한민국에서 손꼽히는 부촌이었다. 그 집은 'ㄷ'자 형태로, 제대로 된 한옥의 전형이었다.

그곳엔 마담의 친구 세 명이 있었다. 그들은 사랑채에 상을 근사하게 차려서 내왔다. 남자라곤 우리 둘밖에 없었다. 젊은 시절부터 남다른 야심가였던 나는 주변에 앉아 있던 여인들에게 전혀 관심을 갖지 않았다. 그들은 우리보다 7~8살 연상이었다. 월급은 밀려 있는데 돈은 어디서 구하고 생활을 어떻게 꾸려가나, 신필름에서 어떤 작품으로 성공할 것인가라는 생각만 머리 속에 꽉 차 있었다. 그러나 그때까지 술 경험이 전혀 없던 나는 몇 잔의 술을 마시고 나가떨어졌다. 내가 마신 술은 위스키였던 것 같다. 그 위스키는 미군 부대에서 나온 것이리라.

일어나 보니 정동일과 마담 친구들이 모두 한 방에서 자고 있었다. 야간 통행금지가 있던 시절이라 어차피 집으로 갈 수도 없었다. 목이 마르고 오줌이 마려워 견딜 수 없었다. 비틀거리면서 살펴보니 화장실은 대청마루에서 15m쯤 떨어진 대문 쪽에 있었다. 그 날 따라 보름달이 휘영청 밝게 떠 있었다. 화장실에서 마당으로 나왔는데 대청마루에 웬 여인이 서 있는 것 아닌가! 세상에, 마치 하늘에서 내려온 선녀 같았다. 그 여인은 드레스 같은 아름다운 잠옷을 걸치고 있었다.

"성일아, 너 연애 해봤냐? 나이 먹은 여자와 사귀어 봐."

일전에 신상옥 감독이 〈백사부인〉을 촬영하며 최은희와 키스하지 못하는 내게 충고했던 말이다. 머리 속에 하나의 계시처럼 메모리돼 있던 이 말이 그 순간 암호 풀린 컴퓨터 파일처럼 작동했던 것 같다. 여자와 키스 신도 제대로 못해내면서 무슨 배우냐는 자책감을 가슴 속에 품고 있던 터였다. 신 감독은 이 상황을 예상했던 것일까.

홀린 듯 그 여인을 바라보았다. 그 여인은 아무 말 없이 내 손을 슬며시 끌었다. 나는 거부하지 못한 채 안방으로 따라 들어갔다.

깜짝 생일선물

일기일회(一期一會). 이런 인연이 있을까!

그 여인과 하룻밤을 보내고 일어나니 아침이었다. 전날 밤 어울린 다른 일행은 흔적도 없이 사라졌다. '과연 이 여인이 사람일까, 천 년 묵은 백사가 미인으로 변신한 백사부인이 이곳에 환생한 것일까' 라는 생각마저 들었다.

1965년 촬영했던 〈춘몽〉에서의 한 장면. (한국영상자료원 제공(조희문 기증))

알고 보니 그 여인은 시계 무역회사 사장의 둘째부인으로 나보다 8살 연상이었다. 사장은 그 집에 일주일에 한두 번 정도 들렀다. 우리는 하룻밤을 보낸 후 연인으로 맺어졌다.

1962년에 접어들자 신필림은 더욱 큰 회사로 변모해 갔다. 박정희 정권이 그 해 1월부터 영화법을 제정해 1959년 당시 71개에 이르던 영화사 및 군소 프로덕션을 16개로 통폐합시켰다. 군소업자들이 영화를 만들 수 없도록 제한하는, 메이저 컴퍼니 중심의 법안이었다. 신필름은 홍콩에서 200개 이상의 극장을 소유한 거대 프로덕션 란란쇼와 긴밀하게 교류하며 독주했다. 앞에서도 말했듯이 신필름에서 신인 신성일의 입지가 점점 좁아졌다.

우리의 관계는 내가 1962년 11월 〈아낌없이 주련다〉

에 출연하면서 변했다. 이 영화를 계기로 나는 하늘을 치솟을 듯한 인기를 타며 엄청나게 바빠졌다. 김지미와 처음으로 호흡을 맞춘 〈77번 미스 김〉은 〈아낌없이 주련다〉 직후 촬영했다. 당연히 혜화동 여인을 자주 만날 수 있는 시간이 줄어들었다. 그 여인을 만난다고 해도 혜화동 집에서만 가능했다.

당시는 통신시설도 좋지 않았다. 큰 회사나 웬만한 부잣집이 아니면 백색전화(소유자의 이름으로 가설되는 개인 전화)를 구경하기 어려웠다.

1963년 5월 〈새엄마〉를 찍고 있을 때의 일이다. 너무 바쁜 탓에 그 여인과 관계는 유지했지만 잘 만나지 못했다. 엄앵란이 새엄마, 김진규가 아버지, 최지희가 여동생, 내가 아들로 출연한 이 영화는 아들이 새엄마를 거부하는 내용이었다. 촬영장은 서라벌예대 근처 채석장 밑에 자리한 미아리 세트장이었다. 밤 촬영을 위해 서소문 기상척후소 옆 이스라엘 대사관으로 옮길 준비를 하던 차, 나는 막간을 이용해 여인에게 전화를 했다. 뜻밖에, 혜화동 집에 꼭 와야 한다는 것이었다. 웬만하면 이런 부탁을 하는 여인이 아니었다.

미아리 세트장에서 엄앵란의 차를 함께 타고 다음 촬영장으로 이동하던 중 혜화동 로터리에서 내렸다. 거기서 여인의 집까진 250m 거리였다. 차에서 내리자마자 뛰어갔다. 허겁지겁 한옥집에 도착하니 예상치 못한 광경이 펼쳐져 있었다. 그 여인은 방에 한 상 푸짐하게 차려놓은 채 날 기다리고 있는 게 아닌가.

"오늘(5월 8일)이 생일이지요."

나도 몰랐던 내 생일상이었다. 가슴에서 찡한 감동이 밀려왔다. 그 여인은 내 손을 끌어당겨 영화 소품으로 차고 있던 세이코 가죽 손목시계를 끄른 뒤 새 시계를 채워주었다. 금빛이 번쩍거리는 롤렉스 콤비였다. 당시 우리나라에서 구경할 수 있는 최고의 시계였다. 그 여인은 원래 차고 있던 학생용 손목시계를 문 밖으로 내던졌다.

나는 그 집을 떠날 때 손목시계를 주워가지고 왔다. 영화 소품이라 잃어버리면 문제가 될 수 있기 때문이었다.

5월의 해는 짧지 않았다. 촬영 현장은 여전히 활기가 넘쳤다. 나만 잠깐 자리를 비웠을 뿐, 다른 배우들은 모두 제자리에 있었다. 아들이 술 먹고 집에 들어가는데 새어머니와 여동생이 문을 열며 마중 나오는 촬영 장면이었다. 그 때 갑자기 엄앵란과 최지희가 날 보더니 배를 잡고 깔깔거리는 게 아닌가. 영문을 알 수 없었다.

어머니의 눈물

한 번 터진 두 처녀 배우들의 웃음보는 5분 내내 멈출 줄 몰랐다. 엄앵란과 최지희는 웃음을 그칠 만하면 내 얼굴을 다시 보고 킥킥거렸다. 영화 〈새엄마〉 촬영

신성일, 엄앵란 주연의 〈보고 싶은 얼굴〉(1964). (한국영상자료원 제공)

은 엉망이 됐다. 불과 한 시간 전에 혜화동 여인을 만나고 온 터라, 내게 약간의 죄의식이 있었다. 거울을 보니 얼굴에 묻은 게 아무것도 없었다. 왜 저럴까.

가만 보니 두 사람의 눈은 내 목덜미로 향해 있었다. 거울을 보니 목덜미에 키스 마크가 시커멓게 나 있었다. 혜화동 여인이 내 목을 심하게 압박한 것이다. 하지만 나도 더 이상 풋내기 배우가 아니었다. 〈가정교사〉, 〈사나이의 눈물〉, 〈김약국의 딸들〉 등이 1963년에 출연한 작품들이었다. 태연하게 상황을 돌파하는 수밖에 없었다. 스태프를 향해 웃으며 소리를 질렀다.

"그만 웃고. 자 자, 슈팅 갑시다."

두 사람은 내게 어디 갔다 왔느냐며 물었다. 돌이켜 보니, 당시 엄앵란뿐 아니라 최지희도 내게 호감을 갖고 있었다. 나를 성실하고 전도유망한 남자로 본 것 같다. 키스 마크를 낸 여자가 보통내기가 아니란 사실을 직감한 엄앵란은 이 사건을 계기로 날 구제하겠다는 마음을 품었다고 한다. 이 사건이 여자 특유의 모성본능을 자극하지 않았나 싶다. 이후 엄앵란은 내가 촬영 중간에 어디로 사라지지 못하게 감시하고, 점심 도시락까지 싸오는 등 나를 챙겨주었다.

혜화동 여인이 준 롤렉스 시계는 가회동 하숙방 책상에 올려놓고는 돌아보지 않았다. 내 방에는 배우 생활 중에 여기저기서 들어오는 물건이 쌓여 갔다. 촬영장과 연락하기 위해 백색전화를 놓았다. 갖가지 옷과 이불 보따리도 사들였다. 어머니가 가끔 왔다 갔다 하시며 모든 물건을 관리했다.

어느 날 롤렉스 시계를 눈여겨본 어머니가 "이 시계 어디서 났어?"라고 물어왔다. 난감한 상황이었다. 나는 아무 말도 안 하고 촬영장으로 나가버렸다. 가는 날이 장날이라고, 그날 어머니와 혜화동 여인이 처음으로 대면을 했다. 혜화동 여인은 내 겉옷과 속옷을 세탁해 가회동으로 들고 왔는데, 마침 어머니와 마주치고 말았다. 어머니는 인사만 하고 그 여인의 전화번호를 받아놓았다.

얼마 후 어머니는 혜화동 여인을 찾아갔다. 내 장래를 걱정한 어머니는 "당신과 우리 아들은 안 맞는다. 우리 아들은 영화계에서 크게 될 인물이니 그만 만나달라"고 눈물로 호소했다. 그 여인은 때가 왔음을 직감했다. 두 여인은 그 자리에서 서로 붙잡고 울었다고 한다. 어머니가 그 여인과의 관계를 정리시켜준 셈이다.

그로부터 2년 후 한 영화잡지가 주최한 영화 시상식이 시민회관에서 열렸다. 한 회사가 그 행사의 스폰서로 나섰다. 수상자로서 상을 받기 위해 무대에 서 있는데 그 여인이 시상자로 나오는 것이 아닌가! 혜화동 여인은 눈으로만 내게 인사했다. 이 세상에서 우리 둘만 아는 인사였다.

상을 받으면서 악수를 하는데 그 여인이 손에 힘을 꽉 주었다. 그건 '영원히 사랑한다' 는 말이 아니었을까. 내 눈에도, 그 여인의 눈에도 눈물이 맺혔다. 그 날의 부상(副賞)이 뭔지 기억도 나지 않는다. 그게 내가 본 혜화동 여인의 마지막 모습이었다.

김영애, 운명적인 만남

1970년 여름 한 여인을 만났다. 그 여인의 이야기다.

당시 멋쟁이들은 볼링장에 모였다. 60년대 미8군·워커힐 볼링장을 필두로 남산·오성·신스·한강볼링장 등이 잇따라 개장했다. 나중에 남산체육관으로 바뀐 남산볼링장은 레인 바닥이 훌륭했다. 명동1가 라데팡스빌딩 2층에 있던 신스볼링장은 선배 신영균이 운영했다. 건물 1층은 증권사였고, 지하는 선배 최무룡이 밤무대에 출연하는 클럽이었다.

나와 신영균·윤일봉·남궁원 사인방은 종종 신스볼링장에서 어울렸다. 그 중 내가 가장 잘 쳤다. 에버리지가 180을 넘었다. 영화배우 중에선 후배 신일룡이 최고였다.

어느 날 늦게 갔더니 세 분이 볼링장 스낵 코너에 모여 있었다. 신영균이 날 보더니 "저기 잘 치는 사람 있다"며 눈짓을 했다. 한 여인이 저쪽 레인에서 볼링을 하고 있었는데 어쩐지 낯이 익었다. 서로 인사를 했다. 그 여인은 날 살피더니 "절 아시겠어요?"라며 미소 지었다. 난 우물쭈물 했다. 여인은 "절 닮은 분을 생각하고 계시죠. 김경오 씨 아시죠?"라고 물었다.

김경오는 대한민국 최초의 여성 파일럿이다. 미모가 뛰어났고, 세계여류비행사모임 회장도 맡는 등 국제적 활동도 했다. 유명인사 모임마다 인사를 해서 나 역시 잘 알고 있었다. 특히 내 셋째형이 파일럿이어서 각별한 느낌이 있었다. 그 여인이 김경오의 여동생이라니. 이름이 김영애라고 했다. 그날 신영균을 빼고 남자 셋이 김영애와 어울려 볼링을 했다. 게임이 끝나자 신영균이 "밥 먹으러 가자"고 제안했다.

김영애가 자기 소개를 했다. 미국 USC(남가주대) 경영대학원 석사 과정에 재학 중이며 여름방학을 맞아 가족을 만나러 왔다고 했다. 자신이 머물고 있는 반도호텔(현 롯데호텔) 방 번호까지 공개했다. 외국 생활을 하는 여인의 자유스러움이 있었다. 유학 가기 전에 동아연극상 주연상을 받기도 하고, 동아방송 아나운서를 한 적도 있었다.

나는 첫눈에 반했다. 그녀가 볼링 치는 모습이 예뻤다. 많은 여인이 엄앵란을 의식해 내게 가까이 오지 않았지만 김영애는 거침이 없었다. 우리는 며칠간 저녁마다 신스볼링장에 모여 볼링을 치고 저녁도 함께했다.

하루는 부산에서 촬영을 하게 되었다. 3박 4일 일정으로 그날 저녁 마지막 비행기를 타고 내려가야 했다. 신스볼링장에 들렀다. 다른 형들은 스낵 코너에서 이야기를 했고, 나와 김영애만 볼링을 쳤다. 그런데 윤일봉의 눈빛이 김영애를 노리고 있는 듯했다. 내가 부산에 내려가면 그 여

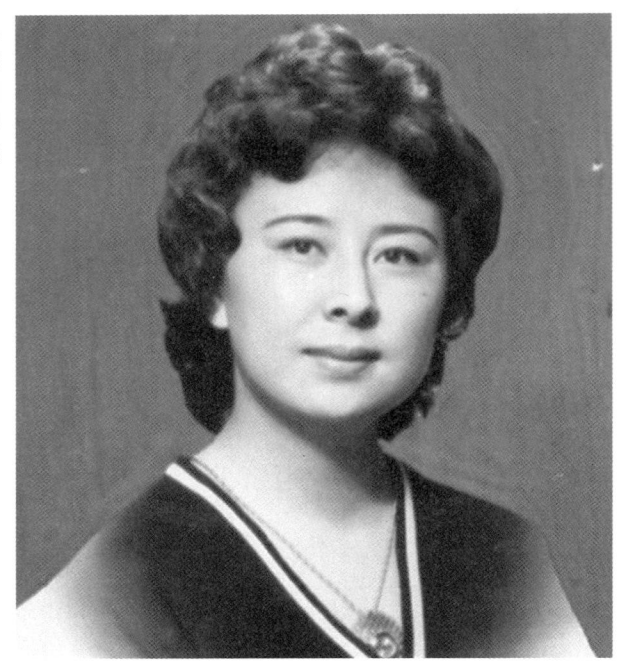

미국 USC 유학생이었던 고 김영애. 신성일은 이 책을 통해 그간 숨겨두었던 그녀와의 사랑 이야기를 격정적으로 토로하였다. (중앙포토 제공)

인을 윤일봉에게 빼앗길 것 같았다. 내가 조용히 입을 열었다.

"미스 김."

"네."

"오늘 마지막 비행기로 부산 내려가야 해."

나는 내 이야기만 했다.

"내일 오후 비행기 타고 부산에 왔으면 해. 극동호텔에 김영애 이름으로 예약해 놓을 테니."

김영애는 놀라는 눈치였다.

"네?"

나는 반문할 틈도 주지 않고 돌아섰다.

그리고 세 명에게 다가가 "형, 나 부산 가야 해" 하고 인사한 후 급하게 빠져나왔다. 그녀는 과연 올까? 난 내 운세를 시험하고 있었다.

가슴 떨리던 기다림

나는 묘한 흥분감을 느꼈다. 과연 김영애가 부산으로 내려올까. 하루 종일 기대가 되었다. 만약 온다면, 비행기는 해운대 부근 수영비행장에 내릴 것이다. 해운대로부터 차로 5분 거리에 불과했다. 나는 해운대 극동호텔에 머물렀다. 김영애에게 그곳으로 오라고 한 이유가 있었다. 동아대 재단이사장인 김경준 씨는 내가 "아버지"라고 부르는 분이었다. 극동호텔은 동아대 소유였고, 김 이사장의 조카가 그 호텔의 영업부장이었다. 김 부장은 부산에서 내 오른팔 같은 존재였다.

아침 일찍 송도로 촬영을 떠나면서 김 부장을 살짝 불렀다. 오후 5시경 한 여인이 오면 김영애라는 이름으로 예약을 받으라고 했다. 물컵에 절반만 남긴 물도 해석하기 나름이다. 난 그녀가 온다는 쪽으로 생각하기로 했다.

오후 5시, 송도에서 촬영이 끝나자마자 공중전화로 김 부장에게 연락했다. 나는 침을 꼴깍 삼켰다. 수화기 저쪽에서 김 부장의 목소리가 들려왔다.

"왔습니다."

그 한마디에 가슴이 얼마나 두근두근대는지. 내 차 무스탕을 호텔 뒤편 주방 입구에 대놓고, 운전사에게는 볼일을 보라고 했다. 눈치 빠른 김 부장은 남들 눈에 띌까봐 무스탕을 군용담요로 덮었다. 제작부장에게 말했다.

"난 다른 데서 저녁 먹어요."

내일 아침 촬영까지 찾지 말라는 이야기였다. 호텔에 전화했더니 그녀가 받았다. 반가웠다. 나는 "차가 호텔 뒤에 있으니, 그리로 오라"고 했다. 그녀를 무스탕에 태우고 양산 통도사로 향했다. 통도사 입구 산채비빔밥 집이 유명했다. 방에 들어가 마주 앉으니, 가슴이 떨렸다. 그녀는 이목구비가 뚜렷하고, 지적인 매력이 넘쳤다. 당시 젊은이들이 동경할 수 있는 대상은 미국뿐이었다. 그녀에게 미국 이야기를 듣고 싶은 마음이 가득했다.

밥을 시켜놓고 기다리고 있는데, 난리가 났다. 동네 사람들이 음식집 주변은 물론, 우리가 앉아 있는 방까지 꽉 채워버렸다. 그들은 그녀에게 전혀 관심이 없었다. 그냥 신인 여배우로 생각한 듯하다. 나를 쳐다보는 데 정신이 팔려 있었다. 동물원 구경거리가 된 기분이었다. 도저히 밥을 먹을 수 있는 상황이 아니었다.

일단 차를 타고 나왔지만 마땅히 갈 곳이 없었다. 다시 호텔로 돌아와 무스탕을 담요로 덮어놓았다. "변장하자"는 아이디어도 나왔지만 당장에 그럴 수도 없었다. 해운대 해변가를 산책하기로 했다. 해운대에 둑이 없던 시절이었다. 극동호텔에 숙소를 정한 다른 스태프들이 신경 쓰였다. 그래서 조선호텔 쪽 모래사장을 걸었다.

그곳도 안전하지 않았다. 사람들이 나를 둘러쌌다. 또다시 김영애는 뒷전으로 밀렸다. 어디서 밥도 먹을 수 없고, 편하게 산책할 수도 없었다. 호텔로 되돌아와 생각한 곳은 호텔 나이트클럽이었다. 초저녁이어서 그런지, 비교적 한산했다. 이번엔 영업 준비 중인 댄서들이 몰려들어 야단법석을 이루었다. 김영애는 한숨을 푹 쉬며 말했다.

"미스터 신, 우리, 방으로 가요."

나로선 전화위복이었다. 결국 방에서 밥을 시켜먹었다. 우리의 첫 데이트였다.

보고 싶은 마음

김영애와의 만남은 쉽지 않았다. 1970년 여름 부산서 나와 시간을 보낸 후 서울로 돌아온 김영애는 반도호텔에 머물렀다. 나는 남들 모르게 데이트를 했다. 하지만 추적당하고 있다는 느낌이 들었다. 그녀의 숙소를 명동 로얄호텔로, 워커힐 빌라로 옮겼다. 미국 USC(남가주대) 경영대학원에 다녔던 그녀는 여름방학이 끝나자마자 미국으로 돌아갔다.

1971년 미국에서 그녀를 만날 기회가 왔다. 한국일보에서 LA 재미교포 연례 행사에 출연해달라고 요청했다. 김영애가 직접 구입한 왕복 비행기 티켓을 보내주었다. 주최측 티켓을 받으면 행사에 얽매일 수 있기 때문이다.

나의 첫 미국 방문이었다. LA 컨벤션홀에서 열린 행사 첫날 저녁, 무대 인사와 함께 〈맨발의 청춘〉 주제곡을 부른 후 행방을 감춰버렸다. 우리는 LA 산타모니카 해변의 한 호텔에서 만났다. 호텔 엘리베이터 바깥쪽이 통유리라 태평양이 한눈에 들어왔다. 환상적 풍경이었다.

이후 재미동포가 상대적으로 적은 뉴욕으로 건너갔다. 헬리콥터로 자유의 여신상을 한 바퀴 돌며 뉴욕 시가지를 내려다보았다. 라디오시티홀과, 오드리 햅번 주연의 〈티파니에서 아침을〉 첫 장면을 촬영한 57번가와, 5번 애비뉴가 만나는 보석상 '티파니'도 구경했다. 뉴욕 관광을 마치고 LA로 돌아왔다. 이후 라스베이거스·팜스프링스를 돌아보고 귀국했다. 미국에서 일주일 이상 체류했다.

그리고 1972년의 일로 기억한다. 그녀의 방학 때만 되면 보고 싶은 마음이 간절했다. 나는 그 해 장충체육관에서 열린 미스코리아대회 심사위원이 됐다. 그날 따라 그녀가 심사 후 꼭 호텔에 들러달라고 부탁했다. 파티가 있을 것 같아 어렵다고 했는데, 알고 보니 그녀의 생일이었다. 외면할 수가 없었다.

난 빨리 심사를 마치고 자리를 뜨고 싶었다. 그러나 여의치 않았다. 한국일보 장기영 사주의 부인이 내 바로 뒷자리에, 문희와 엄앵란 등이 그 옆에 포진하고 있었다. 여인의 장막이었다. 심사위원 바로 앞에 마련된 무대는 눈보다 훨씬 높았다. 한창 갈등하고 있을 때, 마침 그 부인이 내 귀에 조용히 속삭였다.

"경아 아빠, 행사 끝나고 우리와 함께 저녁 먹어요."

그 말을 듣는 순간 몸이 얼어붙었다. 내가 김영애를 만나고 있다는 사실을 아는 것 같았다. 뒤로는 나갈 수 없는 상황이었다. 나는 무대로 뛰어올라 행사장을 빠져나갔다. 뒤에서 "경아 아버지!"라고 부르는 부인의 목소리가 들렸다.

김영애는 샴페인과 촛불을 준비하고 나를 맞았다. 나는 조촐한 생일축하를 마치고 돌아가려고 했다. 아쉬워하는 그녀와 실랑이하는 과정에서 턱시도 뒤 오른쪽 등판이 뜯어졌다. 그녀가 꿰매주었지만 엉성하기 짝이 없었다. 그 옷을 입고 집으로 돌아왔을 때는 오전 1시 무렵이었다. 현관에서 날 기다리던 엄앵란이 소리쳤다.

"당신 먼저 (2층 침실로) 올라가요!"

화가 잔뜩 난 걸 알 수 있었다. 나는 턱시도 등쪽을 들키지 않으려고 엉거주춤 게걸음을 했지만 엄앵란 눈을 속일 순 없었다.

"여보, 옷 벗어요!"

엄앵란이 지어준 새 턱시도였다. 아내는 턱시도를 조각내 쓰레기통에 던져 넣고는 2층으로 올라가 버렸다.

좋은 사람들과 더불어

앙드레 김의 추억

지난해 8월 앙드레 김이 타계했을 때 가장 슬퍼한 사람은 집사람 엄앵란이 아니었을까. 1964년 11월, 당시 대단한 화제였던 우리 결혼식 때 집사람은 앙드레 김의 웨딩드레스를 입고 등장했다. 앙드레 김이 스타덤에 오른 계기였다. 그는 평생 집사람에게 고마워했다.

하지만 나는 처음 그에게 호감을 느끼지 못했다. 거친 사나이만 보아온 나로선 그의 외모에 적응하기가 어려웠다. 앙드레 김은 그때에도 하얀 옷을 입고 있었고, 가부키 배우처럼 얼굴 화장을 진하게 했다. 옷에 풀을 빳빳하게 먹여 사각사각 소리가 날 정도였다. 향수는 어찌나 진했는지 곁에 가면 속이 울렁거렸다. 게다가 어떤 남편이 집사람과 외간 남자가 30~40분씩 전화를 잡고 있는 걸 좋아하겠는가.

시간이 지나면서 그에 대한 비호감은 서서히 사라졌다. 암만 봐도 앙드레 김에게선 사내의 냄새가 나지 않았다. 패션 디자이너는 여자의 몸을 만지는 직업이다. "엘레강스~" 하는 여성적 말투 속에서 그가 의식적으로 남성을 지우지 않았나 하는 생각이 들었다. 그리 하는 게 남편들의 경계를 받지 않고 패션계에서 성공하는 데 유리했을 수 있기 때문이다.

앙드레 김은 우리 가족의 일이라면 발벗고 나섰다. 친척이라도 그렇게는 정성스럽게 못했을 거다. '보통 사람이 아니다'라는 생각이 들면서 앙드레 김이라는 사람을 인정하게 됐다.

그는 겨울이 되면 고아원에 점퍼를 수백 벌씩 보냈다. 해외 패션쇼를 열며 한국 문화를 알렸고, 주한 외국인 대사 부인들과 교류를 가졌다. 당시 미국 가기가 하늘의 별 따기였는데 그에게 비자를 부탁하면 금방 해결됐다. 우리 부부는 경복궁 맞은편에 있었던 그의 의상실(현재 갤러리현대 부근)을 가끔씩 들르곤 했다. 거기서 만난 고(故) 김옥길 이대 총장, 김동길 교수 남매와 훗날 가족 같은 사이가 되었다.

앙드레 김은 언론에 내 기사가 나오면 빠짐없이 축하 전화를 해주었다. 우리 아이 이름이 강석현이었는데, 그는 "서켜니 아버지~, 참 영화 좋고 상 탄 것 추카해요"라고 특유의 어조로 말했다. '석현이' 발음이 정확하지 않았던 것. 하지만 그런 정성에 앙드레 김의 '홍보대사'가 될 수밖에 없었다. 이런저런 큰 모임에 그가 나타나면 사람들이 "저 사람, 또 왔다"며 위화감을 드러냈지만, 그럴 때마다 내가 홍보대사로 나섰다.

"그러지 맙시다. 저 사람은 우리가 못하는 일을 해요. 고아원에 옷 보내고, 민간 외교관 하는 건 칭찬해줘야 합니다."

앙드레 김은 내가 그를 칭찬하고 다니는 걸 알고 내게 더욱 잘했다. 그럼에도 난 아직 그가 '패션의 지존'이라고 하는 데 선뜻 동의하지 않는 편이다. 그의 옷이 패션쇼용으론 독보적이지만, 대체 누가 입고 다닐 수 있겠는가. 내가 인정하는 우리나라 패션의 지존은 노라노와 그의 수제자 박윤정(에스모드 파리 서울분교 이사장)이다.

앙드레 김은 엄 여사의 소식통이었다. 1985년 LA에서 나의 '운명적인 사랑'인 김영애가 교통사고로 사망했다는 사실을 집사람에게 알려준 이도 앙드레 김이었다. 그는 한 해도 빠짐없이 백장미가 100송이 넘게 담긴 큰 꽃바구니를 집사람 생일(음력 3월 20일)에 보냈다. 지난해에도 숨을 거두기 전, 몸이 그렇게 아프면서도 백장미 선물을 챙겼다. 세상에 이런 정성이! 그래서 나는 지금도 앙드레 김의 홍보대사다.

경북고의 영광

프로야구가 600만 관객을 돌파했다. 그 기초가 된 것은 예전 고교야구의 인기다. 모교인 경북고가 전국 무대를 휩쓸던 1960년대 중반부터 나는 경북고 야구팀의 최대 후원자였다. 개인적으로도 야구와 각별한 인연이 있었다. 근사한 수영장과 운동장을 갖춘 경북중 시절 야구팀에서 1루수로 뛰었다. 6·25가 터지면서 학교가 군에 접수되고, 가(假)교사를 떠돌며 수업 받느라 고등학교까지 야구를 할 수 없었다.

영화배우로서 전성기를 누리던 1967~68년, 경북고 야구팀은 전국 최강팀으로 우뚝 섰다. 좌완투수 임신근을 앞세워 67년 전국대회 5회 우승, 68년 전국대회 7회 우승이라는 금자탑을 쌓았다. 경북고 야구팀이 결승을 이틀 앞두고 이태원 181번지 우리집을 찾은 적이 있다. 서영무 감독을 비롯해 후배 선수들과 학부모까지 스무 명 남짓했다.

아내 엄앵란은 불고기 파티를 열어주었다. 고기 먹기가 쉽지 않은 시절이었다. 이태원 181번지는 선수단 전원이 들어와 있어도 넉넉했다. 3층 응접실에는 선물로 받은 값진 술이 있었다. 엄앵란이 "이게 세계 최고의 술"이라며 코냑을 한 잔씩 따라주었다. 코냑을 처음 마신 학생들이 얼마나 알딸딸했을까. 임신근을 비롯한 선수들은 시간이 흐른 뒤에도 우리 집에서 꼬냑 마신 게 가장 기억에 남는다고 했다.

그 다음 날 명보극장에서 내가 출연한 작품을 보여주기도 했다. 임신근부터 대통령배 2년 연속 최우수선수상, 71년 전국대회 5회 우승에 빛나는 '철완' 남우식까지가 내 집을 찾았던 멤버들이다. 1971년 이태원에서 이사 갈 때까지 몇 년간 모교 야구팀을 대접했다.

야구팀은 동대문운동장에서 가장 가까운 여관을 숙소로 잡았다. 그라운드에 나가 후배들을 격려하고 싶은 마음이 굴뚝 같았지만 모교만 응원한다는 이야기를 듣기 싫어 그렇게 하지 않았다. 밤에 여관을 살짝 방문

신성일이 국회의원 시절인 2000년 대구구장을 찾아 경북고 후배인 이승엽 선수를 격려하고 있다. (중앙포토 제공)

해 선수들을 격려했다. 내가 1977년 고교야구를 소재로 한 〈영광의 9회말〉에 출연하고, 1982년 삼성 라이온즈의 자문위원을 맡았던 것도 이러한 인연과 무관하지 않다.

류중일(현 삼성 라이온즈 감독)이 경북고 유격수로 이름을 날리던 1983년 초의 일이다. 당시 MBC 청룡의 수석코치인 유백만은 나와 의형제였다. 유백만이 내게 류중일을 MBC로 데려오고 싶으니 설득해 달라고 부탁했다. MBC는 유격수가 절대적으로 필요했다. 나는 유백만과 함께 한양대 운동장으로 류중일을 찾아갔다.

"중일아, 너 MBC 안 갈래?

"전 대학 진학한 후 프로로 가겠습니다."

류중일은 단호하게 자신의 뜻을 밝혔다. 스카우트는 실패했다. 그가 1983년 한양대로 진학하면서 MBC와의 인연은 끊어지고 말았다. 류중일은 프로에 가서도 진가를 발휘했다. 마침 대구에선 지역출신 감독이 삼성의 지휘봉을 잡아야 한다는 여론이 있었다. 올 초 류 감독이 첫승을 거둔 후 격려의 전화를 했다.

"류 감독 축하한다. 모든 사람이 자넬 환영하고 있다. 힘내게."

류 감독의 두 번째 경기는 직접 야구장에서 보았는데 패했다. 양준혁·박석민 등 선수 아버지들과 어울려 대구구장 앞 맥주집에서 즐거운 시간을 보냈다. 이승엽은 경북고 후배다. 최근 세상을 떠난 장효조·최동원도 내 마음의 별이다. 장효조의 장례식(부산 동아대학교 병원)에는 직접 다녀왔다. 명복을 빈다.

경북 영천 성일가(星一家)

내 평생 은인이 10명 정도 된다. 첫번째 은인이라면 신필름의 신상옥(1926~2006) 감독이다. 가장 최근의 은인은 (주)전흥의 박정하 회장이다. 그의 전폭적인 도움으로 경북 영천에 성일가(星一家)를 지었다.

2008년 내가 건립한 성일가는 자연환경과 어우러지는 아름다움을 갖춘 전통 한옥이다. 동쪽으론 애향산, 서쪽으론 채약산, 남동쪽으론 금오산에 둘러싸여 그림 같은 풍경 속에 자리하고 있다. 한옥 뒤로는 풍모가 뛰어난 적송이 숲을 이루고 있어 운치를 더한다. 처음 와보는 사람들의 첫 마디는 대체로 이렇다. "엄마 품에 안긴 것처럼 어쩌면 이렇게 포근하게 앉아 있느냐"고.

옛 양반들의 한옥이 모인 반촌(班村)은 자기 방어적 성향이 강한 탓에 담을 튼튼하게 쌓았고, 그로 인해 이웃 간의 교분이 사실상 단절된 측면이 있었다. 성일가는 아예 담장이 없다. 풍수지리학자들은 기가 빠져나간다면서 담을 쌓으라고 조언했지만 나는 그렇게 하지 않았다. 사방을

2008년 신성일이 건립한 성일가(星一家)는 자연환경과 어우러지는 아름다움을 갖춘 전통 한옥이다. (중앙포토 제공)

탁 터놓아도 사소한 물건 하나 집어가는 사람이 없다.

대구 인교동 253번지 한옥에서 태어난 나는 어릴 적부터 한옥에 대한 향수가 있었다. 외할머니 댁이었던 그곳은 대구 유일의 반촌이었다. 젊은 시절엔 경복궁 근정전과 경회루, 창덕궁 비원 등 우리의 자랑스러운 문화유산을 촬영 관계로 자주 접했다. 1978년 영화 〈세종대왕〉에선 창덕궁 선정전 '일월오봉도'를 배경으로 어좌에 앉아 왕 역할을 했다. 지금으로선 생각지도 못할 일이다.

2007년 영천에 포도 먹으러 갔다가 우연히 지금의 성일가 터를 발견하게 됐다. 퇴계의 16대손이자 이창동 감독의 형인 이필동은 내가 땅을 사니까 한옥을 지으라고 권했다. 성일가 터 뒤의 적송 숲이 나를 매료시켰다. 나는 해송도 좋아한다. 해풍을 받은 솔잎이 내뿜는 이온은 살균 작용을 한다고 한다. 대표적인 곳이 송정리 바닷가다. 촬영 틈에 찾은 경포대 해변길은 소나무가 빽빽했다. 그곳에서 아침 시간 약 2.5km 내외의 소나무 길을 뛰면 머리가 그렇게 맑아질 수 없다.

성일가는 외관상으론 전통 한옥을 따르면서도 내부적으론 생활이 편리하도록 설계했다. 한옥의 상징인 팔작지붕(공작새가 날개를 편 듯한 모양의 지붕), 고령에서 주문 제작한 청기와 등이 성일가의 자랑거리다.

'대목'이라 불리는 삼척 한국전통가옥학교 이진섭 교수가 오대산 월정사 부근의 금강송으로 집을 지었다. 이 집엔 직경 35cm의 원기둥이 36개 들어갔다.

전원 속 한옥 생활을 부러워하는 분이 많지만 일상 생활로 들어가면 어려움이 많다. 시골에 살면 매일 벌레와의 전쟁이다. 성일가도 질 좋은 금강송을 썼지만 나무 속에 살던 애벌레들이 밖으로 기어나온다. 무공해 채소를 길러 먹는 것도 쉽지 않다. 농약을 안 친 채소와 과일은 거의 벌레에게 먹혀 버린다. 모두 인간이 자초한 일이다.

성일가에선 훌륭한 클래식 음악을 원하는 만큼 크게 틀어놓고 즐길 수 있다. 이 집을 방문한 가수 패티 김은 "좋은 음악을 하이 볼륨으로 들어보니 너무 행복하다. 낙원이 따로 없다"고 소감을 남겼다. 이것이야말로 그 어느 한옥에서도 경험할 수 없는 성일가의 참매력이다.

사냥개 순례

1960년대 중·후반 사냥에 취미를 붙이면서 사냥개와 한 식구가 됐다. 처음 만난 품종은 포인터였다. 나는 겨울 사냥을 즐겼다. 더운 여름은 사냥에 적합하지 않았다. 심슨 수평 쌍발총(총구가 사람의 콧구멍처럼 수평으로 나란히 난 총)이 자랑거리였다. 고가의 총으로 방아쇠가 두 개였다. 다른 사냥꾼은 수직 쌍발총(총구가 위·아래로 붙은 총)을 주로 썼다.

겨울 어느 날, 포인터를 앞세우고 사냥터로 떠났다. 도착하자마자 랜드로버 지프차의 뒷문을 열었다. 찬 공기가 확 몰려들었다. 포인터는 잠시 내렸다가 차 안으로 들어가 나오지 않았다. 기분을 망친 나는 귀가하자마자 포인터를 돌려보냈다. 포인터는 물을 싫어하고, 추위에 약하다. 그 때는 그걸 몰랐다.

다음 번은 셰퍼드였다. 셋째형님이 파일럿으로 근무하고 있는 수원비행단측이 훈련이 잘 된 셰퍼드를 주었다. 이름이 '지미'였는데 영어를 알아들었다. '지미, 컴 온' '굿모닝' 하면 꼬리를 흔들어댔다. 대신 한국말은 전혀 못 알아들었다.

우리 집을 찾는 영화 제작부원들은 대체로 거칠었다. 그들은 아침부터 쇠꼬챙이로 지미를 찔러대곤 했다. 개를 괴롭혀 나를 깨우려 했는지 모른다. 시달림을 당한 지미는 언제부터인가 '바보'가 됐다. 내내 웅크리기만 하고, 기를 전혀 못 폈다. 이를 안타깝게 생각해 결국 수원비행단에 돌려주었다. 지미와 생활한 시간은 2개월에 불과했다.

그 다음은 코커 스패니얼이었다. 오리 사냥을 위해 샀다. 수안보 온천장 가는 길의 호숫가에서 이 개를 앞세우고 오리를 쐈다. 이제야 뭔가 사냥이 되나 싶었다. 나는 코커 스패니얼이 물에 떠 있는 오리를 물어오길 기다렸다. 하지만 코커 스패니얼은 오리를 산송장으로 만들어버렸다. 김이 꽉 샜다. 사냥에 가끔씩 데리고 나갔더니 나와 호흡이 잘 맞지 않았다. 결국 코커 스패니얼도 방출했다.

1972년 벽두, 큰 사건이 일어났다. 우리 집 2층에서 함께 지내던 치와와가 밤에 짖기 시작했다. 나는 낯선 사람의 침입을 직감했다. 1층에서 올라오는 문을 차단하고, 1층과 연결된 인터폰을 눌렀다. 운전사 등 3명이 1층에서 자고 있었다. 인터폰에서 "도둑이요, 권총·수류탄……"이란 다급한 음성이 들렸다. 도둑은 권총과 수류탄으로 1층에 있던 사람들을 협박했다. 나는 장롱 위에 둔 브로닝 5연발총을 꺼냈다. 평소 같으면 간단히 조립됐을 텐데, 긴장을 해서인지 스프링이 두 번이나 튕겨 나갔다. 나는 브로닝 5연발총을 창 밖으로 겨냥했다. 동네 사람을 깨워 도둑이 들어왔음을 알리려는 의도였다. 그러나 엄앵란은 내 허리를 붙들고 "쏘지 말라"고 매달렸다.

며칠 앞서 여배우 방성자 집에 도둑이 침입한 사건이 있었다. 그날 방성자와 함께 있던 애인 함모씨가 권총으로 도둑을 쏴 큰 문제가 됐다. 엄앵란은 총기 사용이 문제가 될까 염려한 것이다. 우리 집에 침입한 도둑은 우여곡절 끝에 붙잡혔다. 결정적 순간에 기여를 한 것은 다름아닌 치와와였다.

개와 고양이의 시간

최근 서울 도곡동 타워팰리스에서 35kg짜리 골든 리트리버를 기르는 문제를 두고 송사가 벌어졌다. 내 입장은 이렇다. 홀로 사는 사람들에게 애완동물은 필요한 존재다. 크기가 작은 개는 어디서나 좋다. 대신 공동생활을 하는 곳에서 큰 개는 삼갔으면 한다. 개·고양이 등 애완동물을 오래 길러본 후 내린 결론이다.

내가 가장 사랑했던 개는 황금색 털이 부슬부슬한 포메리언이었다. 영양 상태가 좋아 어찌나 멋진지 몰랐다. 1973년 무렵 동부이촌동 현대아파트에서 애들 외할머니와 나란히 살 때 우리 집에서는 포메리언을, 그 집에선 '이태원 181번지의 영웅' 치와와를 길렀다. 어느 날 누가 찾아왔다. 문을 열어보니 분말소독약을 뿌리는 사람이었다. 포메리언은 그 사람 주위를 한 바퀴 돌았다. 나는 불안한 생각에 얼른 포메리언을 끌어안은 채 그 사람을 돌려보냈다.

한두 시간쯤 지났을까. 포메리언은 비틀거리며 베란다 쪽으로 가더니 토하기 시작했다. 그리고 힘 없이 쓰러졌다. 나는 즉시 태평로 단골 동물

병원으로 달려갔지만, 개는 결국 눈을 감았다. 소독약 뿌리는 사람의 바지춤에 묻어 있던 약물에 중독된 것이었을까. 내 자식을 잃은 것처럼 가슴 아팠다.

이태원 181번지에서 도둑을 잡는 데 결정적으로 기여한 치와와는 수명을 다하고 죽었다. 또다시 치와와를 길렀는데, 벼룩이 많아 아이들 공부에 지장이 될 정도였다. 나는 아이들 없는 틈에 치와와를 동물병원에 갖다 주었다. 아이들은 "아버지는 너무 잔인해요"라며 원망했다. 인정 머리 없는 아비가 됐다.

1970년대 초반 원효로 전차 종점 부근에 큰 부잣집이 있었다. 지금의 용산전자상가 끝자락이다. 그 집에서 촬영이 있었다. 다소 늦은 나는 차에서 내려 급하게 들어갔다. 대문에서 현관까지 20m나 됐다. 현관에 다다랐을 때 '왕' 소리와 함께 커다란 셰퍼드가 나를 향해 뛰어들었다. 본능적으로 왼팔로 방어했다. 셰퍼드는 한 발로 내 왼쪽 어깨를, 다른 한 발로 내 왼팔을 짚고 섰다. 내 왼팔은 이미 셰퍼드의 입 속에 들어가 있었다. 정신을 똑바로 차리고 셰퍼드를 노려보았다. 사람의 눈에도 살기가 있어 눈싸움으로 동물을 이길 수 있

지난 여름 성일가에서 새끼 7마리를 출산한 풍산개 암컷. 신성일의 집을 지키는 영물이다. (일간스포츠 제공)

다는 것을 사냥책에서 읽은 적이 있다. 셰퍼드는 꼬리를 내리며 입을 벌린 채 내 몸에서 물러났다.

그 장면을 저택 안쪽에서 집주인이 마침 지켜보고 있었다. 내가 응접실에 들어서자, 그가 내 어깨를 탁 치며 말했다.

"미스터 신, 대단해. 대단한 사나이야."

아내 엄앵란은 1964년 11월 결혼하면서 자신이 3년 동안 기르던 페르시안 고양이 한 마리를 데려왔다. 척 봐도 작은 표범 같았다. 그런데 이 고양이는 아내만 따르고 나에게는 경계심을 가졌다. 기분이 나빴다. 어느 날 결혼 1주년 기념으로 선물받은 브로닝 5연발총을 조립하다 장롱 위에서 나를 노려보는 고양이를 겨냥하며 "확 쏴버려"라고 중얼거렸다. 바로 다음날 그 고양이가 집에서 사라졌다. 고양이는 정말 영물이다.

요즘에는 경북 영천 성일가에서 풍산개 암수와 새끼 한 마리를 기른다. 지난 7일 암컷이 새끼 7마리를 낳았다. 벌써 네 배째다. 한여름의 경사다. 성일가에서 자유를 누리면서 밤에는 내 집을 지켜주는 풍산개는 나의 사랑스러운 영물이다.

박 실장과 허리우드극장

나는 천상 영화배우였다. 사업 마인드가 없었다. 스승인 신상옥 감독으로부터 받은 영향이 아닌가 한다. 1966년 어느 날 '피스톨 박'으로 불린 박종규 청와대 경호실장의 전화를 받았다. 나는 박종규·이후락·김형욱 등 청와대 실력자들과 자연스럽게 알고 지냈다. 그가 최근 미국에 다녀왔다며 무교동 미문화원 뒤편 일식당 호동에서 우리 부부와 점심을 하자고 했다. 박 실장은 혼자 나왔다. 그의 행적이 한동안 신문에 나오지 않던 때였다. 그가 그 질문을 예상한 듯 말을 꺼냈다.

"나, 미국 갔다 왔어."

"형님, 무슨 일 있었어요?"

"국가원수 경호하는 훈련 받으러 FBI에 갔다 왔지. 거기서 몸으로 국가원수를 막으라고 배웠지."

박 실장은 박정희 대통령의 그림자였다. 그의 위세는 대단했다. 장관·도지사에게도 정강이를 차기 일쑤였다. 실제로 육사 8기 혁명 주체로 문공부 장관을 지낸 홍종철은 그의 피스톨에 맞아 발목 관통상을 입었다고 한다. 정보부장 김형욱도 그에게 꼼짝 못했다는 얘기도 있다. '각하 경호 목적'이라면 통하지 않는 게 없었다. 양복을 입은 그의 허리춤에 권총집이 보였다. 왼쪽 버클 옆이었다. 난 깜짝 놀랐다.

"형님, 낮에 저하고 만나는데 무슨 권총을 차고 나오십니까?"

"남을 쏘려는 건 아니고."

손에 들어오는 작은 권총이었다. 후에 이 권총을 본뜬 라이터가 유행하기도 했다. 그는 이렇게 설명했다.

"어떤 위급한 상황이 오면 내게 쏘려고 하는 거지."

적에게 생포되는 상황을 가정한 그는 오른손으로 권총 모양을 만들어 자신의 오른쪽 관자놀이에 갖다 댔다. 검지손가락으로 당기는 시늉까지. 외국 영화 〈디어 헌터〉에서 러시안 룰렛을 하는 모습과 비슷했다.

밥을 먹던 그가 갑자기 내게 허리우드극장을 사라고 말했다. 낙원상가와 허리우드극장을 짓기 시작할 때였다. 허리우드극장 건축은 서울시가 책임지고 있었다. 교동국민학교가 가까운 곳에 있었다. 학교와 직선 거리 200m 안에는 극장을 짓지 못하도록 하는 공연장 설치 기준법에 저촉되는 사항이었다. 극장을 유흥업소와 동격으로 보는 시각이다. 소방법도 무척 까다로웠다. 극장을 짓는 것은 보통 일이 아니었다.

"학교 때문에 쉽지 않을 텐데요?"

"어, 학생 전용극장으로 허가를 내려고 해."

그는 4층 허리우드 극장을 포함한 낙원상가 전체 인수 가격이 2억 5천만 원이라고 했다. 나는 돈을 벌기만 했지, 직접 만져보지 않아 돈의 가치를 몰랐다. 옆에 있던 엄앵란에게 물었다.

"여보, 우리 돈 얼마 있어?"

엄앵란은 8,500만 원 가량 있다고 했다. 고지식한 나는 현찰로 사야만 하는 줄 알았다. 강직한 박 실장을 상대로 모자란 돈을 어떻게 구해야 하느냐고 묻기 싫었다. 나중에 알고 보니 은행 융자를 받으면 인수할 수 있는 상황이었다. 게다가 학생 전용극장에는 매력을 느끼지 못하고 있던 터였다.

"형님, 난 극장 안 합니다. 영화배우 해야지."

단박에 거절했다. 시간이 지나고 나서, 박 실장은 "그때 허리우드극장 가지지 그랬어"라고 아쉬운 조로 말했다. 허리우드극장은 결국 1967년 3월 개관했다. 신상옥 감독의 신필름이 1973년 허리우드극장을 운영했으니, 참 묘한 인연이다. 하지만 신 감독 역시 경영을 잘 못해 얼마 후 허리우드극장에서 손을 떼고 말았다.

노루 사냥

박종규 청와대 경호실장이 내게 영향을 미친 부분이 또 하나 있다. 사냥이다. '피스톨 박'이란 별명이 붙을 만큼 사격에 일가견이 있던 박 실장은 1971년 태릉선수촌 입구에 사격장을 만들고, 1978년 국내 최초의 국제대회였던 제42회 세계사격선수권대회를 서울에 유치했다. 그는 대회운영위원장을 맡았다.

박종규 실장이 태릉사격장을 방문하면 나를 비롯해 배우 송재호, 최원석 동아그룹 회장 등을 그곳에서 자연스럽게 만났다.

60년대 후반 어느 날, 가슴이 탁 막혔다. 살인적 스케줄로 365일 중 빨간 날이 하루도 없었다. 그 돌파구로 사냥을 시작했다. 70~71년에는 명절마다 2박 3일 일정으로 전국 각지의 사냥터를 돌아다녔다. 나는 태릉사격장에서 클레이 사격 연습으로 감각을 키운 후 사냥터로 떠났다.

배우라는 직업은 촬영 현장에서 동물과 잘 어울려야 하는 숙명을 지녔다. 경북 영천 성일가에서 풍산개를 기르는 신성일은 승마도 수준급으로 말과 친하다. (중앙포토 제공)

아내 엄앵란은 벨기에제 브로닝 5연발총을 결혼기념일 선물로 사주기도 했다.

사냥용 차로는 랜드로버를 갖추었다. 원래 1965년 무렵에는 둥글둥글한 55년형 개조된 지프차를 탔다. 당시에는 폐차 200여 대에서 나온 부품을 모아 차 한 대를 만들었다고 한다. 조잡하게 조립된 차는 배선이 취약하다. 흰 반창고로 전선을 감았을 정도였다.

그 해 〈가을에 온 여인〉(박경리 원작, 정진우 감독)을 강릉 앞바다에서 촬영하고 돌아오는 길에 지프차에 불이 났다. 홍천경찰서 앞에서였다. 전선이 합선된 것이다. 동승했던 배우 최은희도 차에서 뛰어내렸다. 사람이 안 다친 게 천만다행이었지만 다시는 그 차를 탈 수 없었다.

그 사건을 계기로 59년형 랜드로버 지프차를 샀다. 영국이 사하라 사막에서 독일과 대치하며 개발한 차여서 아주 튼튼하고, 촬영·사냥에도 제격이었다. 뒷자리는 두 명씩 마주보고 앉도록 돼 있었다. 단 한 가지 단점이 있었다. 열대지역용 차량이라 히터가 없었다. 뒷자리에 석유난로를 싣고 다녀야 했다.

70년대 초반 사냥에 열중했다. 아침 일찍 서울에서 출발해 수안보 온천장에 여장을 풀었다. 거기서 한 고개만 넘으면 문경새재였고, 그 왼쪽에 있던 마을은 노루와 꿩을 사냥하기에 안성맞춤이었다.

대구 친구들을 싣고 거제도까지 가 사냥한 적도 있다. 바다오리는 바다 위에 떨어져 수거하기 어려웠다. 백미는 꿩 사냥이다. 사냥개와 함께 하곤 했다. 날짐승은 깃털이 겹겹이라 산탄(散彈)이 잘 박히지 않는다. 반드시 하늘로 띄운 후 쏘아야 했다. 사냥개는 주인에게 '수풀에 꿩이 있다' 고 눈짓을 해준다. 방향을 조준하고 있으면 사냥개가 뛰어든다. 백발백중이다.

겨울 어느 날, 나는 노루를 잡아 이태원 181번지 집으로 가져왔다. 보통 때는 그러지 않았는데, 그때만은 자랑하고 싶었다. 노루는 양순한 동물이다. 불자인 아내 엄앵란은 "여보, 노루는 가능하면 잡지 마세요"라며 안타까워했다.

바로 다음 날 밤 집 지하실에서 화재가 났다. 보일러 문제였다. 불이 번지지 않아 다행이었지만, 지하가 홀랑 탔다. 나는 집주인으로서 화재에 대한 책임을 물어 벌금을 냈다. 엄앵란은 그 화재를 노루 사냥의 후유증으로 여겼다. 그리고 1972년, 정부가 전국 수렵금지를 발표하면서 사냥놀이를 접게 됐다.

언제나 건강한 청춘

'어설프게 아느니, 아예 모르는 게 낫다' 는 옛말은 틀린 게 없다. 1967년 여름 무렵, 하루는 이태원 181번지 우리집 화장실에서 소변을 보는데 피가 보였다. 양변기가 붉게 물들었다. 너무 놀라 어쩔 줄 몰랐다. 특별히 잘못한 게 없었지만 아내가 오해하지 않을까 걱정이 됐다. 옆구리에서 엄청난 통증을 느꼈다. 톱으로 허리를 자르는 듯한 고통이었다.

1967년은 내 영화 인생에서 전성기였다. 〈비서실〉, 〈돌무지〉, 〈하얀 까마귀〉, 〈까치소리〉, 〈원점〉, 〈역마〉, 〈일월〉, 〈동심초〉, 〈청춘극장〉, 〈새벽길〉, 〈내일은 웃자〉, 〈밀월〉 등 쟁쟁한 작품이 배출됐다.

하루 서너 군데 촬영장을 돌아야 하는 스케줄 속에서 비상사태가 아닐 수 없었다. 서둘러 가회동에 있는 이재문 내과로 출발했다. 영화계 입문 당시 하숙할 때부터 다닌 곳이다. 하얏트호텔에서 남산관광도로로 내려오는데 남대문 오른쪽 신호등에서 걸려 멈추었다. 너무 아파서 운전사의 뒤통수를 때렸다.

"빨리 가자, 임마!"

남편을 꼬집고 때리는 출산 직전의 산모와 비슷하다고 할까. 나중에 보았더니, 어찌나 세게 쳤던지 운전사의 뒤통수에 혹이 나 있었다. 지금 생각하면 참 미안한 일이다. 상황을 듣던 주치의 이재문 선생은 연건동 서울대병원 비뇨기과로 전화했다. 엑스레이 판독 결과, '요도결석증' 이란 진단을 받았다. 요도에 돌이 박혀 있다는 것이었다. 칼슘 덩어리가 뾰족뾰족한 돌 형태로 요도 내벽을 긁으니 피가 나올 수밖에.

여름에는 촬영장에서 쏟아지는 땀과 싸워야 했다. 모든 분장을 직접 해야 했던 때였다. 나는 메이크업하는 모습이 부끄러워 촬영장 한구석, 혹은 차 안에서 분장을 마무리했다. 땀을 흘리면 얼굴이 번들거리게 돼 촬영에 지장이 많았다. 내 나름의 묘책은 물을 마시지 않는 것이었다. 대신 미8군에서 나온 고농축 오렌지주스를 마셨다.

　매일 아침 아내 엄앵란이 정성껏 끓여준 곰탕도 요도결석증의 또 다른 원인이 됐다. 뽀얗게 우려낸 곰탕은 석회질 덩어리로 요도결석에 걸리기 쉽도록 한다. 오렌지주스와 곰탕 등은 인·철분·칼슘이 특히 많은 음식이다. 지금 돌아보면 어리석은 묘책이었다.

영화배우 신성일은 올해 나이가 만으로 74세다. 지금도 운동으로 젊은이 못지않은 체력을 유지하고 있다.
(중앙포토 제공)

병원에선 맥주를 마셔보라고 했다. 그런데 술을 못하는 내가 아니던가. 입원 기간 동안 맥주를 마시다 취해서 잠들기를 반복했다. 사흘째 되던 날, 소변에서 칼슘 덩어리가 빠져나왔다. 이후 물을 많이 마시고, 맥주도 가끔 한 잔씩 하게 됐다.

2002년 국회의원 생활 중에는 전립선 비대증으로 고생했으며, 비대 제거 수술을 받았다. 전립선 비대증은 요도결석증과는 아무 관련이 없으며, 성 생활을 장기간 안 하는 것이 원인이 되기도 한다. 1995년 10월부터 대구 내려가 선거운동하고 2000년 국회의원에 당선되면서 지나치게 금욕적인 생활을 했다. 상대방 진영에 어떤 꼬투리도 잡히지 않기 위해서였다.

최근 한 언론사에서 내가 전립선암 투병 중이란 엉터리 기사를 게재했다. 전립선 비대증 정기검사를 받은 것이 전립선암으로 둔갑한 것 같다. 전립선암에 대한 질문에 일일이 답하기 귀찮아, 요즘은 그 언론사가 낸 정정 기사를 복사해 가슴에 지니고 다닌다.

나, 신성일은 건강한 청춘이다.

Part 3

내 추억 속의 스타들

당대 한국 영화의 제왕 신성일과 트로이카 여제들이 한 작품에서 만났다는 것은 전무후무한 사건이었다. 1970년 〈결혼교실〉에서. 왼쪽부터 윤정희, 신성일, 문희, 남정임. (중앙포토 제공)

여배우들

나이가 들면서 인생을 정리해야겠다는 생각을 해왔다. 1960~70년대 충무로에서 영화와 함께 청춘을 보냈고, 90년대 중반부터 약 10년간 정치인의 삶을 살았다. 이번이 마지막이라는 각오로 그간 겪어온 사건과 시대, 사람을 돌아보려고 한다.

나훈아의 초년 시절

영화 인생 50년— 그간 수많은 별이 뜨고 스러졌다. 뒤돌아보니 기억에 남는 사람이 많다. 그 중에서도 가수 나훈아(본명 최홍기)와의 인연은 특별하다. 지금은 대단한 가수 반열에 올라 있지만 내 머릿속에는 시커멓고 여드름투성이로, 대게 껍데기 뒤집어놓은 것 같은 신인 가수 나훈아의 얼굴이 선하다.

1969년 무렵 서울시민회관(현 세종문화회관)에서 '10대 가수쇼'가 열렸다. 그 해 최고의 가수만 초대되는 무대였는데 흥행을 위해 신성일의 이름을 내걸었다. 당시 나는 한 해 400만 원의 세금(연예계 최고액)을 낼 정도로 톱스타 자리에 있었고, 풋내기 신인 나훈아는 〈사랑은 눈물의 씨앗〉으로 신인가수상을 받아 그 무대에 합류한 것이었다.

대기실에 앉아 있는데 나훈아가 쭈뼛거리며 들어왔다. 어린 친구인데,

얼굴이 꽤 못생겼다고 생각했다. 나훈아로선 내 근처에도 오기 힘든 처지였다. 연예계 족보를 따져도 한참이나 차이가 나는 데다 내가 건방진 후배는 손을 봐준다는 소문을 들었기 때문이었을 거다. 살짝 놀려도 재미있을 것 같았다.

"훈아, 너 여드름 고치는 방법을 알려줄까?"

그가 큰 관심을 보였다.

"나이 먹은 여자와 연애해봐."

"정말입니까?"

나훈아는 그 말에 흐뭇한 표정을 지으며 사라졌다. 우리가 다시 만난 건 정확히 1년 후 같은 무대에서였다. 이번에는 실제로 '10대 가수쇼' 멤버로 선발돼 나타났다. 대기실에서 보니 1년 만에 얼굴이 깨끗해진 것을 알 수 있었다. 나는 살짝 놀랐다.

"야, 훈아. 얼굴 깨끗해졌다."

그는 굉장히 만족스러운 얼굴로 이렇게 말했다.

"선생님 말씀대로 했더니 깨끗해졌습니다."

1976년 나훈아와 김지미가 약혼발표 기자회견을 하고 있다. (중앙포토 제공)

나는 그 말을 듣고 엄청 웃었다. 대기실에 있던 다른 가수들도 무슨 뜻인지 알아듣고 뒤집어졌다. 얼마 후 위기에 몰린 나훈아를 구해준 사연도 있다. 그는 1973년 무렵 배우 고은아의 사촌인 이모 씨와 결혼한 상태로 공군에 입대했다. 이모 씨는 군 생활 중인 나훈아가 김지미, 가수 J와 외도를 하고 있다는 투서를 공군방첩대(OSI)에 넣었고, 이 사건은 공군 수뇌부까지 보고돼 내부에서 문제화됐다. 심지어 가수 J의 집을 덮쳤을 땐 나훈아는 없고 군화만 남아 있었다고 한다.

그때 나훈아는 현미를 앞세워 우리 집을 두 번이나 찾아왔다. 나와 엄앵란이 주영복 공군참모총장과 막역한 사이라는 걸 알고 사건을 무마해달라고 온 것이었다. 그는 집사람에게 엄청나게 사정을 해댔고, 집사람은 "나훈아를 꼭 구해줘야겠다"며 나와 주 총장을 설득했다.

결국 주 총장은 집사람 앞에서 "이 문제는 사생활이니 군이 관련할 것 없다"며 투서를 찢어버렸다.

그는 사건이 해결된 후 나를 찾아와 인사했다. 나는 "정릉 문제(김지미와의 관계)는 끝난 거냐"고 물었는데 그는 그렇다고 했다. 당시 김지미는 정릉에 살고 있었다. 그러나 얼마 후 나훈아와 김지미의 결혼이 발표됐다. 나로선 씁쓸한 기분이었다. 어찌 되었든 우리 부부가 나훈아와 김지미 커플의 탄생을 도운 셈이었다.

김지미와 최무룡

내가 최고의 여자 배우로 꼽는 사람은 김지미다. 최무룡은 내가 가장 좋아한 선배였다. 두 사람이 커플을 이룬 것은 운명이라고 할 수밖에 없었다.

1960년대 초반부터 김지미는 서울 성북구 정릉에 살았다. 그녀의 집은 크고, 마당이 넓었다. 차가 없으면 갈 수도 없을 만큼 깊숙한 곳에 있었다. 외부로 노출될 일이 거의 없었다. 5·16 실력자들은 김지미의 집에서 종종 모이곤 했다. 최무룡이 김지미와 함께 살고 있을 때였다. 나도 가끔 그 집에 드나들었다. 그런 모임이 있으면 인사차 들렀다. 그들도 내가 오는 걸 좋아했다.

1972년 개봉한 최무룡, 김지미 주연의 영화 〈결혼반지〉의 한 장면. 남편의 사업 실패로 서로 떨어져 살던 부부가 마침내 행복을 되찾는다는 줄거리다. (중앙포토 제공)

김지미와 엄앵란 사이에 재미있는 일이 있었다. 김지미를 보조하는 아이는 엄앵란을, 엄앵란을 보조하는 아이는 김지미를 무척 좋아했다. 김지미와 엄앵란은 스타일이 완전히 달랐다. 김지미는 서구적 마스크를 가졌고, 엄앵란은 학사 출신의 엘리트 배우로 자리매김했다. 엄앵란은 자신을 보조하는 아이가 김지미를 좋아하는 티를 내면 "얘는 지미만 좋아해"라며 삐죽거렸다.

김지미와 최무룡은 밍크라는 딸을 하나 두었다. 밍크는 나를 무척 따랐다. 안타깝게도, 두 사람은 1969년 6월 10일 "사랑하기 때문에 헤어진다"는 말과 함께 이혼을 발표했다. 그리고 얼마 후 김지미는 내게 한 가지 이야기를 들려주었다.

밍크가 젖먹이 때의 일이었다고 한다. 최무룡이 사흘 동안 집에 들어오지 않았다. 최무룡은 잇따른 사업 실패로 어려운 지경에 놓여 있었다. 실제로 그는 "더 이상 김지미에게 부채를 부담지게 해 그녀의 앞날을 막을 수는 없다는 결론 끝에 이혼을 결정했다"고 밝혔었다.

김지미는 사재를 털어 남편을 지원했다. 최무룡이 영화 〈피 어린 구월산〉(1965)으로 감독 데뷔할 때도 그 뒤에는 김지미가 있었다. 김지미의 전폭적인 도움이 없었다면 최무룡이 〈한 많은 석이 엄마〉(1966), 〈나운규의 일생〉(1966), 〈제3지대〉(1968) 등의 거듭된 실패에도 영화 15편을 만들 수 없었을 것이다. 그러나 밑 빠진 독에 물 붓기였다.

김지미는 최무룡의 행방을 수소문했고, 그가 아침 일찍 세종로 국제극장 다방에 커피 마시러 온다는 소식을 들었다. 그녀는 밍크를 등에 업은 채 남편이 나타난다는 다방에 아침 일찍부터 진을 치고 기다렸다. 밤 새워 마작을 한 최무룡과 그 일행이 게슴츠레한 눈으로 다방에 들어왔다.

온갖 감정이 뒤엉킨 김지미는 "밍크 아버지, 이러면 안 돼요"라고 외치며 여러 사람이 보는 앞에서 남편의 뺨을 때렸다고 한다. 아마도 왼손으로 때리지 않았나 싶다. 그녀는 때리는 연기 장면에서 왼손을 사용하곤 했다.

"미스터 신, 내가 그 다음에 뭘 바랐는지는 알아? 그 사람이 '이 여편네야. 새벽에 어딜 찾아와?'라고 소리치며 내 턱이 부서지도록 때려 주었으면 했다고……. 그런데 그 사람은 '이러면 몸 상해. 밍크 엄마, 진정하라고' 하지 않겠어. 그때 느꼈지. '아, 이 사람은 내가 평생을 맡길 남자가 아니구나'라고 말이야."

그녀도 얼마나 답답했으면 이런 내밀한 이야기를 했을까. 최무룡은 정말 품성이 좋은 사람이었다. 여러 사람 앞에서 망신을 준 아내의 건강을 먼저 생각할 정도였다. 반면 김지미는 내심 남자다운 남자를 원했던 것 같다. 남녀 관계는 논리적으로 설명될 수 없다.

김지미의 재혼과 이혼

김지미와 나는 영화배우로서 다소 부담스러운 사이였다. 비슷한 시기에 활동했기에 서로를 너무 잘 알고 있었기 때문이다. 1963년 영화 〈77번 미스 김〉을 시작으로 약 40여 편의 영화에서 호흡을 맞췄다. 또 나훈아 전 부인의 공군 투서사건으로 김지미와 나훈아의 관계를 훤히 들여다보고 있었다.

김지미를 이야기할 때 네 번째 남편 이종구 박사를 빼놓을 수 없다. 김지미의 전 남편은 널리 알려진 대로 홍성기 감독·최무룡·나훈아다. 이 박사는 세계적 심장내과 전문의로 내게는 친형 같은 존재였다. 이 박사 가족은 이북에서 대구로 피란을 왔으며, 동생 이봉구는 나와 경북고 동기였다. 유명한 비뇨기과 의사였던 이 박사의 부친은 6·25전쟁 때 유행했던 성병을 치료하며 큰 돈을 벌었다. 경북고 2학년 때 집이 몰락하면서 학업을 이어갈 수 없는 상황에 몰린 내게 사실상 학비를 대주신 분도 이 박사의 아버지였다. 자존심이 강한 나는 돈이 될 만한 책을 들고 이 박사 부친을 찾아가 "학비 좀 주세요"라며 눈물을 흘리곤 했다. 그분께선 군말 없이 그 책들을 사주셨다.

1991년 무렵이었다. 이 박사가 내게 김지미와 만나고 있다는 사실을 알려왔다. 우리는 매주 인사동 화랑에 가서 함께 그림을 볼 정도로 자주 만났다. 인사동 선화랑 김창실 대표도 우리 멤버였.

이 박사는 오랫동안 캐나다에서 살다가 1989년 30년 만에 귀국해 한국 물정에 어두웠다.

이 박사의 첫 번째 결혼은 실패였다. 병원에서 만난 독일계 미국 여자와 결혼해 아이를 둘 낳았는데 알고 보니 그 여자는 알코올 중독자였다. 이혼 수속을 밟고 서울 아산병원 심장센터 소장으로 취임했는데 김지미 어머니의 심장 치료를 맡았다가 김지미와 인연을 맺게 되었다. 혁신적인 심장 수술법을 도입한 이 박사의 인기는 대단했다.

나는 김지미와의 만남을 강력하게 반대했다.

한동안 이 박사가 보이지 않던 어느 날 이 박사 부친으로부터 전화가 왔다. 어릴 적부터 아버지가 돌아가시고 없는 내게 그분은 아버지나 다름없는 분이었다.

"신영(신성일 본명은 강신영(姜信永))아, 이 박사가 김지미 만난다고 하더라. 어떻게 생각해? 난 반대인데……."

"저도 반대입니다."

"그럼, 네가 이 박사 만나서 설득해라."

나는 삼성동 인터컨티넨탈호텔 36층의 프렌치 레스토랑에서 이 박사를 만났다. 이 박사가 대뜸 말했다.

"나, 김지미와 만나느라 바빴다. 우리 결혼할 거야."

당시 리즈 테일러가 몇 번째 결혼을 했다고 떠들썩할 때였다.

"형님, 네 번째 남편이 자랑스러운 건 아니지 않습니까?"

"지미는 참 바쁘게 사는 여자야. 참 대단해."

이 박사는 요지부동이었다. 헤어진 후 이 박사 아버지는 어떻게 됐느냐며 전화로 물어왔다. 난 반대했다고 말씀드렸다.

"이 박사가 그러는데, 네가 찬성했다고 하더라."

기가 막혔다. 이 박사의 눈에 콩깍지가 씐 것이었다. 곧 약혼식이 발표됐고, 김지미는 그때부터 내게 등을 돌렸다.

성격이 솔직하고 화끈한 김지미는 젊은 시절부터 먹여 살려야 할 식구가 많았다. 한 30~40명쯤 되지 않았나 싶다. 그 식구를 다 먹여 살렸다는 점에서 훌륭한 여인이다. 결국 이 박사와 김지미는 2002년 결혼생활을 정리했다.

남정임 보호작전

1960년대 여배우 트로이카(문희·윤정희·남정임) 중에서 데뷔작 파트너로 나와 함께 하지 않은 유일한 배우가 남정임(본명 이민자·1945~92)이다. 그녀는 성격에서도 다른 여배우와 확연히 구분되었다. 활달하고, 당돌한 면이 있었다.

남정임은 1966년 이광수 원작의 영화〈유정〉에서 김진규의 상대역으로 데뷔했다.〈유정〉의 여주인공 이름을 예명으로 사용한 그녀는 이후 바로 나와 만났다. 정진우 감독은 그 해 나와 문희 주연의〈초우〉가 호평을 받자 후속작〈초연〉을 기획하면서 내 상대로 신에 남정임을 발탁해〈초연〉을 비롯해〈백발백중〉,〈순간을 영원히〉,〈양반전〉,〈학사기생〉등이 1966년 한 해 우리가 함께 한 작품이다. 1968년 이상 원작의〈이상의

신성일, 남정임 주연의 영화〈이상의 날개〉(1968). 1969년 두 사람은 일본에서〈설원의 정〉을 촬영했다. (중앙포토 제공)

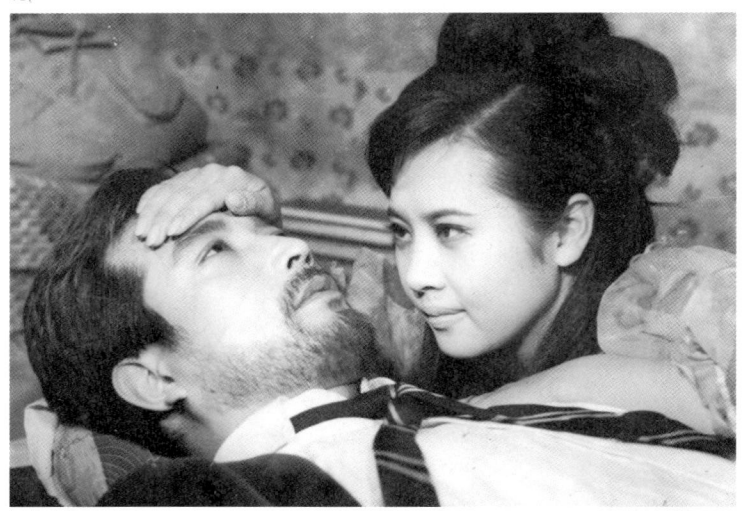

날개〉 같은 문예영화에서도 호흡을 맞췄다.

1969년 일본 로케이션 영화 〈설원의 정〉 촬영차 남정임과 함께 일본으로 떠났다. 그녀의 어머니는 멋쟁이였다. 직접 차를 운전하며 딸의 매니저도 맡았다. 일본 로케이션에 동행 못한 그녀의 어머니는 공항에서 "신 선생 믿고 우리 아이, 일본 보냅니다"라며 내게 신신당부했다. 촬영장 주변에는 젊은 여배우에게 눈독을 들이는 사나이들이 한둘이 아니기 때문이다. 나는 보호의식을 넘어 강박관념을 갖게 됐다.

제작자는 니시야마라는 돈 많은 재일교포였다. 60년대는 일본의 파친코 산업이 급성장한 시기로, 니시야마는 이 사업으로 큰돈을 만지고 있었다. 5박 6일 로케이션 동안 내가 확인한 바로, 그는 대단한 정력가였다. 내가 아는 마누라만 넷이었다. 니시야마가 남정임에게 3캐럿 다이아몬드 반지를 주려 한다는 소문이 돌았다.

촬영팀은 한겨울의 삿포로로 이동했다. 공항에 내리자 정면에 시계탑 같은 것이 숫자 '24'를 가리키고 있었다. 알고 보니 영하 24도란 뜻이었다. 우리는 덜덜 떨며 그 지역 최고 호텔인 삿포로그랜드호텔로 이동했다. 딸을 보호해달라는 남정임 어머니의 부탁이 또 떠올랐다. 나는 남정임 바로 옆방에 배정받은 후, 그녀에게 이렇게 말했다. "정임아, 벽 한 번 두들겨봐." 남정임이 벽을 두드리는 소리가 들렸다. 나는 인터폰으로 "OK"라고 답해주었다. 내가 눈 시퍼렇게 뜨고 지키고 있는데 남정임을 넘볼 사람은 없었다. 신경이 온통 남정임에게 가 있는 바람에 여행의 재미를 찾을 수 없었다.

삿포로 촬영 후 니시야마는 나고야 자택에서 회식자리를 마련했다. 배우들과 감독에게 소니 트랜지스터 라디오를 선물로 나눠주었다. 일정상 그날 저녁 나고야역에서 열차를 타고 도쿄로 이동해야 했다. 그 다음 날이 귀국이다. 니시야마는 나고야에서 하룻밤 더 머무는 쪽으로 유도하는 것 같았다. 나는 라디오를 받지 않고 바로 나왔다. 그리고 나고야 신간센

역으로 갔다. 해외에선 한국 최고배우라는 자부심으로 행동했다. 고지식할 정도였다. 이후 밍크 숄을 걸친 이빈화가 라디오를 들고 플랫폼에 가장 먼저 나타났다. 내가 비아냥거렸다. "누님, 밍크 숄이 아깝습니다. 한국의 이름 있는 배우가 스타일 구겼네요."

다른 사람들도 천천히 역에 나타났다. 모두 머쓱해했다. 이어 도쿄행 야간열차가 적막을 뚫고 플랫폼에 들어왔다.

1969년 겨울 일본 촬영현장에서 내가 배우인지 보디가드인지 모를 정도로 남정임을 보호하다가 서울로 돌아왔다. 책임감에 짓눌려 여행의 흥취를 느끼지 못했다. 공항엔 남정임의 어머니가 나와 있었다. 나는 "아무 일 없이 인계합니다"라며 그녀를 어머니의 품에 안겨주었다. 겨우 한숨을 돌릴 수 있었다. 〈설원의 정〉 제작자인 재일동포 니시야마도 그녀를 어떻게 해보지 못했다.

1971년 무렵 어느 날 남정임의 약혼 발표가 터져 나왔다. 재일동포 임방광과 결혼한다는 것이었다. 아쉬웠다. 그렇게 공들여 보호했는데 결국 재일동포와 결혼하다니……. 남정임은 결혼 직후 일본으로 떠났다. 아예 종적을 감춰버렸다.

남정임은 신인시절부터 자기 뜻을 주저없이 밝히는 성격이었다. 실제 생활이든, 스크린이든 감정 표현에 솔직했다. 웬만하면 참고 넘어가는 다른 여배우와 달랐다. 그녀의 면모를 보여주는 일화 하나. 어느 날 한 제작부장이 스케줄 문제로 남정임의 집을 찾아갔다. 그때 트러블이 생겼는데, 남정임은 그 자리에서 하이힐을 벗어 제작부장의 이마를 때렸다고 한다. 1966년작 〈백발백중〉의 스틸 사진에서도 그런 당찬 성격을 읽을 수 있다.

그녀의 일본생활은 순탄치 않았다. 1976년 무렵 제1회 도쿄국제영화제에 초청받은 정진우 감독은 NHK 방송국 1km 거리에 자리한 한 불고기

집을 찾아갔다. 남정임이 결혼한 재일동포 집안이 운영하는 식당이었다. 정 감독은 1966년 나와 남정임 주연의 〈악인시대〉, 〈초연〉 등을 찍으며 남정임을 최고의 배우로 올려놓았다. 그녀는 식당에서 발바닥에 불이 나게 뛰어다녔고, 시아버지는 그녀를 다그쳤다고 한다. 당시만 해도 재일・재미교포는 대단하게 인식됐다. 하지만 그건 허상이었다. 정 감독은 그날 숙소로 돌아와 울었다고 한다. 공들여 키운 여배우가 '저 꼴이 무엇인가' 하고.

정 감독은 다음 날 오후 다시 찾아가 남정임을 만났다. 남편과의 관계가 좋은 것 같지 않았다. 결국 남정임은 정 감독의 설득으로 이혼을 하고 한 달 만에 한국으로 돌아왔고, 그 해 정 감독이 운영하는 우진필름에서 〈나는 고백한다〉(감독 정소영)로 재기했다.

한국에선 현 대한도시가스 고문인 노승주가 그녀를 따라다녔다. 정 감독은 그를 불러 "너, 남정임에게 또다시 상처 주면 죽어"라고 했고, 노승주는 "남정임을 사랑하니 결혼하겠다"고 다짐했다 한다. 1978년 그녀는 노승주와 재혼했다.

나는 남정임이 노승주와 살고 있다는 소문을 듣고 있던 터였다. 노승주는 나와 절친한 김동건 아나운서를 깍듯하게 형님으로 부르며 지내는 사이였다. 나와도 형・동생이 될 수밖에 없는 관계였다. 어느 날 첫째아이 돌잔치한다는 전화가 걸려왔다. 그들 부부는 분위기로 보아 내게 연락을 안 할 수 없었다. 오래 못 만났던 아쉬움을 돌잔치에서 달랬다. 내가 알기로 그녀는 노승주와 잘 살았다.

1992년엔 남정임이 유방암에 걸려 사망했다는 소식을 신문으로 접했다. 빈소에 문상을 갔다. 40대의 젊은 나이에 세상을 뜬 그녀. 얼마나 마음이 아팠는지 모른다. 지금도 남정임이 삿포로그랜드호텔 벽을 두드리던 소리를 잊을 수 없다.

윤정희의 비밀

나와 함께 가장 많은 작품을 한 여배우는 윤정희다. 무려 99편에 함께 나왔다. 엄앵란 다음으로 내 속내를 터놓을 수 있는 여배우다.

윤정희는 1960년대 트로이카(문희·남정임·윤정희) 중 가장 늦게 등장했다. 데뷔작은 1967년 국제극장 신정 프로그램으로 걸린 〈청춘극장〉이다. 합동영화사의 현상 모집에서 1200 대 1의 경쟁률을 뚫고 여주인공 역을 거머쥐었다. 영화 속 캐릭터 윤정희를 예명(본명 손미자)으로 삼았고, 2010년 이창동 감독의 〈시〉에선 '미자'라는 본명을 사용했다.

2008년 한국영상자료원이 주최한 핸드프린팅 행사에 참석한 한국 영화계의 살아있는 스타들. 왼쪽부터 신성일, 윤정희, 신영균, 문희. (중앙포토 제공)

소설가 김내성 원작의 〈청춘극장〉은 구성이 훌륭했다. 일제강점기 때 만주를 무대로 한 젊은이들의 독립운동사(史)로, 세 청년과 두 여자의 이야기다. 시골 아내 허운옥(고은아)을 두고 신여성 윤정희(윤정희)를 사랑하는 꼬마신랑(신성일), 머리가 비상한 '콘사이스'(남석훈), 신출귀몰한 행동파 젊은이 대통령(이낙훈)이 삼총사로 나왔다. 1959년 김진규·최무룡·장동휘·김지미·황정순 주연의 〈청춘극장〉도 명작이었다. 나 역시 재미있게 봤다. 〈청춘극장〉은 1975년 또다시 리메이크되었다.

윤정희는 피부가 해맑았다. 타고난 자연미 덕분에 보는 이를 편안하게 해주는 캐릭터였다. 학구적이면서도 철이 든 배우였다. 촬영장에서도 미심쩍은 부분이 있으면 책을 찾아가면서 확인했다. 대학에선 영문학을 전공했다. 아버지가 대학교수였고, 남동생이 서울대를 다녔다. 다른 여배우의 경우 나이 어린 여인들이 보조했으나 윤정희는 나이 지긋한 이모가 정성껏 뒷바라지했다.

당시 시골에 촬영을 가면 배우들은 호텔이나 여관을 같이 썼다. 이모가 신축성이 좋은 고무붕대로 윤정희의 다리를 감아주는 장면을 두어 번 목격했다. 종아리가 굵어지지 말라고 저녁마다 감아준 것 같다. 윤정희는 제주도 밀감을 입에 달고 다녔다. 밀감이 꽤나 비싼 시절이었지만 손바닥이 노랗게 될 만큼 많이 먹었다. 피부나 몸 관리가 신인 시절부터 철저했다. 윤정희와 함께 한 영화로는 〈안개〉(1967), 〈장군의 수염〉(1968), 〈위기의 여자〉(1987) 등이 기억에 남는다.

김수용 감독의 〈안개〉 때 웃지 못할 에피소드가 있다. 김승옥의 소설 〈무진기행〉을 각색한 〈안개〉는 처가살이하는 샐러리맨이 찌든 도시에서 벗어나 시골 여선생과 해변의 정사를 통해 일탈을 추구하는 내용이었다. 정사 장면의 무대는 경기도 안산 인근의 모래사장이었다. 감독은 내게 모래밭에 누운 윤정희와 키스하는 장면에서 카메라 프레임에서 빠져나오라고 요구했다. 남자가 화면 밖에서 하는 행위를 여배우가 얼굴 표

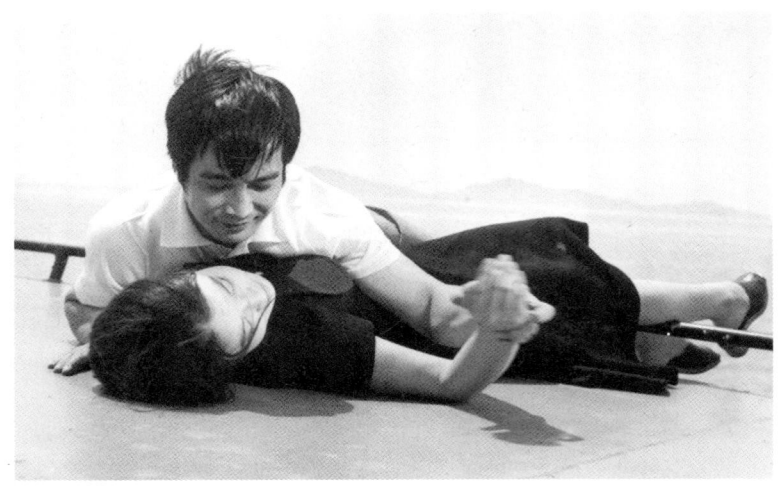

영화 〈안개〉에서 신성일과 윤정희. (한국영상자료원 제공)

정으로 연기해야 했다. 신인 여배우로선 난감한 상황이었다. 내가 화면에서 빠져나오자 감독이 '컷'을 외쳤다. 윤정희에게 아무 표정이 없었기 때문이다. 감독도 난처해했다. 감이 왔다. 나는 윤정희의 귀에다 대고 말했다.

"미스 윤, 내가 빠지고 난 다음에 내가 손으로 하는 그대로 표정 지으라고."

나는 카메라 밖에서 윤정희의 종아리를 흔들고, 다리를 꼬집었다. 감독은 윤정희의 변화하는 얼굴을 담았다. 그러고는 조금 부족하다고 했다. 나는 좀더 꼬집고, 격렬하게 흔들었다. 해변 정사신은 그렇게 완성됐다. 〈안개〉는 호평을 받으며 성공했다. 후에 1971년, 윤정희와 〈안개부인〉을 함께 찍었다. 야무진 연기를 했던 윤정희는 피아니스트 백건우를 만나 행복하게 살고 있다.

청순 가련한 매력의 고은아

1960년대 중후반 윤정희·문희·남정임 '여배우 트로이카' 시대 속에서도 청순 가련한 매력으로 자기 영역을 확고히 했던 여배우가 있었다. 고은아(본명 이경희)다. 그녀는 1965년 6월 개봉한 〈란의 비가〉로 데뷔했다. 상대역은 나였다. 극동흥업은 그해 김기덕 감독의 히트작 〈남과 북〉에 이어 〈란의 비가〉를 기획하면서 암에 걸린 청순한 소녀 역을 공모로 뽑았다. 바로 홍익대 공예과 출신의 고은아다.

〈남과 북〉은 문주란이 부른 〈누가 이 사람을 모르시나요〉라는 주제가로 더 유명했다. 이후 패티김의 목소리로 KBS 〈이산가족 찾기〉 배경음악으로도 쓰였다. 〈남과 북〉 여주인공(엄앵란) 이름이 '고은아'였다. 극동흥업측이 그 이름을 딴 것이다.

고은아는 비교적 큰 키에 호리호리한 몸매로 보호 본능을 자극했다. 문예영화풍의 멜로드라마에 잘 어울리는 캐릭터였다. 〈란의 비가〉에 이어 대표작인 〈갯마을〉(1965년)에선 총각에게 유혹을 당해 도망가는 해녀 해순 역으로 남자들을 녹였다. 영화평론가 김종원 씨는 〈갯마을〉의 고은아를 "해풍에 흐느적거리는 야생화 같은 모습"이라고 표현했다.

고은아는 너무나 착했다. 좋은 집안 출신으로 집은 중랑교 방향의 휘경동이었다. 그녀는 〈란의 비가〉를 찍으며 나와의 인연을 털어놓았다. 부산여고 시절, 공부를 잘하는 편이었다 한다. 고3 어느 날 책갈피에 끼워둔 신성일 브로마이드를 보고 있다가 선생님께 들켰고, 그 자리에서 야단맞았다는 이야기였다. 그리고 티없는 얼굴로 말했다.

"제가 어쩌다가 선생님과 함께 출연하게 되었을까요?"

고은아는 스크린에선 드러나지 않는 두 가지 특징이 있었다. 긴 팔에 털이 많았고, 매운 것을 좋아했다. 부산 사람이라 그런지, 음식을 아주 맵게 해 먹었다. 내가 깜짝 놀랄 정도였다.

신성일, 고은아 주연의 〈소문난 여자〉(1966). 고은아는 60년대 중반부터 청순가련한 이미지로 뭇 남성들을 사로잡았다. (한국영상자료원 제공)

촬영 중 고은아를 놓고 장난을 친 적이 있다. 1966년 한여름 인천 월미도에서 고은아와 함께 이형표 감독의 〈소문난 여자〉를 찍었다. 곽정환 합동영화사 사장이 고은아에게 넋이 빠졌고, 그가 일방적으로 좋아한다는 것을 알고 있었다. 나이 차는 15살. 곽 사장은 촬영장에서 살다시피 했다. 여주인공에 대한 그의 관심과 배려가 눈에 띌 정도였다. 곽 사장을 골려 주기로 마음먹은 나는 포옹하는 장면에서 감독의 '컷' 소리에도 아랑곳하지 않고 꼭 껴안고 있었다. 아니나다를까. 곽 사장이 고함쳤다.

"미스터 신, 풀어. 풀라고!"

나는 그 자리에서 두 사람의 관계를 확인했다. 곽 사장은 끈질긴 구애 끝에 1967년 고은아와 결혼했다. 결혼 과정은 순탄치 않았다. 독실한 기독교 집안인 고은아의 가족들이 곽 사장과의 결혼을 반대했다. 그는 며칠, 몇 번인가 고은아의 집을 찾아가 무릎 꿇고 그녀를 달라고 간청했다고 한다. 고은아는 1977년 〈저 높은 곳을 향하여〉를 끝으로 스크린을 떠난 후 신앙 생활에 열중했다. 현재 CBS TV 간판 프로그램 〈새롭게 하소서〉에서 임동진과 함께 진행을 맡고 있다.

고은아의 〈란의 비가〉는 불치병 영화의 선구자라고 할 수 있다. 그 이후 국제극장에서 개봉한 〈러브 스토리〉(1971년)를 비롯해 〈선샤인〉, 〈라스트 콘서트〉 등 불치병을 소재로 한 외화가 70년대 초 극장가를 휩쓸었다. 지금도 고은아가 매운 것을 즐겨 먹는지 궁금하다.

태현실과의 엉뚱한 스캔들

1964년 11월 결혼한 이후, 미안한 마음을 갖게 된 여배우가 있다. 태현실이다. 결혼 전까지 나의 단짝은 물론 엄앵란이었다. 아내 엄앵란이 영화배우 생활을 차츰 정리하면서 나는 다른 여배우들과 돌아가며 연기를 해야 했다.

1965년과 66년, 어쩌다 보니 태현실과 계속 작품을 찍게 됐다. 1965년에는 〈수탉 같은 사나이〉, 〈정사〉, 〈로타리의 미소〉, 〈나는 죽기 싫다〉, 〈누구를 위한 반항이냐〉 다섯 편과, 1966년에는 〈제76 포로수용소〉, 〈긴 여로〉, 〈나는 왕이다〉, 〈아빠의 청춘〉 네 편을 함께 했다.

태현실은 그 무렵 지금의 남편인 멋쟁이 김철환 씨와 열애 중이었다. 나는 남동생이 없던 터라 '형님'이라며 따르는 사람들을 특별히 챙겼다. 그 중 한 명인 김씨는 태현실의 촬영장을 자주 찾았다. 나와 태현실·김씨가 촬영장에 있는 어느 날, 누군가가 주간지를 들고 왔다. 나와 태현실의 연애 기사였다. 우리 셋은 멋쩍게 웃었다. 작품을 연달아 같이 찍는다는 것에 추측을 보탠 기사였다.

태현실은 그 기사로 엄앵란 팬들에게 미움을 샀다. '엄앵란이 있는데 어딜 끼어드느냐'는 식이었다. 본의 아니게 태현실의 인기는 큰 상처를 입었다. 그 틈에 치고 올라온 문희·남정임·윤정희 트로이카에게 자리를 빼앗겼는지도 모른다.

나는 너무 미안해서 촬영이 끝나면 묵정동 집까지 차로 데려다 주곤 했다. 엄앵란도 훗날 TV에서 이 스캔들에 대해 해명을 해주었다. 태현실은 1968년 결혼 후 3년을 쉬고 TV 쪽으로 넘어가 1972년 KBS 드라마 〈여로〉의 아씨 역할로 큰 성공을 거두었다.

TV 드라마로 전국민의 사랑을 받은 〈여로〉에서 바보 역할을 한 장욱제를 빼놓을 수 없다. 장욱제는 편안하게 생긴 인물인데 〈여로〉에선 처음부터 바보로 등장했다. 이 역할이 각인된 탓에, 장욱제는 배우 생활을 그만두게 됐다. 어떤 역을 맡아도 그에게선 영구 이미지가 지워지지 않았다. 그 뒤로 영화와 TV의 모든 연기자가 장욱제를 모델로 삼아 특별한 개성을 갖는 주인공 역을 조심했다. 장욱제는 파라다이스 그룹 전낙원 회장의 계열사 전무로 제주도에 내려가면서 연기자 생활을 접었다.

나와의 스캔들도 빌미가 되긴 했지만, 태현실이 문희·남정임·윤정희에게 밀린 이유는 따로 있다. 태현실은 1961년 신필름 작품 〈아름다운 수의〉로 데뷔했다. 한양대 연극영화과 출신으로 카메라를 잘 받는 완벽한 얼굴, 적당한 볼륨을 가진 몸매의 소유자였다. 대사가 정확하고 발음은 또렷했다. 눈은 또 얼마나 예뻤던가. 그러나 영화배우는 눈이 예쁜 걸로만 되지 않는다.

영화배우의 눈은 조리개가 잘 돌아가야 한다. 눈으로 모든 감정을 표현할 수 있어야 한다. 고양이의 눈동자를 보라. 고양이는 화날 때와 졸릴 때 눈동자가 확실히 구별된다. 선배배우 장동휘는 눈이 크지도, 균형잡힌 얼굴도 아니었지만 눈의 조리개로 감정을 뛰어나게 처리했다. 그러했기에 조직 보스, 집단의 우두머리 역은 그의 차지였다. 문희도 눈으로 감정 표현을 잘 해내는 배우였다. 1968년 〈미워도 다시 한 번〉에서 문희의 눈물 연기에 빠져들지 않는 관객이 없었다.

태현실은 눈의 조리개가 약했다. 카메라맨과 감독들은 그 사실을 잘 알았다. 하지만 태현실은 자신의 장점을 살려 TV 드라마에선 최고가 됐다. 그녀를 오래도록 보고 싶다.

2세대 트로이카+1

1970년대 중반 새로운 트로이카가 등장했다. 여배우의 세대 교체였다. 60년대를 풍미하던 문희·남정임·윤정희 '1세대 트로이카' 는 사실상 퇴진했다. 문희와 남정임은 결혼과 함께 영화계를 떠났고, 윤정희만 자리를 지키고 있었다. 장미희·정윤희·유지인이 '2세대 트로이카' 를 형성했다.

2세대 트로이카 중 내가 가장 먼저 만난 사람은 장미희다. 1977년 〈겨울 여자〉, 1978년 〈속(續) 별들의 고향〉에서 연속 흥행에 성공했다. 장미희는 다른 여배우에 비해 얼굴이 둥글넙적한 편이었다. 〈겨울 여자〉 때부터 "빈대떡같이 생긴 아이가 어떻게 주인공을 하냐"고 장난삼아 놀렸다. 장미희는 그 말을 노엽게 받아들이지 않았다. 마음가짐이 보통이 아닌, 야무진 처녀였다.

장미희의 어머니도 유명했다. 다른 여배우의 어머니도 대체로 극성스러웠지만 장미희 어머니는 좀 더했다. 차와 운전기사를 두고 딸의 일거수일투족을 관리했다. 먹거리를 잘 챙겨 스태프와 감독들이 좋아했다. 영화 제작부는 밑바닥에서 커온 사람들이다. 그 속에 딸을 넣어둔 부모는 강박관념에 가까운 보호의식을 갖게 된다. 그런 면에서 장미희 어머

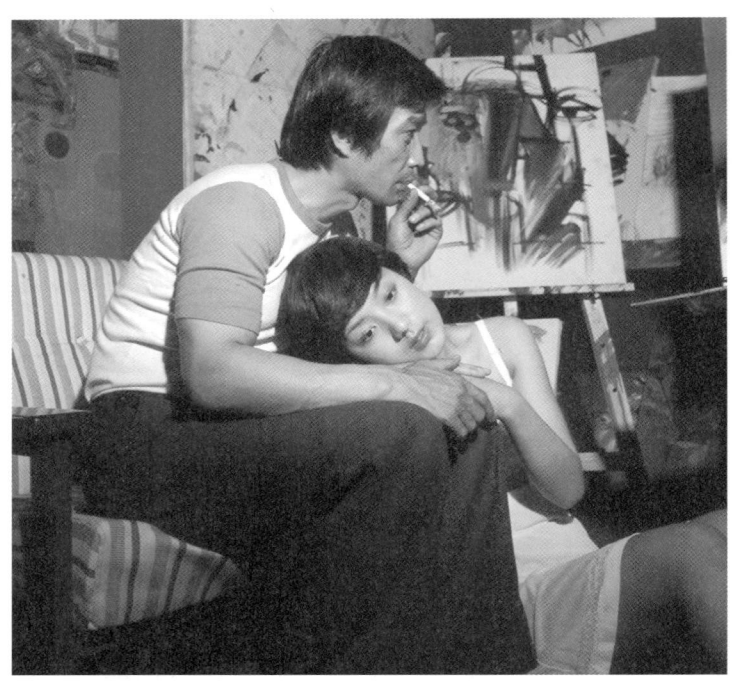

〈속 별들의 고향〉에서 신성일과 장미희. (한국영상자료원 제공)

니를 이해했다. 장미희는 어느 순간 어머니와 거리를 두기 시작해 자연스럽게 홀로서기를 했다.

1977년 임권택 감독의 〈임진왜란과 계월향〉에서 정윤희와 만났다. 촬영이 다소 지체된 어느 날이었다. 한 신만 더 찍으면 세트를 허물고 다음 장면으로 넘어갈 수 있는 상황이었다. 다른 영화사 제작부장이 정윤희를 기다리고 있었다. 정윤희는 시간이 늦었으니 다른 곳으로 가겠다고 말했다. 그 장면을 못 찍으면 영화사는 망할 판이었다. 분위기가 험악해졌다. 제작부장이 정윤희에게 손찌검을 하려 했다. 내가 먼저 정윤희의 뺨을 한 대 때렸다.

돌이켜 생각하면, 참으로 미안한 일이다. 만약 제작부장이 손찌검을 했더라면 큰 사건이 됐을 것이다. 결국 정윤희는 남은 장면을 찍고 촬영장을 떠났다. 그 후 정윤희와 〈도시의 사냥꾼〉, 〈가을비 우산 속에〉(1979년) 등을 함께 했다.

정윤희는 얼굴과 몸매가 빈틈없이 균형잡힌 미인형이다. 그녀는 이민자·김혜정에 이어 볼륨 있는 몸매의 연기자 계보를 이었다. 그런 장점을 파악한 정진우 감독이 〈뻐꾸기도 밤에 우는가〉 등 정윤희와 많은 작품을 했다.

유지인은 몸이 일자형이지만 얼굴 모양이 현대적이다. 지성미를 가진 여배우다. 아버지가 해병대 대령 출신이어서 무척 엄격했다. 촬영장에는 언니가 따라다녔다. 내 지인이 유지인을 흠모했다. 나는 그 사람과 유지인이 한 번 만날 수 있도록 언니에게 부탁했다. 언니는 아버지에게 허락을 받아야 한다고 했다. 유지인의 아버지는 내가 부탁을 했다는 말을 듣고 허락을 했다. 그 사람과 유지인은 성사되지 않았다.

2세대 트로이카에 포함되기도 했던 또 다른 여배우가 김자옥이다. 여인의 향기를 가진 여배우다. 남자의 보호 본능을 일깨운다. 어떤 남자라도 한 번쯤은 김자옥과 같은 여인과 사랑하고 싶을 것이다.

2011년 부산국제영화제 '김기덕 감독 회고전' 출품작 중 네 편이 내가 주연한 작품이다. 영화들을 보니 내가 상대한 여배우들은 너무나 예뻤다. 그들과 함께 했다는 것만으로도 다시금 행복해졌다.

명감독의 영화 같은 인생

정진우 감독과 문희의 〈초우〉

2011년 여름처럼 비가 많은 해도 없었던 것 같다. 〈초우(草雨)〉만큼 비에 어울리는 영화가 또 있을까.

〈초우〉는 1966년 5월 정진우 감독이 〈하숙생〉 바로 직전 촬영한 작품이다. 카센터 직원인 철(신성일)이 손님의 빨간 외제 스포츠카를 몰고 나갔다가 노란 외제 레인코트를 입은 영(문희)을 만난다. 영은 원래 프랑스

시적인 분위기로 가득했던 영화 〈초우〉. 문희와 신성일 주연의 1966년작이다. (중앙포토 제공)

대사의 가정부. 철은 돈 많은 부자의 아들로, 영은 프랑스 대사의 딸로 자신을 치장한다.

서로 신분을 감춘 채 데이트를 하는 두 사람은 상대를 통해 신분 상승을 꿈꾸며 비 오는 날 오후면 무조건 만나기로 약속한다. 영은 비가 오자 '어머, 우리들의 비'라 외치며 집을 뛰쳐나간다. 결국 자신의 신분이 탄로난 철은 영에게 용서를 구한다. 영도 가정부였다고 고백하자, 철은 영의 레인코트를 찢어 그걸로 때린 후 육체를 범한다. 위선의 껍데기를 벗겨버리는 영화다.

〈초우〉 같은 영화를 예쁜 작품이라고 부른다. 시적인 분위기로 가득하다. 정 감독은 '영화는 카메라가 펜이나 마찬가지다. 카메라로 써 내려가는 영화를 만들겠다'는 철학으로 촬영했다. 국내 영상영화(시네 포엠)의 시초라 할 수 있다. 시청 광장, 장충동 공원 등 서울의 명소를 아름답게 담았다. 그래서 롱샷(long shot · 먼 거리에서 찍은 장면)이 많다.

문희의 출세작이 〈초우〉다. 문희는 1965년 〈흑맥〉으로 데뷔했지만 몸이 작아 다른 감독들에게 발탁되지 못했다. 정진우 감독은 가정부 영의 모델로 문희를 놓고 시나리오를 썼다. 알프스 소녀 하이디처럼 풀밭을 뛰어다니는 문희는 이 영화에서 절제된 야성미를 드러내며 진가를 발휘했다.

이성을 잃은 철이 한 손으로 문희의 머리채를 쥐고 헛간으로 끌고 가는 장면이 있다. 영이 워낙 실감나게 끌려가서 그 장면을 잊지 못하는 분이 많다. 사실 머리채를 확 끌어당기는 대목은 약속에 따른 연기였다. 나는 미스 문에게 이렇게 알려주었다. "미스 문, 내가 머리채를 쥐자마자 내 손목을 꽉 쥐라고."

내 손에 머리채를 잡힌 문희의 몸이 붕 뜬 것은 내 손목을 잡고 있었기 때문이다. 안 그랬으면 문희의 머리털이 다 빠졌을 것이다. 바쁜 스케줄에도 아이디어가 번쩍번쩍 떠올랐던 때였다. 영이 헛간에서 철에게 몸을 앗기는 장면이 마지막 대목이다. 정 감독은 여주인공의 흐트러진 모습을 보여주고자 했다. 팬티만 빼고 다 벗을 정도로 찍었지만 그 장면은 검열에서 삭제됐다.

나와 동갑인 정진우 감독은 〈배신〉 촬영 당시 나와 엄앵란의 키스를 최초로 지켜본 목격자다. 그는 1966년에만 〈초연〉, 〈하숙생〉, 〈초우〉, 〈악인시대〉 등 다섯 작품을 한꺼번에 찍으며, 무려 22일 동안 못 자고 촬영했다고 한다. 최고 인기감독이었다. 하지만 과격한 성격과 거침없는 말투로 오해를 받기도 했다.

그는 내가 '영화인'이란 타이틀을 붙이는 유일한 사람이다. 영화에 대한 애정에서 그를 따라갈 사람이 없다. 좋은 작품을 많이 연출했을 뿐 아니라 영화사 우진필름을 차려 제작에도 열중했다. 서초동 시네하우스 극장도 운영했다. 문예진흥기금 문제로 곤욕을 치르기도 했지만 그건 극장 운영상 생긴 문제였다. 신상옥 감독 다음으로 많은 영화 기자재를 갖고 있었다. 고향 김포의 인삼밭을 팔아 영화에 투자했다는 소문도 있었다. 뜨겁고, 뜨거운 남자였다.

영화 〈흑맥〉의 포스터.
(일간스포츠 제공)

영혼의 파트너 이만희 감독

마음이 맞는 파트너를 만나면 실력을 120% 발휘할 수 있다. 그 사람이 누구였느냐고 묻는다면 나는 주저 없이 '이만희 감독'을 꼽는다. 그와 처음 만난 영화가 신춘문예 단편소설 당선작(이문희 작)을 각색한 〈흑맥

(黑麥)〉(1965)이다. 〈흑맥〉(검은 보리)은 당시 사회적으로 버림받은 사람들을 가리키는 은어였다. '썩은 보리' 라고도 했다.

1960년대 서울역 맞은편(구 대우빌딩 자리)은 집창촌이었다. 그 부근의 염천교는 호객 행위를 하는 입구였다. 나는 서울역 집창촌 뒷골목의 작은 보스인 독수리 역을, 60년대 여배우 트로이카 중 가장 먼저 등장한 문희는 서울역에서 헤매다 부하들의 안내로 날 만나는 청순한 처녀 역을 맡았다.

눈빛만 봐도 통할 정도로 나와 이 감독의 만남은 운명적이었다. 하드보일드한 청춘영화를 만드는 데 우리보다 더 어울리는 단짝은 없었다. 우리의 만남은 이 감독의 스타일을 바꾸는 전환점이 됐다. 그 전까지 이 감독은 주로 장동휘·박노식·최무룡 등 선배 배우들과 작품을 많이 했다. 〈돌아오지 않는 해병〉(1963) 등 대단한 작품도 만들었지만 그는 작품에 변화를 줘야 한다고 느끼고 있었다. 그 이후 나온 〈만추〉(1966), 〈원점〉(1967), 〈휴일〉(1968) 등은 우리의 호흡이 어떠했는지를 보여준다.

〈흑맥〉을 이야기할 때 빼놓을 수 없는 인물이 연극배우 겸 탤런트 송재호다. 그는 이 영화에서 내 조직원 중 하나로 출연했다. 그런 그가 어느 날 찾아왔다. 나는 부산에서 장사하는 송재호의 누나와 잘 아는 사이였다. 그분은 "우리 재호, 잘 좀 봐 줘요"라고 부탁하곤 했다.

송재호는 〈흑맥〉을 연극 무대에 올리고 싶어했다. 연극배우인 그에게 여유가 있을 리 없었다. 내가 이문희 작가에게 연극 저작권을 사서 송재호에게 주었다. 나보다 두 살 아래인 그가 TV의 터줏대감이 된 걸 보면 무척 흐뭇하다.

〈흑맥〉은 문희의 스크린 데뷔작이다. 이만희 감독은 여배우 문정숙의 성과 자신의 이름 끝자를 따서 '문희' 란 예명을 지어주었다. 한국 영화는 당시 연인의 하룻밤을 사실적으로 묘사할 수 없었다. 나와 엄앵란은 몇몇 영화에서 아이디어를 빌려 여자가 아침에 남자의 와이셔츠를 입고 있는 장면으로 두 사람의 관계를 암시하곤 했다.

이 방식은 〈흑맥〉에도 적용됐다. 문희는 옷이 없어서 독수리의 옷을 빌려 입은 채 비 맞는 연기를 해야 했다. 모든 스태프가 지켜보고 있었다. 신인배우 문희로선 긴장의 연속일 수밖에. 섹시한 설정이었다.

여주인공은 브래지어를 입지 않고, 앞 단추를 모두 푼 채 남자의 와이셔츠만 걸쳤다. 남자 와이셔츠여서 문희의 몸에는 다소 헐렁했다. 지붕 위에서 화분 물뿌리개로 물을 뿌려 비를 연출했다. 문희는 빗속으로 천천히 걸어 나왔다. 그런데 물이 한쪽으로 쏠려서 옷이 붙어버리는 바람에 다른 한쪽이 열렸다. 문희는 그런 줄도 모르고 연기를 계속 했다. 깜짝 놀란 이 감독이 다급하게 외쳤다. "컷, 컷!"

연출적으로는 이보다 더 좋을 수 없었다. 자연스런 상황이기 때문이다. 그러나 당시 심의 규정 때문에 이 장면은 극장에서 틀 수 없었다. 신인배우 문희는 그만큼 촬영에 열중했다. 그만한 집중력이 있었기에 톱스타가 될 수 있었다. 좌로는 이 감독, 우로는 문희·송재호. 나 역시 촬영장에서 독수리가 되어 신나게 날아올랐다.

매력적인 괴짜 이만희 감독

나는 내 생애 최고의 작품이자 한국 영화사상 최고의 작품으로 1966년 작 〈만추(晩秋)〉를 꼽는다. 이만희 감독의 탁월함이 빛나는 이 영화는 일본 사이토 고이치 감독의 〈약속〉(1972), 김지미·이정길 주연의 〈육체의 약속〉(1975), 김혜자·정동환 주연의 〈만추〉(1981), 현빈·탕웨이 주연의 〈만추〉(2011) 등으로 네 번이나 리메이크되었다. 〈만추〉를 연출한 이 감독은 정말 매력적인 괴재(怪材)였다.

60년대에는 총격전 장면 촬영 때 실탄을 사용하기도 했다. 스스로 육군 특등사수 출신이라고 자부한 이 감독은 총격전 장면에서 영화스런 효과를 내기 위해 직접 총을 쏘았다. 그러다 한 번은 큰 사고가 났다. 1965년 인민군과 중공군이 갈등을 빚는 이야기를 그린 〈7인의 여포로〉 촬영장. 인민군 역을 맡은 배우 이해룡이 문 뒤에 숨어 교전하는 장면이었다. 수류탄 뇌관을 문틀에 장치할 만한 기술이 없었다. 이 감독이 직접 M1 소총으로 이해룡이 숨은 문틀을 향해 쏘았다. 반면 이해룡은 따발총을 들고 밖으로 갈겨댔다. 이 감독이 쏜 M1 철갑탄이 이해룡의 따발총 총신을 뚫고 들어갔다. 그 때 총신 안에서 총알과 총알이 부딪히면서 폭발이 일어났다. 따발총을 들고 있던 이해룡의 눈 밑에 파편이 박혔고, 왼쪽 다리에는 M1 철갑탄이 박혔다.

1966년 〈군번 없는 용사〉 촬영 때는 나도 비슷한 경험을 했다. 총격전 장면을 위해 벽에 창문들이 있는 세트 하나가 설치됐다. 이 감독은 내게 창문에서 카메라 왼쪽으로 총을 쏘는 연기를 요구했다. 맞은편 저격수가 내게 총을 쏘아 내 머리 위 창틀로 총알이 뚫고 지나가는 장면을 의도했다. 잘못하면 머리에 총알을 맞을 수도 있었다. 이 감독은 태연하게 말했다. "거기 잠깐 서 봐. 나 특등사수였어."

카메라는 로(low) 앵글로 날 잡았다. 카메라 왼쪽에 웅크리고 앉은 이 감독은 총 멜빵을 왼팔에 칭칭 감고, 개머리판을 오른쪽 어깨와 어깨뼈에 끼었다. 화면 효과를 얻기 위해 최선을 다하는 감독을 누가 막을 수 있으랴. 나는 이 감독을 믿고 시키는 대로 했다. 이 감독의 카리스마는 대단했다.

나는 아무 감독이나 시키는 대로 하는 배우가 아니었다. 1967년 박종호 감독의 〈학사 며느리〉 촬영장에 아침 일찍 도착해 보니 박 감독 대신 처음 보는 KBS PD 한 명이 나타났다. 조감독조차 마음대로 '레디 고'를 부를 수 없는 것이 촬영장의 불문율이다. 나는 제작부장에게 단호하게 말했다. "난, 이 사람 몰라."

이만희 감독은 배우들이 어떤 상황을 만나든 두려움 없이 즐기면서 일하도록 했다. 1966년작 〈군번 없는 용사〉에서 형제로 출연한 신영균(맨 왼쪽)과 신성일(오른쪽에서 세 번째). (한국영상자료원 제공)

내 평생 유일한 촬영 거부였다. 그 PD는 다음해 영화 〈미워도 다시 한 번〉을 히트시킨 정소영 감독이었다. 박 감독의 친구였던 정 감독이 영화감독을 하겠다고 얼쩡거릴 때였다. 그 길로 정 감독과는 평생 얼굴을 마주할 수 없는 사이가 됐다.

동료 배우 황건의 목격담. 70년대 초반 한 시각장애인이 을지로에서 명보극장 쪽으로 지팡이를 더듬더듬 짚으며 오고 있었다. 주위 사람들이 피할 정도로 요란스러웠다. 자세히 보니 이만희 감독이었다. 황건 일행이 어찌된 일인지 물었다. 이 감독은 실눈을 뜨더니 웃었다. "알아봤냐? 오는 길에 지팡이를 하나 주웠는데 써먹을 데가 없더라고. 그래서 눈 먼 사람 연기를 해봤지."

전쟁 영화 〈군번 없는 용사〉, 그 첫 촬영지는 서울 충정로의 한 신학대학이었다. 이 영화는 내가 맡은 인민군 장교 동생과 묘향산에서 활약하는 국군 유격대 부대장인 형(신영균)이 이념적으로 대립하고, 그 사이에서 아버지(최남현)가 갈등하는 이야기다.

이만희 감독은 첫 장면에 심혈을 기울였다. 김일성

대학을 졸업하고 모스크바에서 훈련받은 내가 인민군 소좌로 부임하는 도입 부분이다. 나는 긴 장화와 무릎 아래까지 내려오는 오버코트에 채찍을 든 검은 장갑으로 한껏 멋을 냈다. 붉은 벽돌로 지어진 신학대 건물은 북한의 국가보위부 본부로 설정됐다.

그 날 마침, 흰눈이 푸짐하게 내려 있었다. 이 감독은 그림이 기막히다며 흥분했다. 말을 타고 본부 건물로 이어지는 비탈길을 올라갔다가 그 앞에서 멋지게 뛰어내리면 됐다. 크레인에 올라탄 카메라는 롱샷으로 눈 덮인 비탈길 장면을 잡았다. 인민군 복장을 한 난 겁 없이 말에 뛰어올랐다. 이 감독은 말 옆에서 주문했다.

"신짱, 말 타고 빠른 속도로 올라가."

이 감독은 그 장면을 다이내믹하게 잡아내고자 했다. 나 역시 그 의도를 잘 알았다. 말은 속도를 냈지만 눈 덮인 비탈길을 제대로 올라가지 못했다. 말에게 채찍질을 가했다. 말은 왼쪽으로 30도를 꺾으면서 빠르게 내달렸지만 곧 미끄러졌다. 그 바람에 나는 말에서 떨어졌다. 사고는 정말 순식간이었다. 미끄러져 넘어진 말이 가파른 비탈길에서 먼저 땅에 떨어진 내게로 굴러내려왔다. 그 육중한 말에게 깔리면 죽을 것 같았다. 나는 몸을 날려 굴러내려오는 말을 신속히 피했다. 말은 그 자리에서 즉사했다.

이 감독도, 나도 눈 깜짝 안 할 정도로 배짱이 두둑했다. 영화에 동원된 말은 뚝섬 경마장에서 나온 폐마였다. 이 감독은 "더 튼튼한 놈 가져와!"라고 소리질렀다. 그날 즉시 도착한 말은 팡팡 튀는데 그 기세가 대단했다. 알렉산더 대왕을 처음 태운 야생마 같았다.

나로선 만족스러웠다. 나는 "숏 갑시다"라고 외치고 말 고삐를 잡았다. 타 보니, 역시 힘차고 거칠었다. '레디 고' 소리와 함께 촬영에 임했고, 단번에 'OK'를 받았다. 이 감독은 화면 속에서 나를 최고의 멋쟁이로 만들어주었다.

이만희 감독의 영화 〈창공에 산다〉.(1968) 파일럿 제복이 잘 어울리는 신성일(맨 왼쪽)이 남정임(오른쪽에서 두 번째), 장동휘(맨 오른쪽) 등과 함께 코믹한 장면을 연출하고 있다. (중앙포토 제공)

한데 내가 인민군 장교로서 너무 멋지게 그려진 것이 문제가 되었다. 이 감독은 1965년 〈7인의 여포로〉가 반공법 위반으로 걸리는 통에 중앙정보부에 끌려가서 지독하게 혼난 적이 있었다. 이번엔 〈군번 없는 용사〉로 호출을 당했다. 그는 중앙정보부 직원에게 추궁받은 내용을 내게 털어놓았다.

"신짱, 내가 뭐라고 말했는지 알아? 신성일은 한국 최고 개런티를 받는 최고 인기 배우입니다. 신성일이 (인민군 군복을) 입고 있으니 그렇게 멋있지, 다른 사람이면 그렇게 멋있었겠습니까?"

다행히 이 감독은 무탈하게 풀려났다. 또 한 가지 살펴볼 부분이 있다. 70년대 초부터 가수 윤복희가 입은 미니스커트가 여자들에게, 맥시코트(긴 코트)가 남자들에게 유행했다. 결국 〈군번 없는 용사〉는 그 유행이 오기 전에 맥시코트를 소개한 선구적 영화가 됐다.

1968년 역시 이 감독과 촬영한 〈창공에 산다〉에선 공군 파일럿 복장으로 인기를 얻었으니 나야말로 시대를 앞선 패셔니스타 아닌가 싶다.

이만희 감독과 하드보일드한 액션

이만희 감독과 호흡을 맞춘 1967년작 〈원점〉의 하이라이트는 설악산 금강굴 혈투였다. 그해 초가을 설악산은 만산홍엽(滿山紅葉)으로 불타기 직전이었다. 이 감독은 주 촬영지가 되는 금강굴 앞에서 어떤 액션을 연출할지 고민을 거듭했다.

우리는 금강굴 부근 산장에 짐을 풀고 다음날 촬영에 대해 이야기를 나눴다. 형제라도 그보다 더 정답기는 어려웠을 거다. 학창 시절 연극을 했다는 그는 나를 부러워했다.

"신짱, 내가 신짱처럼 잘생겼으면 영화배우 하고 있을 텐데. 거참, 머리만 커서……."

그는 머리가 하도 커서 웬만한 모자가 맞지 않았다. 그래서 내가 '짱구형'이라고 부른 것이다. 양미간도 넓어 관상학적으로 마음이 커 보이는 인상이었다.

이 감독이 고민한 대목은 주인공 석구가 자신을 죽이려는 조직원 두 명과 금강굴을 배경으로 철제 계단에서 싸우는 장면이었다. 지금도 금강굴로 연결되는 철제 계단은 밑에서 보면 아찔하기 이를 데 없다. 만에 하나, 굴러 떨어지기라도 하면 목숨까지 위태로웠다. 내가 철제 계단으로 도망가고, 두 명이 따라 올라오는 설정. 곰곰 생각에 잠겨 있던 이 감독이 갑자기 물었다.

"신짱, 지금 무슨 혁대 하고 있어?"

1960년대 한 기차역 철로에서 촬영 중 잠시 휴식을 취하고 있는 이만희 감독. (중앙포토 제공)

나는 옷걸이에 걸려 있는 바지에서 혁대를 빼냈다. 두껍고, 튼튼한 가죽 혁대였다. 워낙 움직임이 많은 탓에 절대 끊어지지 않는 혁대를 차고 다녔다. 이 감독은 자기 쪽 혁대 끝에 고리를 걸어 원형을 만들고, 내가 다른 쪽을 잡게 했다. 우리는 고리를 끼운 혁대를 양쪽에서 잡아당겨 보았다. 이 감독의 얼굴에 만족스런 미소가 떠올랐다.

이 감독의 아이디어는 이러했다. 배수진을 친 석구가 철제 계단에 혁대를 묶고 왼손을 거기다 연결한 채 싸운다는 것이다. 그러면 석구가 아무리 얻어맞더라도 떨어질 일이 없다. 게다가 혁대의 반동을 이용해 다시 치고 올라올 수 있다. 듣고 보니 대단한 발상이었다. 이러한 방식으로 액션을 촬영한 영화는 없었다. 나는 다음날 철제 계단 중간에서 왼손을 혁대에 묶고 오른손으로 신나게 싸웠다. 발 아래로는 천불동 계곡이 까마득하게 펼쳐져 있었다. 카메라 앵글을 금강굴 쪽에서 아래로 잡으면 화면에 엄청난 긴장감이 담겼다.

김기영 감독 등 대다수 감독이 콘티에 모든 장면과 동작을 세밀하게 적어넣었다. 계획한 시간 내에 액션을 다 끝내도록 하려는 의도였다. 카메라 필름이 대단히 귀한 시대였다. 이런 방식으로 하면 시간과 필름을 절약할 수 있었다.

반면 이만희 감독의 콘티는 아주 깨끗했다. 그는 콘티에 자신만이 알아볼 수 있는 부표만 쳐놓았다. 다른 사람이 훔쳐보아도 알 길이 없었다. 모든 장면이 그의 머리 속에 들어 있었다.

다른 감독들은 액션 장면을 내게 맡기다시피 했다. 특히 신인 감독들은 더했다. 나로선 큰 부담이 됐다. 먼저 영화에서 했던 동작을 리바이벌 하면 촬영을 쉽게 할 수 있었다. 그러나 내 영화를 죄다 보다시피 하는 관객들도 많았다. 그들에게 재탕한다고 욕 먹기 싫었다. 매 영화마다 새로운 액션의 디테일을 넣으려고 고심했다. 그 결과 지방 건달들은 나만 보면 이렇게 물었다. "신형, 정말 잘 싸웁니까? 맞짱 한 번 떠볼까요?"

1960년대에 가장 어려운 촬영 분야가 액션이었다. 러닝타임 1분 20초의 짧은 액션이라도 만들어내려면 밤새 찍어야만 했다. 외국은 풀샷 카메라·클로즈업 카메라와 좌우의 카메라로 동시에 촬영하는 반면, 우리는 카메라 한 대로만 찍으니 배우가 얼마나 고달픈지 몰랐다. 여러 각도의 움직임을 일일이 재현해야 했다. 이 감독과 나는 군말 없이 〈흑맥〉(1965), 〈원점〉(1967), 〈휴일〉(1968)의 고된 액션 신을 소화했다.

〈흑맥〉에서 주인공 독수리가 맥주홀에서 싸우는 장면이 있었다. 카메라는 맥주홀 스탠드를 걸치고 홀 전체를 비추도록 설치됐다. 이 감독은 내가 여러 번 얻어맞다가 스탠드에 세워진 맥주병들을 팔로 치면서 쓰러져 머리가 카메라 앞에 처박히는 연출을 의도했다. 정신 없이 촬영하다가 이 감독의 "컷!" 소리에 눈을 떴다. 팔에 맞아 깨진 맥주병의 뾰죽뾰죽한 날이 내 코 바로 앞에 놓여 있는 것이 아닌가. 조금만 더 고개를 숙였더라면 영락없이 얼굴이 찢겼을 것이다. 열중하고 집중력을 가지면 하늘이 상처 하나 안 나게 도와준다는 사실을 깨닫게 해준 계기가 됐다.

〈흑맥〉 이후 2년 만에 이 감독, 문희와 다시 뭉쳐 찍은 〈원점〉은 신성일 액션의 정점이라 할 수 있다. 이소룡이 탑에서 압둘 자바와 대결을 벌이는 홍콩 영화 〈사망유희〉를 대단한 액션으로 꼽는 분들도 많겠지만,

난 그에 못지않은 〈원점〉에 대한 자부심이 크다.

〈원점〉에서 내가 맡은 주인공 석구는 자신의 조직 보스에 의해 제거 대상이 된다. 난 석구가 조직원들과 사생결단의 혈투를 벌이는 장면을 곳곳에서 촬영했다. 밤의 한기 속에서 충무로 대한극장 사무실 3층부터 지하 1층까지 4개층을 결투 무대로 삼았다. 때리고, 맞고, 굴러떨어지기를 수없이 반복했다. 이 감독은 매층마다 카메라 앵글과 라이트를 바꾸어 분위기를 달리했다. 이소룡이 〈사망유희〉에서 상대를 깨면서 올라갔다면, 나는 적을 쓰러뜨리면서 아래로 향했다. 대역도 없고, 카메라는 한 대뿐. 모든 걸 나 혼자 해결해야 했다. 이 감독이 배우를 아끼는 마음은 대단했다.

"신짱, 괜찮아?" 여섯 살 위의 이만희 감독은 나를 '신짱'이라 불렀다. 운동으로 단련된 내 몸은 쇳덩어리나 마찬가지였다. 아주 멀쩡했다. 계단에서 그렇게 굴러떨어지는데도 상처가 없었다. 지금 생각하면 기적이 아닌가 싶다. 한숨 돌린 이 감독은 빙그레 웃으며 다시 카메라 앞으로 돌아갔다. 촬영이 끝났을 땐 날이 밝아오고 있었다. 그는 단 한 컷도 그냥 지나가는 법이 없어 이 감독에게 'OK' 사인을 받으면 최고의 결과를 만들어낼 수 있다는 믿음이 있었다.

〈만추〉에서의 문정숙. (중앙포토 제공)

즐겁게 일했기에 다치지 않을 수 있었다. 짜증 나면 사고가 따라온다. 1964년 〈욕망의 결산〉 때 내가 부산 태종대에서 당한 사고를 생각해보라. 가장 싫어하는 상황 속에 나를 밀어넣었다가 배우 생활을 끝마칠 뻔하지 않았는가.

우리는 새벽 거리로 나섰다. 상쾌했다. 내 인사법은 간단했다. "짱구 형, 바이 바이." '짱구형'은 유달리 머리가 큰 이 감독에게 내가 지어준 애정어린 별명이었다. 이 감독은 손을 들어 간단히 인사하고 새벽 안개 속으로 사라졌다.

이만희와 문정숙

영화감독과 배우가 연인 사이로 찍은 영화는 그 호흡이 남다르다. 내가 최고로 꼽는 〈만추〉 뒤에는 이만희 감독과 여주인공 문정숙의 애틋한 사랑이 있었다. 이 감독과 문정숙은 서로 반했다. 이 감독은 잘생기지는 않았지만 남자도 반할 만한 카리스마와 매력을 지녔다. 배우들이 가장 좋아하는 감독이었다. 촬영장에서 화를 내지 않고, 지도할 게 있으면 조용히 다가와 귓속말로 했다. 혼을 낼 때도 알밤 주는 시늉을 하며 "임마"라고 귀엽게 속삭였다.

문정숙은 서구적 마스크지만 천진난만하면서 조용한 전형적 한국 여인이었다. 코맹맹이 소리가 약간 섞인 음성도 매력적이었다. 여배우 중 노래를 가장 잘 불렀다. 그의 매력이 최고로 발휘된 영화는 〈검은 머리〉(1964)가 아닌가 싶다. 이 작품에서 문정숙은 조직 보스인 장동휘의 정부로 등장한다. 그러나 보스 부하들에게 린치를 당해 맥주병에 오른쪽 눈을 찔린다. 문정숙은 머리를 내려 오른쪽 눈의 상처를 가린다. 어찌나 매혹적이던지, 그 머리 스타일이 당시 크게 유행했다. 문정숙의 언니는 북한 인민배우 문정복이다. 문정숙은 연극배우인 언니를 따라다니다가 자연스럽게 영화배우가 됐다.

이 감독과 문정숙은 1962년 〈다이알 112를 돌려라〉에서 감독과 여배우로 처음 만났다. 그때만 해도 흔한 감독과 여배우 사이였다. 이 감독이 나와 스타일이 잘 맞았던 것처럼, 여배우 중에선 문정숙과 찰떡궁합이었다. 이 감독 영화의 3분의 1 이상이 문정숙 주연이다. 문정숙이란 여배우의 장단점을 꿰고, 그것을 최대한 돋보이도록 한 사람이 이만희 감독이다. 〈만추〉의 농익은 여자 주인공은 당연히 문정숙의 것이었다.

이 감독과 문정숙을 가장 잘 아는 배우 이해룡은 두 사람이 〈검은 머리〉를 통해 연인으로 발전했다고 추측한다. 이 감독이 문정숙에게 푹 빠진 것으로 보였다. 하지만 그들에겐 각각 배우자와 아이가 있었다. '천생연분인데 왜 이렇게 늦게 만났는가'라고 한탄하는 안톤 체홉의 소설 『개를 데리고 다니는 여인』의 남녀 주인공처럼……. 일각에선 둘의 관계를 좋지 않게 보았지만,

이만희 감독의 전쟁 영화 〈들국화는 피었는데〉(선우휘 원작)는 영화진흥공사가 제작한 작품이다. 촬영은 강원도 인제에서 진행됐다.
(한국영상자료원 제공)

아무도 말릴 수 없었다. 동거를 한 것도 아니었다. 데이트 장소가 마땅치 않아 뚝섬에 신혼살림을 차린 이해룡의 집을 간간이 빌리기도 했다.

문정숙은 나중 남편과 갈라선 후 아이와 함께 약수동에서 살았다. 이 감독은 밤에 가끔씩 그 집을 찾아갔다. 〈만추〉 촬영 막간을 이용해 문정숙은 내게 지난밤 있었던 일을 털어놓았다. "미스터 신, 나 밤에 한잠 못 잤어. 이 감독이 술 먹고 들어와 개가 짖는다고 발로 찼다고. '아저씨가 개 죽인다' 고 우리 아이가 울고 고함지르는 바람에 힘들었어."

둘 사이에는 간간이 트러블이 있었던 것 같다. 그들은 1967년 전쟁영화 〈얼룩무늬의 사나이〉 촬영차 베트남에 3개월 가량 같이 로케이션을 갔다. 마지막으로 함께 한 작품은 1974년 〈청녀〉다. 다투고, 사랑하기를 반복했던 것 같다. 문정숙과 누구보다 친했던 엄앵란은 '이루어질 수 없는 애절한 사랑' 이라고 부른다.

이만희 감독의 눈물

1973년 여름 파리에서 신상옥 감독의 〈이별〉을 두 달간 촬영했다. 이어 9월 말에 이만희 감독의 전쟁영화 〈들국화는 피었는데〉(선우휘 원작)에 합류했다. 촬영은 강원도 인제에서 진행됐다.

〈들국화는 피었는데〉는 임권택 감독의 〈증언〉과 함께 영화진흥공사가 제작한 작품이다. 영화진흥공사는 국시(國是)가 반공인 만큼 반공사상을 고취하고자 했다. 하지만 이 감독은 〈7인의 여포로〉(1965) 때처럼 반전사상을 표현하고자 했다. 촬영 중반 이 감독과 영화진흥공사 진흥이사인 정진우 감독이 충돌했다. 정 감독은 현장에서 '제작 중단' 을 외치고는 서울로 올라가 버렸다.

이 감독은 제작비 때문에 작품을 고칠 사람이 아니었다. 나는 이 감독에게 "짱구형, 타협합시다. 우리, 다음 작품 〈삼포 가는 길〉(황석영 소설 원작) 잘 찍읍시다"라고 권유한 후 서울로 갔고, 내 친구인 정 감독에게도 촬영을 재개할 수 있도록 부탁했다.

산골 지역이라 가을 추위가 일찍 왔다. 나와 이 감독은 인제의 한 여관방을 같이 쓰고 있었다. 이 감독의 건강이 무척 좋지 않았다. 기침을 하고, 밤이 되면 남산의 고문 후유증으로 양쪽 무릎이 저리다고 했다. 인제에선 송이버섯이 제철이었다. 그의 건강이 걱정되었다. 나는 여관 옆 불고깃집에서 저녁마다 송이버섯에 불고기로, 아침마다 뱀탕으로 그의 몸을 챙겼다.

촬영 막바지, 인근 군부대의 연대 병력과 연대 소속 탱크가 동원됐다. 댐 건설로 수몰 직전인 빈 농가를 상대로 마음껏 폭약을 터트렸다. 미국에서 무상 군수물자를 원조 받던 시절이기에 가능한 일이었다.

내가 황토로 단단히 지어진 곡물 창고에서 뛰어나오고 동시에 폭발하는 장면에서 사고가 났다. 폭파 감독이 탱크 소리에 놀라 미리 폭탄을 터트리는 바람에 창고 안의 부스러기가 내 등을 때렸다. 나는 "아이쿠" 소리와 함께 허리를 움켜쥐고 공중에 떴다가 카메라 앞으로 떨어졌다. 각목이 내 권총 벨트 허리 중심을 때려 큰 부상은 피했다. 군복 뒤쪽은 온통 구멍이고, 등판은 상처투성이였다. 그 각목이 목 부분을 때렸다면 불구가 됐을지도 모르겠다.

나는 인제병원으로 후송되었다. 서울에서 소식을 접한 어머니가 아내, 형수와 함께 인제로 달려왔다. 다음은 당시 심정을 쓴 어머니의 시 「코스모스는 피었는데」(1974년 시집 『잔목』에 수록)의 일부다.

〈들국화는 피었는데〉 촬영 현장 / 인제에서 / 포탄에 또 부상당했다 한다. / 웬일이냐 / 깨고 다치고 부수고 / 찢어지고 부러지고 / 만신창이인 그 몸에 / 또 어디 다칠 데가 남았더냐

조이는 가슴 안고 / 인제 가도를 달린다

(중략)

등에 부상 붕대를 감고 / 군복 덮어 입고 계속 촬영 중이란다. / 그런 것이 너의 인생……

촬영 내내 이 감독과 콘티를 상의해온 나는 동원된 병력이 그 날 철수한다는 사실을 알고 있었다. 도저히 병원에 누워 있을 수 없었다. 지프차를 몰고 현장으로 돌아갔다. 그는 내가 병원 있는 동안, "내가 우리나라 최고 배우 하나 병신 만들었구나"라고 울먹였다 한다. 지프차에서 내린 나는 이 감독을 보자마자, "짱구형, 우리 촬영합시다"라고 외쳤다. 이 감독은 굵은 눈물을 흘렸다.

이만희와 문숙

모든 것을 초월하는 사랑을 한 이만희 감독과 배우 문숙의 이야기다. 1974년 황석영 원작의 〈삼포 가는 길〉에서 나와 이만희 감독이 다시 한 번 뭉치려던 계획은 틀어졌다. 나는 그 해 〈별들의 고향〉, 〈13세 소년〉 등 무려 19편의 주연을 맡았고, 〈그건 너〉의 메가폰도 잡았다. 이 감독은 나 대신 김진규를 출연시켰다. 백일섭·문숙과 함께 그 해 여름 〈삼포 가는 길〉 촬영에 들어갔다.

〈삼포 가는 길〉은 다음 해 봄까지 거의 1년에 걸쳐 촬영했다. 그 과정에서 이 감독의 건강이 결정적으로 악화되었다. 두 주연인 김진규와 백일섭, 모두 두주불사(斗酒不辭)였다. 이 감독은 촬영 후 밤마다 이들과 어울려 말술을 마셨다. 내가 현장에 있었다면 이 감독이 술을 마시지 못하

위 사진, 이만희 감독의 유작 〈삼포 가는 길〉. (한국영상자료원 제공)

아래 사진, 1975년 TBC 드라마 〈하얀 장미〉에 출연한 문숙. 이만희 감독의 마지막 연인이었다. (중앙포토 제공)

게 했을 것이다.

새로운 젊은 여배우 문숙을 데려간 것도 그의 건강에 마이너스 요인이었다. 문숙은 이 감독이 1974년 〈태양 닮은 소녀〉에서 데뷔시킨 신인배우였고, 두 사람은 그 작품을 통해 연인이 되었다. 나는 〈태양 닮은 소녀〉의 주연이었기에 문숙을 잘 알았다.

문숙은 얼굴 윤곽이 뚜렷하고 문희나 안인숙보다 몸이 작았다. 한국 최고 감독의 생활은 눈물겹도록 비참했다. 빈털터리인 이 감독은 집도 없이, 서울 충무로 5가 인현동의 한 삼류여관에서 문숙과 동거했다. 20대 초반의 문숙과 이 감독의 나이 차이는 23살이다.

이 감독은 1975년 봄 〈삼포 가는 길〉을 편집하던 중 충무로 중앙대 성심병원으로 실려갔다. 병실로 달려갔을 때, 이 감독의 얼굴은 새까맣게 타들어가고 있었다. 간암 말기였다. 고통에 시달린 이 감독은 지인들에게 소위 '피주사'라고 하는 알부민 주사를 놓아달라고 애원했다. 알부민은 미8군에서만 구할 수 있었고, 주사 후 2시간 정도만 컨디션이 회복됐다. 주사가 반복될수록 효과는 급격히 떨어졌다.

이 감독은 1975년 4월 13일 입원 열흘 만에 세상을 떴다. 마땅한 장례식장도 없어, 충무로에서 영화인장으로 노제(路祭)를 지냈다. 극동영화사 앞 골목에 모여든 70~80명이 그의 마지막을 지켜보았다. 내 대여섯 번째 옆에 이 감독이 평소 즐겨 입던 검은색 몽탁을 걸친 여인이 서 있었다. 문숙이었다. 기자들이 그 자리에 여럿 있었지만 아무도 그녀를 알아보지 못했다. 이 감독의 몽탁이 그녀의 몸에 비해 컸기 때문에 소매를 걷고 있었다. 내가 본 문숙의 마지막 모습이다.

평소 이 감독을 따르던 배우 이해룡이 먼발치에 서 있는 문숙을 장지에 데려갔다. 이해룡은 유족들에게 "당신들도 슬프지만 가장 슬퍼하는 여인이 있다. 마지막으로 인사시켜야 한다"면서 양해를 구했다고 한다. 그녀는 이 감독 무덤에 절하며 눈물을 흘렸다. 〈삼포 가는 길〉은 이 감독 타계 한 달 후 극장에 걸렸다.

문숙은 그 후 은막을 떠나 홀연히 사라졌다. 지난해 TV에서 하와이에 살고 있다는 문숙의 모습을 잠깐 보았다. 그녀는 몇 년 전 자서전을 통해 이 감독과의 사랑을 고백했고, 이 감독의 딸 이혜영과도 만났다.

영화 〈퐁네프의 연인들〉 같은 그들이다. 비운의 여인이지만 수십 년

이 지나도 그 이야기를 할 수 있는 것은 이 감독을 진정으로 사랑했기 때문이다. 사랑이란 참으로 묘하고, 위대하고, 아름답다. 사랑만큼 절실한 건 이 세상에 없다. 나는 단언한다, 이 감독은 행복한 남자였노라고.

신상옥 감독

오늘의 나를 있게 한 단 한 사람을 꼽으라면 당연 신상옥(1926~2006) 감독이다. 난 1959년 신필름(신상옥 감독의 영화사)의 신인 공채로 배우 생활을 시작했다. 별명이 '영화에 미친 야생마'였던 신 감독의 열정에 큰 영향을 받았다.

60년대 충무로의 전성기를 주도했던 신 감독은 아내 최은희 납북 사건(1978년 1월 14일)에 이어 자신마저 납북(1978년 7월 19일)되면서 인생 최대의 굴곡을 겪었다. 지금도 "신 감독이 납북됐다" "스스로 갔다"는 등의 논란이 있지만 그가 아무런 입장을 내놓지 않아 아직 확실한 건 없다. 다만 당시 신 감독이 한국에서 살기 힘겨웠던 것은 분명하다.

1960년대 충무로 영화판을 평정하다시피 했던 '신필름' 시절의 신상옥·최은희 부부. (중앙포토 제공)

신 감독은 평소 표현의 자유를 중시했다. 1975년 영화 〈장미와 들개〉를 만들며 박정희 정권과 갈등을 빚게 되었다. 신 감독의 애인 오수미가 주연하고, 홍콩과 합작한 이 영화는 당국의 검열에 통과되지 못한 장면을 예고편에 삽입해 물의를 일으켰다. 여배우가 상반신을 노출한 3초간의 장면이었는데, 단체관람 학생들이 그 예고편을 보고 탄성을 질러댔다. 이 사건은 다음 날 언론에서 화제가 됐고, 검열을 맡은 문공부측은 격분했다. 검열의 서슬이 시퍼렇던 시대였다.

괘씸죄에 걸린 신필름은 영화사 등록을 취소당했다. 당시 영화 제작은 허가제였다. 20여 년 역사의 신필름은 하루아침에 영화를 만들 수 없는 처지가 됐다. 감독의 목숨을 빼앗는 거나 마찬가지였다. 발끈한 신 감독은 행정소송을 제기했다. 그러나 재판 마지막 날, 즉 선고공판이 있던 날 그는 '남산'으로 끌려갔고 결국 행정소송을 취하했다.

신 감독은 소송 취하 조건으로 1년 후 영화사 재등록을 할 수 있도록 해주겠다는 약속을 받아냈다. 그리고 정주영 현대그룹 회장으로부터 제작비를 지원받아 〈골리아스〉란 영화를 찍었다. 현대조선소에서 25만급 유조선을 만드는 과정을 그린 작품인데, 내가 용접공 감독 역을 맡았다.

신 감독 개인의 위기도 있었다. 1976년 여름 그는 최은희와 23년간의 결혼생활을 끝냈다. 애인 오수미에게서 둘째아이가 태어나면서 가정생활이 더 이상 유지될 수 없었던 것이다. 또 그가 설립한 안양영화예술학교는 재정난으로 문을 닫을 판이었다. 최은희가 당시 그 학교의 교장이었다.

신 감독은 내게 '구명운동'을 부탁해 왔다. 나는 남산의 한 레스토랑에서 신 감독과 박준홍 총리실 기획관리실장의 만남을 주선했다. 박 실장은 JP의 처남이면서 박 대통령의 조카로서 실세 중 실세였다. 신 감독은 눈물을 글썽이다시피 하며 도움을 청했다. 박 실장은 공감하면서 "최선을 다하겠다"고 했다.

그로부터 이틀 후 손을 쓸 수 없다는 전화가 왔다. 김성진 문공부 장관이 거부하고 있기 때문이란 설명이었다. 신 감독이 해외에 다니면서 정권을 비판한 것이 꼬투리가 됐다. 나는 "조금만 기다려 보시라"고 했지만 신 감독은 크게 낙담했다.

그리고 1978년 1월 14일 안양영화예술학교 운영자금을 구하러 홍콩에 간 최은희가 납북되는 사건이 터졌다. 언론에선 왜 신 감독이 최은희의 구명운동을 하지 않느냐는 비판 기사가 나왔다. 게다가 〈골리아스〉 상영마저 무산되면서 신 감독은 정 회장측으로부터 사기꾼 소리를 듣게 됐다. 사면초가에 몰렸던 그가 한국 땅을 디딜 기력이 더 이상 없지 않았을까. 그게 내가 아는 사실이다.

신상옥과 오수미

1973년 베를린영화제 직후 파리에서 찍은 영화 〈이별〉에는 남모를 사연이 많다. 베를린영화제를 즐긴 나와 김지미, 신상옥 감독은 각자 시간을 갖고 일주일 후 파리에서 재회하기로 했다.

신 감독은 작품 소재 발굴에 열심이었다. 신필름의 많은 식구를 먹여 살리려면 작품 라인업이 탄탄해야 했다. 1년에 10여 편을 잡아놓아도 그중 7편 정도는 폐기됐다. 신 감독이 베를린영화제 참가를 계기로 구상한 작품이 〈이별〉이었다. 영화제에 참가한 여배우(김지미)가 파리에서 돌아오지 않는 남편(신성일)을 찾아나서는 이야기다. 오수미는 현지처 역할을 맡았다.

1970년 처음 만난 내 연인 김영애가 내가 베를린에 간다는 소식을 LA에서 접하고 현장에 나타났다. LA 남가주대(USC)에서 공부하던 그녀를 근 1년간 만나지 못한 상황이었다. 나는 영화제 대표단에 그녀를 소개했고, 그녀는 통역과 운전을 담당했다. 1972년 올림픽이 열린 뮌헨이 아름답다는 말을 듣고 그곳을 방문한 다음 영국 런던으로 건너갔다. 영국 남단 도버에서 페리를 타고 프랑스 최북단 클라라에 도착한 후 육로로 파리에 들어갔다.

신 감독은 임신 3개월의 오수미와 사랑하는 사이였다. 오수미는 홍콩에서 파리로 날아왔다. 김지미는 외톨이가 됐고, 나는 "김지미 촬영을 먼저 끝내고 귀국시키자"고 제안했다. 가장 먼저 귀국한 김지미는 공항에서 신 감독과 젊은 여배우의 관계를 폭로했다. 그 후로 신 감독과 김지미의 사이가 멀어졌다.

신 감독은 1976년 여름 최은희와 23년간의 결혼생활을 끝냈다. 오수미에게서 둘째아이가 태어나면서 가정생활을 더 이상 유지할 수 없었다. 그리고 1978년 1월 14일 안양영화예술학교 운영자금을 구하러 홍콩에 간 최은희가 납북됐다. 그녀를 찾아나선 신 감독도 그 해 북에 끌려갔다. 북한에서 재회한 신 감독과 최은희는 1986년 탈북해 미국에서 살았다.

그 사이, 오수미는 혼자가 됐다. 1981년 내가 영화배우협회 회장으로 있을 때다. 신 감독도 없이 두 아이를 키우고 있던 오수미가 나를 찾아왔다. 신 감독과 오수미는 혼인 신고한 사이가 아니었다. 신 감독의 형인 신필름의 신태민 사장은 오수미에게 "아이는 우리가 맡겠다. 이후로 연을 끊자"고 선언했다고 한다. 그녀는 "어떻게 이럴 수 있느냐"며 통곡했다. 내가 선배였을 뿐 아니라, 두 사람의 관계를 잘 알았기 때문이다. 여인 혼자서 얼마나 힘들었겠는가.

1988년 내가 신 감독을 찾아갔을 때, 신 감독과 최은희는 워싱턴 DC 인근 뉴버지니아의 조용한 호반에 있는 3층짜리 빌라에서 살고 있었다. 그곳에서 오수미의 두 남매를 처음 봤다. 신 감독이 탈북하자 오수미가 두 아이를 보낸 것이다. 나는 빌라 앞 호숫가에서 신 감독과 차를 마시며 오수미의 딱한 사정을 전했다. 당시 한국에서 책을 낼 예정이던 신 감독은 "책이 나오면 인세를 수미에게 주어야겠다"고 말했다. 그 뒤의 일은 알지 못한다.

오수미는 그 사이에 사진작가 김중만과 결혼했다가 헤어졌다. 배우로 재기하려 했으나 그마저도 여의치 않자 마약에 손을 댔다. 모델인 그녀의 여동생도 의문의 실종사고를 당했다. 그녀는 1992년 하와이에서 교통사고로 42세의 짧은 생을 마감했다. 오수미, 그녀를 생각하면 지금도 가슴이 너무 아프다.

조문진 감독

결과가 좋으면 과정은 용서될 수 있다. 1969년 〈포옹〉으로 데뷔한 조문진 감독은 혈기왕성했다. 1967년 중앙일보 신춘문예에 당선된 그는 같은 해 김동리 원작의 〈까치소리〉를 각색하며 김수용 감독의 조감독으로 영화계에 들어왔다. 조감독으로 여러 작품을 했기

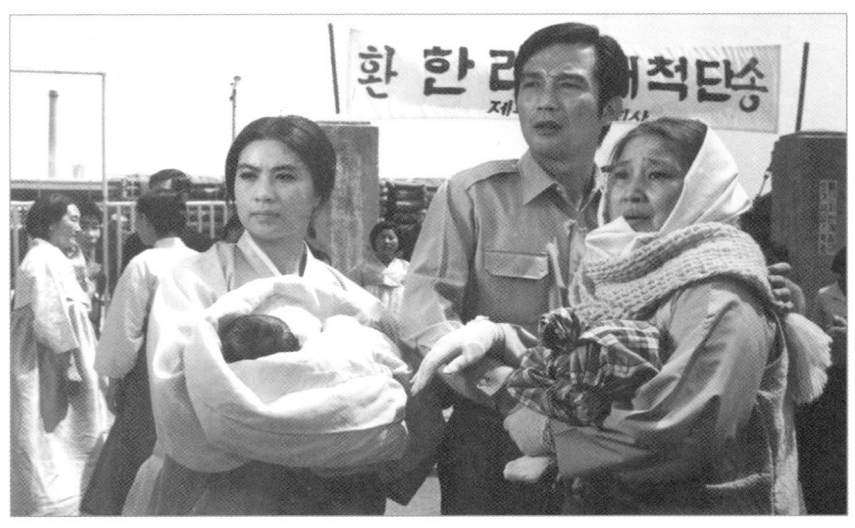

신성일·황정순 주연의 영화 〈속 두 아들〉. 신성일은 전작 〈두 아들〉의 흥행에 힘입어 후속편에서도 조문진 감독과 손잡았다. (한국영상자료원 제공)

에 나도 그를 알고 있었다.

 나와 윤정희는 〈포옹〉의 남녀 주인공으로 조문진 감독과 호흡을 맞추었다. 어느 날 그가 무언가 촬영을 요구했는데, 나는 모르는 체하고 현장을 떠나버렸다. 신인 감독은 의욕이 넘쳐 이것저것 찍자고 하는 경우가 많았다. 아마도 나는 더 촬영할 필요가 없는 장면이라 생각했던 것 같다.

 조 감독은 작품이 끝난 후 한 주간지에 "톱스타(신성일) 다루기도 힘들고, 건방져서 감독하기 힘들다"는 인터뷰를 했다. 기분이 나빴다. 속으로 '감독이면 다냐. 다시는 조 감독과 작품 안 한다. 만나면 패줄 거다'라고 생각했다.

 1970년 어느 날 한 제작자가 〈두 아들〉 시나리오를 들고 찾아왔다. 내 역할은 세상에 둘도 없는 불한당이었다. 사람 두들겨 패고, 부모 장롱 뒤져 돈 꺼내가고 등등. 형(최무룡)은 검사고, 내가 둘째아들이었다. 완전한 연기 변신이 필요했다. 청춘물·멜로물만 해온 나로선 부담스러웠다. 게다가 '감독 조문진'이란 이름이 보였다. 감독이 먼저 작품 의도를 배우에게 밝히고 섭외를 하는 게 순서였으나 조 감독은 나와의 껄끄러운 관계 때문에 직접 나서지 못했다.

 더 생각해 볼 게 없었다. 안 하기로 결심하고 평소 개런티의 두 배인 200만 원을 불렀다. 다른 이유를 대면 구차해질 뿐이다. 그런데 뜻밖에 제작사가 개런티를 현찰로 가져왔다. 출연하지 않을 명분이 없었다. 어찌 보면 기회이기도 했다.

 서울 미아리 세트장 촬영 때, 나는 기선을 잡기로 했다. 조 감독이 메가폰을 잡고 있는 이상, 나도 완전 '막장'이었다. 어차피 불한당 역할 아닌가. 홀어머니(황정순)를 뿌리치고 장롱에서 돈을 꺼내가는 신이었다. 테스트 때는 세트로 지은 미닫이 문이 잘 열렸다. 막상 슛 들어갔을 때, 미닫이 문이 빽빽했고, 잘 열리지 않았다. 그래서 발로 걷어차버렸더니, 문과 함께 세트가 통째로 넘어져 버렸다. '방귀 뀐 놈이 성낸다'고, 나는 미술감독에게 "이걸 세트라고 만든 거요"라며 일부러 행패를 부렸다. 조 감독은 침묵하고, 미술부 사람만 동네북이 됐다.

조 감독은 내가 나오는 장면에선 '레디 고' '컷' 딱 두 마디밖에 안 했다. 나는 거칠게 연기했다. 그러나 영화는 대성공이었다. 관객들은 내 악역 연기를 신선하게 보았다. 동생이 형과 애인에게 감명을 받아 새 인간으로 거듭나는 해피 엔딩도 감동적이었던 것 같다. 그 뒤로 조 감독과 화해하고 무척 가까워졌다. 1971년에는 〈속(續) 두 아들〉로 다시 뭉쳐 흥행에 성공했다.

조 감독은 1986년 〈젊은 밤 후회 없다〉에서 내 아들 석현이를 데뷔시켜 그 해 대종상 신인상 수상의 영광도 안겨주었다. 이상아도 석현이의 상대역으로 데뷔했다. 어제의 앙숙이 오늘의 은인이 된 셈이다.

임권택 감독의 〈길소뜸〉

1980년대에도 영화배우로 완전히 죽지는 않았다. 1985년 대구에서 엄앵란의 식당 일을 거들고 있을 때였다. 책(시나리오) 한 권이 담긴 임권택 감독의 우편물을 받았다. 1983년 시작된 KBS 이산가족 찾기를 다룬 영화 〈길소뜸〉이었다. '

누가 이 사람을 모르시나요…'로 시작하는 최무룡·신영균·엄앵란 주연의 〈남과 북〉(1965) 주제가를 배경음악으로 사용한 이산가족 찾기는 온 국민을 울음바다에 빠뜨렸다.

오랜만에 만나는 좋은 작품이었다. 탐이 났다. 임권택 감독에게 전화하니 촬영까지 3개월의 여유가 있다고 했다.

6·25로 헤어진 연인 화영(김지미)을 찾아 30년 동안 전국을 떠도는 남자 동진 역이었다. 초췌한 외모여야 하는데 당시 내 몸은 너무 건강했

1983년 시작된 KBS 이산가족 찾기를 다룬 임권택 감독의 영화 〈길소뜸〉. (중앙포토 제공)

다. 할 일이 없던 터라 매일 아침 우리 식당 옆에 있는 체육관에서 운동했기 때문이다. 근육질로 다져진 84kg짜리 몸이었다.

남은 시간 동안 홀쭉한 몸 만들기에 돌입했다.

쌀·밀가루·설탕이 들어간 '삼백(三白) 음식'을 철저하게 삼갔다. 오로지 꽁보리밥, 야채쌈, 생선, 된장찌개로 식단을 차렸다. 촬영 직전에 몸무게를 67kg까지 맞춰놓았다.

임 감독은 이 영화를 찍음으로써 무게감 있는 감독으로 거듭났다.

1987년 이문열 원작의 영화 〈레테의 연가〉는 윤석화의 영화 데뷔작이다. (중앙포토 제공)

장길수 감독의 〈레테의 연가〉

1987년 이문열 원작의 영화 〈레테의 연가〉는 윤석화의 데뷔작으로 기억할 만하다. 하지만 연극 〈신의 아그네스〉로 유명한 윤석화는 교수와 제자의 사랑을 그린 이 작품에서 장길수 감독과 대판 싸우고 영화계를 떠났다. 사연은 이랬다. 나와 윤석화의 크랭크인 장면 촬영이 강원도 용평에서 진행되었다. 차를 타고 온 윤석화가 사색이 되어 있었다. 어렵게 촬영 끝내고 서울 돌아가는 길에 윤석화는 장 감독의 행동에 분통을 터트렸다.

"무슨 저런 감독이 있어요? 다짜고짜 우리 집에 들어와 의상을 몽땅 봉고차에 실어버렸어요. 영화는 이렇게 찍는 건가요?"

윤석화와 장 감독 사이에 금이 간 사건이었다.

나는 촬영장에서 윤석화의 언니를 만나 새로운 세계를 배웠다. 이대 영문과 출신의 윤석화 언니는 클린트

이스트우드가 시장을 지낸 캘리포니아 캐멀시티의 명문가인 제퍼슨 패밀리 맏며느리로 들어갔다. 소설가 존 스타인벡과 쌍벽을 이루는 시인 가문으로 유명한 제퍼슨 패밀리는 상상 이상으로 전통을 중시했다. 이 동양인 며느리는 엄격한 교육을 받느라 3년 동안 외출을 전혀 못했다. 3년 간 고된 시집살이가 끝나자 시부모가 "고생 많이 했다"며 그 집안 열쇠 꾸러미를 한 뭉치 넘겨주었다 한다. 윤석화의 언니는 동생 영화 촬영 구경차 잠시 귀국한 것이다.

윤석화와 장 감독의 사이는 녹음실에서 더 벌어졌다. 나와 윤석화의 목소리 톤이 교수와 제자로는 맞지 않았다. 고개를 절레절레 흔들던 장 감독은 성우 손도심을 불러 윤석화 목소리를 대체하도록 했다. 상처를 받은 윤석화는 다시는 영화를 찍지 않았다. 나 역시 장 감독이 마땅치 않았다.

1988년 〈아메리카 아메리카〉 미국 캘리포니아 사막 로케이션에서 장 감독과 다시 만났다. 그는 배우들을 오픈카에 태워 놓고 사막의 뜨거운 햇볕 아래 쓸데없이 왔다갔다 하도록 했다. 얼마나 고통스럽던지. 나는 장 감독의 따귀를 때리고 말았다. 장 감독은 사과하지 않으면 촬영 못 한다고 버텼다. 대단히 난감했다. 내가 사과하면서 촬영이 겨우 재개됐다.

가수들

패티김의 춤 솜씨

내 영화 주제가를 불렀다가 나와 상대역까지 한 여가수가 둘 있다. 정훈희와 패티김이다.

정훈희는 1971년 박종호 감독의 〈들개〉에서 여주인공으로 데뷔했다. 1967년 소설가 김승옥의 〈무진기행〉을 각색한 영화 〈안개〉 주제가로 정훈희는 폭발적인 인기를 얻으며 스타로 떠올랐다. 문예영화 〈안개〉는 내게도 의미 있는 작품이다. 〈안개〉 주제가를 부른 가수 정훈희의 주가가 치솟자, 충무로 안팎에선 그녀를 영화 주인공으로 써보자는 분위기가 형성됐다. 정훈희는 나이는 어리지만 마음이 활달한 스타일이었다.

〈들개〉는 단순한 작품이다. 내가 동네 건달 역을, 정훈희가 이발소 면도사 역을 맡았다. 들개 같은 인간이 면도사를 건드리는 이야기다. 정훈희와 키스하는 장면이 있었다. 나는 키스 신을

길옥윤(왼쪽)과 단란한 부부 시절의 가수 패티김. 패티김은 1974년 영화 〈속 이별〉에서 신성일의 연인으로 나왔다. (중앙포토 제공)

확실하게 해낸다. 키스 신을 끝낸 정훈희의 말이 재미있다. "신성일 아저씨가 키스하자고 덤비는데 너무 놀라 눈이 뒤집어졌어요."

1970년 나와 남정임 주연의 〈사랑하는 마리아〉가 탄생한 배경에는 패티김이 있었다. 〈사랑하는 마리아〉는 1969년 길옥윤이 작곡하고 패티김이 부른 동명의 노래를 영화화한 작품이다. "마리아 마리아 사랑하는 마리아… /그대를 보내고 나서 꽃을 심었네 서러운 마음에 꽃을 심었네… 마리아 마리아 사랑하는 마리아……"라는 가사처럼 패티김을 대표할 수 있는 명곡이었다.

패티김은 1974년 영화 〈속(續) 이별〉에 출연했다. 길옥윤 작곡·패티김 노래 〈이별〉을 스크린화한 영화 〈이별〉이 1973년 큰 성공을 거두자, 신필름이 제작한 속편이었다. 영화 〈이별〉에서 패티김이 주연으로 나올 예정이었으나 그리스 아테네 국제가요제 참가 관계로 출연하지 못했다. 대신 김지미가 나와 호흡을 맞추었다.

1972년 〈이별〉은 패티김·길옥윤 부부의 이별을 암시하며 최대 히트곡이 됐다. 당시 연인이나 부부들은 〈이별〉 가사를 자신의 이야기인 양 들으며 눈물을 흘렸다. 실제로 패티김·길옥윤 부부는 1973년 9월 이혼을 발표했다.

패티김이 영화 〈속 이별〉에 출연한다는 자체가 큰 관심거리였다. 노래에 취해 사는 최고 가수(패티김)가 사진가(신성일)와 사랑에 빠진다는 내용이다. 패티김은 여섯 살 친딸 정아도 등장시켰다. 정아가 촬영을 거부하는 바람에 패티김은 무척 곤혹스러워했다. 모녀 간에 자연스럽게 이야기하고 있는 장면을 카메라로 잡았다. 패티김은 나와 키스한 장면에 대해 이렇게 말했다. "대한민국에서 가장 잘생긴 얼굴이 다가오는데 어쩔 줄을 몰랐어. 나중에 영화를 보니까 내 눈이 사팔뜨기가 됐더라고."

나이트클럽에서 춤추는 장면도 있었다. 패티김의 춤 실력이 어느 정도일까 은근히 궁금했다. 나는 춤을 잘 추는 편은 아니지만 카메라 앵글을 잘 알아 여자들의 스텝을 유도했다. 패티김은 연신 내 발등을 밟아댔다. 카메라가 하반신을 잡았으면 그 장면은 엉망이었을 것이다.

"나도 춤은 서툴지만 패티김은 춤출 줄 모르네."

정말 의외였다. 좌중을 사로잡는 카리스마가 엄청난 패티김이 이럴 줄이야. 그녀는 조용히 이렇게 속삭였다. "성일 씨, 난 남들 춤출 때 노래만 부르고 있었지, 남자와 껴안고 춤추는 건 처음이라고요."

정훈희와 패티김은 영화와 잘 어울리지는 않았다. 그러나 난 촬영장에서 이들의 진짜 매력을 발견했다.

최희준과 하숙생

1960년대 중반 자리를 함께한 신성일(중앙)과 최희준(오른쪽). (중앙포토 제공)

〈맨발의 청춘〉, 〈하숙생〉, 〈종점〉……. 1960년대 중반 내가 주연한 영화이면서 최희준이 주제가를 불러 더욱 빛난 작품들이다. 최희준은 나와 한 시대를 풍미한 단짝이었다. 서울대 법대 출신의 그는 미8군에서 냇 킹 콜의 노래를 부르며 가수가 됐다. 이력이 특이했으나 팝송의 정통파였다. 그가 속한 포클로버스(최희준·박형준·위키리·유주용)는 각자 스타일에 맞는 편곡 실력을 갖춰 팬들의 사랑을 받았다.

1964년 〈맨발의 청춘〉 이후 나와 최희준은 신정·구정·추석 등 명절마다 지방 극장쇼에 함께 다녔다. 내가 무대에서 팬들에게 인사했고, 그는 〈맨발의 청춘〉 주제가는 물론 다른 곡들도 불렀다. 성격이 착한 그는 항상 미소를 잃지 않는 정감 넘치는 인물이었다. 그와 함께 있으면 어디든 편했다.

지방 쇼 행사에선 밥 먹는 시간이 일정치 않다. 최희준은 대기실에서 틈을 봐서 짜장면을 시켜 먹었다. 그의 얼굴은 둥글넙적하다. 그 앞으로 막 배달된 짜장면에서 김이 모락모락 올라왔다. 그 광경을 보던 사회자 김정남은 "금방 쪄낸 찐빵 같다"며 웃곤 했다. 그래서 최희준에게 붙은 별명이 '찐빵'이다.

영화배우 4총사인 나와 신영균·윤일봉·남궁원은 최희준의 〈나는 곰이다〉 노래 덕에 각자 별명을 얻게 됐다. "와하하하 나는 곰이다/ 미련하다 못났다 놀려도 좋다/재주는 없다마는 할 짓은 다 한다……"는 가사는 듣기만 해도 웃긴다.

어느 날 우리 넷이 회식할 때 이 노래가 화제가 되었다.

나는 즉석에서 세 선배의 별명을 지었다. 신영균에겐 '곰'이라고 했다. 그는 별명을 듣더니 노랫말처럼 "와하하하" 하고 웃었다. 윤일봉에겐 '윤코보'라고 붙여주었다. 코가 컸기 때문이다. 남궁원은 물에 물 탄 듯, 술에 술 탄 듯 성격이 다소 우유부단했다. 그래서 '순두부'라 불렀다. 다음은 내 차례였다. 윤일봉은 "성일이는 말마다 콕콕 쏘니까 '꼬챙이'가 좋겠어"라고 했다. 그 길로 나는 '꼬챙이'가 됐다.

60년대 최대 히트곡 중 하나는 최희준이 부른 〈하숙생〉이었다.

"인생은 나그네길/어디서 왔다가 어디로 가는가/구름이 흘러가듯 떠돌다 가는 길에/정일랑 두지 말자 미련일랑 두지 말자/인생은 나그네길 구름이 흘러가듯/정처 없이 흘러서 간다/인생은 벌거숭이/빈손으로 왔다가 빈손으로 가는가/강물이 흘러가듯 여울져 가는 길에/정일랑 두지 말자 미련일랑 두지 말자/인생은 벌거숭이 강물이 흘러가듯/소리 없이 흘러서 간다."

관객은 최희준의 애절한 가락과 기막힌 영화 스토리에 눈물을 흘렸다. 나는 아코디언 악사 역을, 김지미는 애인 역을 맡았다. 두 사람은 대단히 사랑하는 사이였으나, 화재 사고로 남자가 추남이 된다. 여자가 남자 곁을 떠나자 복수심에 사로잡힌 남자는 성형을 한 후 정체를 감추고 여자가 다른 남자와 살림을 차린 집 근처에 하숙생으로 들어간다. 그는 밤마다 연애 시절 여자에게 들려주던 아코디언 곡을 구슬프게 연주한다. 그 곡 중 하나가 "인생은 나그네길…"이다. 처절한 심리전이다. 여자는 매일 밤 마을에 울려 퍼지는 곡을 들으며 정신착란을 일으킨다. 최희준을 생각하면 "인생은 나그네길…"이 들려온다. 나만 그런 게 아닐 것이다.

건방진 쌍두마차 조영남

조영남을 생각하면 지금도 웃음이 나온다. 한편으로는 미안한 마음도 든다.

1969년 부산 국도극장 개관 기념 '10대 가수쇼'가 열렸다. 1968년 〈딜라일라〉로 스타가 된 신인가수 조영남이 나타났다. 톰 존스의 원곡을 번안한 〈딜라일라〉는 변심한 애인이 불 꺼진 창 안에서 딴 남자와 잠자리하는 것을 보고 개탄하는 내용이다. "밤 깊은 골목길 그대 창문 앞 지날 때/창문에 비치는 희미한 두 그림자/그대 내 여인 날 두고 누구와 사랑을 속삭이나/오 나의 딜라일라"라는 애절한 가사에 세시봉 세대들은 열광했다. 심지어 그는 텔레비전에 출연해 부엌칼을 치켜들고 두 남녀에게 다가가는 장면을 연기하며 노래를 했다.

조영남은 신인 시절부터 전혀 신인 같지 않았다. 한마디로 버르장머리가 없는 후배였다. 그런 이야기가 내 귀에도 자주 들려 왔다. 특히 나와 절친했던 포클로버스(최희준·박형준·위키 리·유주용) 멤버들은 조영남이라면 이를 갈았다. 포클로버스는 편곡을 못 하면 가수가 아니라고 생각하는 실력파였다. 조영남 같은 후배가 하나 더 있었다. 〈아마도 빗물이겠지〉로 엄청난 인기를 모은 신인 이상열이었다. 둘이 '건방진 쌍두마차'였다. 특히 조영남은 대선배들 앞에서도 다리를 꼬고 앉았을 정도였다.

부산 국도극장 대기실은 여러 가수들로 붐볐다. 그 쇼의 간판으로 초청된 나는 그날따라 옷차림에 신경을 썼다. 아내가 프랑스제 옷감을 구해 지은 옷과 턱시도, 에나멜 신발로 한껏 멋을 냈다. 무대에 설 차례가 되어 단장을 하고 있는데 뒤에서 목소리가 들려 왔다.

"형님, 옷 참 좋~습니다."

조영남이 소파에 드러누워 발을 꼰 채 나를 올려다보며 던진 말이었다. 거기까진 좋았다. 그 다음이 문제였다.

"한남동 양부인 집에 가면 커튼 옷감이 다 그런 거던데요."

'양부인'이라면 술집 여자다. 집사람이 최고 옷감으로 지어준 옷을 그런 데 비유하다니. 화가 머리끝까지 치솟았다. 조영남을 바닥에 팽개친 후 몸을 밟았다.

"너 이 자식, 내 앞에 나타나면 가만두지 않겠어."

그러곤 번쩍 들어 출입구로 던져버렸다. 놀란 조영남은 슬그머니 사라졌다. 무대 인사를 하고 대기실로 돌아오니 다른 사람들이 오히려 날 걱정했다. 조영남의 매니저가 명동의 주먹 출신이었기 때문이다. 심지어 누군가는 도망가란 조언까지 해주었다. 그러나 난 겁나는 게 없는 사람이었다. 태연하게 신발끈을 묶고 있는데 대기실 입구 쪽에서 누군가가 다가오고 있었다. 속으로 '올 것이 왔구나. 한판 뜨자'고 생각하고 고개를 들었다.

"큰형님, 영남이 무례한 것 사과드립니다."

알고 보니 조영남 매니저는 당대 최고의 테크니션으로 평가받던 복서 서강일과 주먹계 족보상으로 동생뻘이었다. 내가 서강일과 의형제 사이라는 걸 알고 그가 사과한 것이었다.

조영남 사건은 금방 소문이 났다. 그 일 이후 나도 마음이 좋지 않았다. 그러던 차에 내 매니저로부터 조영남이 시민회관에서 하루 네 차례 리사이틀을 한다는 정보를 들었다. 그날 모든 스케줄을 빼고 근처 다방에 있다가 네 번의 공연이 끝날 때마다 무대로 올라가 꽃다발을 전했다. 그게 내 마음의 표현 방식이었다.

이봉조와 현미

1972년 서울운동장에서 열린 연예인 축구대회에 참가한 신성일(왼쪽)과 이봉조.
(중앙포토 제공)

가까이 지내면서도 안타깝게 여기는 커플이 있다. 작곡가 이봉조(1931~87)와 가수 현미. 영화 〈맨발의 청춘〉(1964)에서 그들과 첫 인연을 맺었다. 이봉조는 최희준이 부른 〈맨발의 청춘〉 주제가를 작곡하며 입지를 굳혔다. 이어 현미의 〈보고 싶은 얼굴〉, 〈떠날 때는 말없이〉, 최희준의 〈종점〉, 정훈희의 〈안개〉 등 주옥 같은 곡을 발표하며 전성기를 맞았다.

내가 본 이봉조는 천재였다. 작곡가들은 즉흥곡을 만드는 경우가 많은데, 〈맨발의 청춘〉이 그랬다. 촬영 기간이 18일이었지만 작곡할 시간은 더욱 짧았다. 미8군에서 색소폰 주자로 활약했던 그는 촬영 화면을 보고 녹음실에서 색소폰으로 몇 번 '빠앙빠앙' 불다가 주제곡을 완성했다.

이봉조는 다재다능했다. 한양대 건축과 출신으로 6인조 밴드를 조직해 활동했고, 서예의 달인이었다. 크리스마스와 신정 때 친필로 써 보낸 그의 카드는 하나의 작품이었다.

현미가 수없이 밝힌 바에 따르면 두 사람은 미8군 공연을 하며 만났다. 이봉조가 유부남이었다는 사실을 안 것은 현미가 임신 7개월에 접어들었을 무렵이었다고 한다. 이봉조는 현미 모르게 두 집 살림을 했다.

1972년 오일쇼크로 온 나라가 시끌시끌하던 어느 날이었다. 손에 큰 가방 하나를 든 현미가 두 아들을 데리고 우리 집(동부이촌동 삼익APT)에 찾아왔다. 큰아이는 초등학교 6학년, 작은아이는 4학년이지 않았나 싶다. 사연은 이랬다. 이봉조는 현미를 입적해 주겠다고 약속하면서도 그 일을 차일피일 미뤘다. 본처와 헤어지겠다는 말도 지키지 않았다. 그 약속을 믿고 기다린 현미에게 최악의 상황이 찾아왔다. 이봉조의 본처가 아기를 낳았다. 그 소식을 접한 현미는 바로 두 아이를 데리고 창경궁 부근의 원남동 집에서 나왔다.

살 곳도 없으니 큰일이었다. 현미의 아들 영근이가 우량아여서 우리는 현미를 '돼지 엄마'라고 불렀다. 우린 그 정도로 친했다. 엄앵란은 현미가 가련해서 두고 볼 수 없었다. 마침 동부이촌동 삼익(렉스) APT가 분양 중이었다. 우리는 은행 대출을 받아 아파트 값을 마련해줬다. 순전히 엄앵란의 신용대출이었다. 지금도 현미가 방송에서 엄앵란에게 신세를 졌다고 하는 건 이런 배경 때문이다.

나는 평소 이봉조를 진주 출신의 '사나이'라고 생각했다. 그러나 현미와 자식들을 못 본 체하는 그의 처신은 사나이답지 못했다. 자신의 말대로 본처와 헤어지든가, 아니면 현미와 아이들이 먹고 살 수 있도록 해주어야 했다. 아무리 형이라고 불렀지만 두고 볼 수만은 없었다.

어느 모임에서 이봉조와 마주쳤다. 나는 눈을 부릅뜨고 이봉조를 노려봤다. "형, 왜 그렇게 책임을 못 져? 동생한테 맞아봐야 정신차리겠어!" 그가 할 말이 있을 턱이 없었다.

이봉조는 그 사건 후 나만 보면 피해 다녔다. 그리고 얼마 후인 1987년 8월 세상을 뜨고 말았다. 나 역시 현미에게 애처로운 마음을 가지고 있다. 젊은 시절부터 남자의 보살핌을 제대로 받지 못하고 얼마나 고생이 심했을까. 지금도 가방 하나와 두 아이를 데리고 온 그녀의 모습이 잊혀지지 않는다.

그때 그 사람들

선배 최무룡

내가 가장 좋아하는 영화계 선배는 최무룡(1928~99년)이다. 그도 1970년대 들어 생계가 어려워지자 밤무대에 섰다. 트위스트 김이 내게 백지수표를 내민 일도 같은 맥락이었다. 다른 사람은 몰라도 영화계의 자존심인 최무룡이 밤무대에 서다니……. 내 자신이 무너지는 것 같았다.

최무룡은 착한 사람이었다. 나의 연기를 자상하게 지도해준 거의 유일한 선배였다. 극단 신협 출신인 그가 1951년 피난지 대구에서 열연한 연극 햄릿 역은 두고두고 훌륭했다는 평가를 받았다. 얼굴은 개성이 넘치고, 눈 연기에 관한 한 그를 따라갈 사람이 없었다. 상대 배우의 리액션도 잘 받아줬다. 상대를 돋보이게 하는 데 탁월했다. 〈젊은 그들〉(1955), 〈꿈은 사라지고〉, 〈장마루촌의 이발사〉, 〈비극은 없다〉, 〈청춘극장〉(1959), 〈남과 북〉(1965) 등이 내가 꼽는 최무룡의 대표작이다. 재능이 넘치고, 연기 기초가 그렇게 단단한 사람은 드물었다.

게다가 엄청난 달변이었다. 나는 '어쩌면 저렇게 말을 잘할까'라며 항상 감탄했다. 너무 말을 잘하다 보니 언행일치가 잘 안 되는 게 흠이라면 흠이었다. 그래서 후배들에게 잘 베풀면서도 후배들을 완전히 자기 사람으로 만들지 못했다.

1971년 명동 메트로호텔 부근 술집 '라 데 팡스'에서 최무룡이 밤무대에 선다는 사실을 알았다. 정말 뜯어말리고 싶었다. 나는 어느 날 라 데 팡스 객석 맨 앞줄에 진을 치고 앉았다. 타고난 미성의 소유자인 최무룡의 노래는 역시나 달콤했다. 내 가슴을 더 아프게 했다.

역시나 취객들이 "최무룡, 이리 와서 술 한잔 받아라"라며 시비를 걸고 있었다.

나는 노래를 마치고 들어가는 그의 등 뒤에 대고 크게 소리쳤다.

"앙코르, 앙코르!"

눈물이 살짝 맺혔다. 그 누구도 모르게 역설적으로 항변을 한 셈이었다. 밤무대는 1년 단위로 출연 계약을 했다. 이론적으로 365일 출연하면 계약에서 풀려나게 되지만 실상은 그렇지 않았다. 개인 사정으로 하루 펑크를 내면 거기에 하루를 더 붙여 이틀을 서야 했다. 일 년 계약하고서 기간 내에 끝나는 사람은 없었다. 업자들은 1년 계약하고 2~3년 간다는 사실을 이용했다. 한 번 발을 들이면 빼기 힘든 곳이 밤무대였다.

내 목소리를 알아들은 최무룡은 멈칫했다. 뒤를 돌아보더니 황급히 사라졌다. 보통 손님이 찾으면 밤무대 가수는 인사를 하는 법이지만, 그는 더 이상 보이지 않았다. 나는 술집부장을 찾아 "최무룡 씨 왜 안 나오나"라고 물었다. 부장은 "가셨다"는 말만 되풀이했다. 결국 최무룡은 1976년 미국으로 도피성 이민을 떠났다. 그는 미국에서도, 한국에 돌아와서도 어려운 생활을 했다.

지난해 늦가을, 꿈에 최무룡이 두 차례 나타났다. 그는 빛나는 후광을 등에 지고, 평소보다 더 밝은 얼굴로 나를 맞이했다. 옷은 화려하게 빛났고, 얼굴이 선명하게 맑게 보였다. 내게 환하게 웃으며 말했다.

"야, 술 사라."

부산의 유명한 도인의 조언을 받아 부산 범어사에서 최무룡 천도재를 지냈다. 사재를 털어 바라춤·살풀이춤에서부터 연춤까지 판을 크게 벌였다. 최무룡 선배, 하늘에서 편안하시길……

이민자의 유혹

영화배우로서 철칙이 있다. 아내 엄앵란 외에 어떤 여배우와도 사랑을 나누지 않는다는 소신을 평생 지켜왔다. 스캔들로 몰락한 선·후배를 숱하게 봤기 때문이다.

1962년 여름 최선을 다해 〈아낌없이 주련다〉를 촬영했다. 서울 세트 (레스토랑 신) 촬영 직후 '러시(rush) 필름'(편집 전 필름) 시사회가 종로 단성사에서 열렸다. 조명기사·촬영기사·감독·스태프·출연자·제작자들만 보고 에러를 찾아내는 과정이었다. 나는 참석하지 않았다. 장·단점이 그대로 노출되기에 웬만한 배짱으론, 특히 나 같은 신인배우가 낄 수 없는 자리였다.

어떤 평가가 나올지 몰라 불안감이 커졌다. 점심 무렵, 차태진 극동흥업 사장이 시사회에서 돌아오자마자 날 불렀다. 보자마자 내 등허리를 탁 치고 "성일아, 잘했어" 하면서 5만 원을 주었다. 꿈인가, 생시인가! 날 거들떠보지도 않던 스태프들 얼굴에서도 나에 대한 호감이 높아졌음을 알 수 있었다. 이틀 후 부산 다대포 촬영이 예정돼 있었다. 가회동 하숙집까지 걸어가면서 '이 작품은 생각 이상으로 성공하겠구나'라는 확신이 들었다.

〈아낌없이 주련다〉의 해변 러브신은 부산 송도와 다대포에서 촬영했다. 버트 랭커스터, 데버러 커 주연의 〈지상에서 영원으로〉(1953)에 필적할 만큼 아름답다는 평을 받았다. 〈지상에서 영원으로〉는 진주만에 근무하는 상사와 부대장 부인과의 사랑 이야기다. 하와이 해변의 러브신이 백미였는데, 부산에서 레스토랑을 경영하는 여인과 아르바이트 대학생의 사랑을 다룬 〈아낌없이 주련다〉에도 큰 영향을 주었다.

내 상대역은 '한국의 에바 가드너'라 불린 이민자였다. 쌍꺼풀에 부리부리한 눈을 가진 그녀는 당시 30대 중반으로 여인으로서의 농익은 매력을 뿜어내고 있었다. 영화배우 김진규와 이혼한 지 얼마 안 된 때라 배우로서의 감정 표현도 풍부했다. 이민자를 보면 그 큰 눈 속에 빠져들 것 같았다. 그녀의 두툼한 입술은 남자의 입술을 요구하는 듯 보였다. 풍만한 몸매이면서도 허리와 다리는 날씬했다. 또 남자를 완전히 매혹시키는 목소리였다. 그녀의 매력은 약 10살 아래인 나를 만나면서 스크린에서 확연하게 드러났다.

그 때 내 나이 25살. 나와 이민자는 송도에 있는 여관 겸 음식점 2층에 따로 숙소를 배정받았다. 2층에 나와 이민자 사이에는 미닫이문 하나밖에 없었다. 촬영이 끝나면 이민자는 나를 불렀다.

"미스터 신, 안마 좀 해줘요."

대선배의 요구였기 때문에 거절할 수 없었다. 안마를 하다 보니 아찔했다. 은근한 유혹이었을지도 몰랐다. 이민자가 살며시 잠드는 기색이 보이면 나는 1층으로 내려가 맹인 안마사를 불러왔다. 그러면 그녀는 세상 모르고 잤고, 그 과정은 2박 3일로 끝났다. 나는 '톱스타가 돼야 한다. 여기서 자제하지 못하면 내 자신에게 진다'며 유혹을 느낄 때마다 이를 악물었다.

지금도 그 때를 돌아보면 백 번 잘했다는 생각이 든다. 유혹은 한순간이다. 만약 그때 무너졌다면, 한때 반짝하고 잊혀진 배우들처럼 지금의 신성일은 없었을지도 모른다.

문학 세례 정연희

영화배우는 머리가 비었다는 말을 듣기 싫었다. 촬영 스케줄이 아무리 빡빡해도 책을 읽고, 사색을 했다. 젊은 시절 내 정신적 각성(覺醒)을 도운 문학 스승을 처음 만난 곳은 1962년 여름 종로 단성사 시사회장이었다. 영화 〈아낌없이 주련다〉 초대 시사회에 많은 손님이 몰려들었다.

〈사춘기여 안녕〉 촬영 중 입은 부상으로 붕대 감은 손을 멜빵에 받친 나는 시사회장 쪽문 앞에서 손님을 맞이했다. 그 중 한 분이 소설『목마른 나무들』의 정연희 작가였다.

소설『비극은 없다』의 홍성유 작가를 부군으로 둔 정 작가는 미모의 지성인이었다. 라디오와 신문으로 얼굴과 목소리를 알고 있었다. 나보다는 한 살 위였다. 정 작가는 내게 "아, 주인공이시로구나"라며 웃으며 입장했다. 그 날 영화기자와 평론가, 지방 극장업자들이 모두 〈아낌없이 주련다〉에 만족감을 표시했다. '신성일 연기 개안(開眼)의 작품'이란 평이 이어졌다.

얼마 후 세운상가에서 영화 촬영이 있었다. 그날 따라 갑자기 폭우가 쏟아져 촬영이 중단되었다. 하늘을 보니 금방 그칠 비가 아니었다. 마침 대한극장에서 외화 〈남태평양〉을 틀고 있었다. 워낙 보고 싶었던 터라 극장에 들어갔다. 맨 뒷자리에 앉아 있다가 중간 휴식시간에 휴게실 모퉁이에 앉아 있던 정 작가를 발견했다.

"정 선생."

"미스터 신, 여긴 웬일이에요. 미남이 여자친구도 없이 혼자 왔어."

"촬영 중에 비가 와서 구경 왔어요."

우연히 극장에서 만났으니 매우 반가웠다. 이 날 촬영이 더 이상 없었기에 자유시간이었다. 소공동 반도호텔(현 롯데호텔)의 전통한복 전시회에 들른 후 미국공보관실 근처 다동 일식집으로 걸음을 옮겼다. 이화여대 국문과 출신인 정 작가와 이야기하다 보니 정서적 충만감이 느껴졌다. 나는 즉흥 제안을 했다.

"비 오는 날 오후 3시는 대체로 쉽니다. 그 때 뵐 수 있겠죠."

서울역과 가까운 염천교 부근, 정 작가의 아지트인 다방을 만남의 장소로 정했다. 첫 번째 비가 올 때 가보니 정말 정 작가가 있었다. 정 작가는 내 영화를 분석해주고, 각종 문학작품을 알려주었다. 메마른 땅에 뿌리는 빗줄기 같은 지적 쾌감을 선사했다. 비 오는 날 오후 3시는 그렇게 나의 감수성을 일깨우는 시간이 됐다.

어느 날 저녁 정 작가의 집에 함께 간 적이 있다. 나는 문간방에서 글을 쓰고 있던 부군 홍성유 작가와 인사를 나눈 후, 차 한 잔도 함께 했다. 정 작가는 당시 김활란 박사의 자서전을 쓰고 있었는데, 굉장히 자랑스러워했다. 정 작가로부터 책을 읽어야겠다는 강한 자극을 받았다.

정 작가는 우리 집에 가끔 전화를 걸었다. 무엇보다 훗날 시집까지 낼 정도로 문학소녀였던 어머니가 정 작가의 팬이었기 때문이다. 어머니는 정 작가와 통화하는 걸 좋아했고, 두 사람은 친구처럼 친해졌다.

아무도 모를 것이다. 비 오는 날 오후 3시, 문학 강의를 듣던 나만의 즐거움을…….

신봉승의 청춘영화

1960년대 초반, 힘겨운 시대의 젊은이들은 배출구를 필요로 했다. '신성일·엄앵란표' 청춘영화는 반항과 희망이라는 야누스의 얼굴로 그 시대를 휩쓸었다. 영화계에선 청춘영화 선점을 위한 총성 없는 전쟁이 벌어졌다. 극동흥업이 1963년 3월 〈가정교사〉로 포문을 열었다. 한양영화사는 그 해 8월 〈청춘교실〉을 아카데미극장 개관작으로 내걸었다. 두 영화사의 전쟁에서 탄생한 또 하나의 작품이 1964년 정월 초하루 아카데미극장에서 개봉한 〈말띠 여대생〉이었다.

〈청춘교실〉을 각색하고 〈맨발의 청춘〉을 기획한 사람은 당시 한양영화사의 작가실장이던 신봉승 작가였다. 그는 80~90년대 〈풍운〉, 〈조선왕조 5백년〉, 〈찬란한 여명〉, 〈여인들의 타국〉 등을 발표하며 TV 사극을 장악했다. 신 작가와 연극연출가 출신의 한양영화사 최현민 기획실장이 비밀리에 추진한 작품이 〈맨발의 청춘〉이었다. 나와 엄앵란은 이 기획을 극동흥업으로 넘겼고, 극동흥업은 작품 등록을 먼저 해버렸다.

이 사건으로 한양영화사는 닭 쫓던 개 꼴이 됐다. 회사를 먹여 살릴 큰 기획이 날아가 버렸으니……. 신 작가와 최 실장은 밤마다 술상을 엎으며 울분을 터트렸다고 한다. 그 울분을 어디 하소연할 곳도 없던 그들은 한양영화사를 위한 새로운 기획을 내놓아야 했다.

신 작가는 이화여대 출신의 한 작가로부터 흥미로운 제안을 받았다. 여대 기숙사를 소재로 하면 어떻겠냐는 것이었다. 당시만 해도 말띠 여인들은 '기가 세다' '팔자가 드세다' 등의 속설에 시달렸다. 말띠 여인들(1942·1954·1966년생)은 결혼하기도 쉽지 않았다. 이 영화는 이런 고정관념을 재기 발랄하게 뒤집었다.

신 작가는 서울 5개 대학의 말띠 여대생(1942년생), 그 오빠와 가족까지 합하면 엄청난 숫자라고 떠벌리며 그 절반만 극장에 들어도 성공한다는 계산을 내놓았다. 실제로 아카데미극장에서 12만 명을 동원했으니 계산이 적중한 셈이었다.

신 작가의 재능은 이때부터 번뜩이기 시작했다. '시나리오는 발로 써야 한다'는 지론을 가진 그는 금남(禁男) 구역인 이화여대 기숙사까지 들어가진 못했지만, 기숙사 여대생들을 취재하며 〈말띠 여대생〉을 집필했다. 내가 기숙사 주변 극장에서 간판 그리는 청년, 황정순이 사감, 엄앵란·남미리·최지희·방성자 등이 말띠 여대생 역을 맡았다.

한양영화사는 〈말띠 여대생〉을 1964년 아카데미극장 신정 작품으로 잡아놓았다. 시나리오 집필이 끝난 후 개봉일까지 남은 날수는 꼭 한 달. 신필름의 이형표 감독이 촬영한 게 특이한 점이다. 이 짧은 기간 안에 촬영·녹음까지 끝낼 수 있는 사람은 이 감독뿐이라는 중론 때문이었다. 이 감독은 대단한 스피드로, 깔끔하게 촬영을 끝마쳤다.

신봉승 작가의 재치가 빛난 영화 〈말띠 여대생〉. (한국영상자료원 제공)

말띠 해인 1966년에는 김기덕 감독의 〈말띠 신부〉가 그 후속으로 등장하기까지 했다. 말띠 신부들은 거짓 임신을 빌미로 남편에게 온갖 봉사와 금욕을 강요하거나, 친구를 성희롱한 사장을 혼쭐내며 말띠 여인에 대한 사회적 편견을 꼬집었다. 〈맨발의 청춘〉의 대타로 나온 '말띠' 시리즈는 꽤나 재미있는 기획임에 틀림없다. 뼈를 깎는 경쟁은 발전을 불러온다. 〈말띠 여대생〉이 그것을 입증한다.

성우의 전성시대

1960년대 후반 한국 영화의 황금기는 영화배우와 감독의 힘만으로 이룬 것이 아니다. 그 뒤에는 목소리의 마술사라 할 수 있는 성우(聲優)가 있었다. 특히 나와 엄앵란의 목소리를 전담한 성우 이창환·고은정도 큰 인기를 얻었다.

TV가 없던 시절, 사람들은 라디오 드라마에 열광했다. TBC·KBS·MBC·동아방송·기독교방송 등 주요 방송국들은 오후 7시부터 11시까지 매 시간별로 라디오 드라마를 편성해 앞다퉈 경쟁했다. 회당 20분씩 평균 30회 분량이었는데 청취율이 좋은 작품은 방송 1·2회가 나갈 때 원작이 팔려나갔다. 〈산 넘어 바다 건너〉, 〈청실홍실〉, 〈동심초〉, 〈현해탄은 알고 있다〉, 〈로맨스 빠빠〉, 〈남과 북〉, 〈아낌없이 주련다〉 등이 라디오 드라마에서 영화로 각색된 작품이다.

영화 제작은 후시 녹음, 즉 화면을 찍어놓고 거기에 성우의 목소리를 입히는 시스템이었다. 영화 제작자들은 당연히 인기 있는 성우들을 후시 녹음에 기용했다. 당시 라디오 드라마나 영화에선 서울말이 쓰였는데 표준말을 훈련한 사람은 아나운서나 성우 정도였으니 그들에 대한 수요가 엄청났다.

나와 엄앵란의 목소리를 도맡던 이창환과 고은정을 비롯해 각 분야에 자타가 공인하는 전문가가 자리잡았다. 아버지 역 주상현, 어머니 역 천선녀, 여주인공은 고은정과 정은숙, 이승만은 구민, 낭독 전문은 윤미림이 독보적이었다. 지금은 탤런트·배우가 된 김성원·변희봉과 경상도 사투리를 잘 구사하는 전운 등도 성우로 이름을 날렸다.

원래 내 목소리를 담당한 사람은 성우 김영배였다. 그의 목청은 바리톤에 가까웠다.

영화 〈맨발의 청춘〉에서 내 목소리를 맡은 이가 김영배다. 안타깝게도 그는 과도한 작업으로 병을 얻어 요양원 신세를 지게 됐다. 그 바람에 젊은 목소리를 지닌 이창환이 내 전담이 되다시피 했다. 70년대 이창환이 캐나다로 이민 가면서 내 목소리는 서너 명이 돌아가면서 맡았다.

엄앵란·고은아·문희·윤정희·남정임 등 여주인공 목소리는 고은정과 정은숙, 두 사람이 양분했다. 다른 사람이 끼어들 틈이 없을 지경으로 두 사람의 목소리는 하늘이 내린 천부적 재능이었다. 괄괄하고 술이 취해 울면서 넋두리하는 역으론 고은정을, 조용히 앉아서 흐느끼는 역으론 정은숙을 따라갈 사람이 없었다. 이들은 작품 캐릭터에 맞춰 기가 막히게 변성했다. 고은정은 자신감 넘치게 말했다. "돈만 주면 세 살 어린 아이부터 팔순 노인네 목소리까지 다 낼 수 있다."

이창환과 고은정은 가수 납세 랭킹 1위인 이미자만큼 돈을 많이 벌었다. 그러나 녹음실 여건이 너무 좋지 않았다. 방음벽과 방음문으로 밀폐된 공간에 감금된 상태로 담배 연기를 다 들이마셔야 했다. 손때 묻은 18㎜ 러시 필름 화면을 보느라 눈이 나빠지고, 목이 갈라지고, 촉박한 스케줄로 인해 건강을 해치기도 했다.

〈맨발의 청춘〉의 경우, 전체 촬영 기간이 18일이었으니 후반 작업은 말 그대로 번갯불에 콩 구워 먹는 식으로 진행됐다. 녹음실에선 얼마나 야단법석이 났겠는가.

제작진은 배가 남산만 하게 불러 오늘내일 하는 고은정에게 엄앵란의 목소리를 맡아달라고 부탁했고, 고은정은 녹음을 끝내고 바로 집에 가서 애를 낳았다고 한다.

권투선수 서강일

1960년대 중반 남다른 인연을 맺게 됐다. 권투선수 서강일과 야구선수 유백만이다. 우리 셋은 대중잡지 《아리랑》이 선정한 분야별 최고 스타로 시상식에서 만났다. 당시 가장 인기 있는 분야가 영화·야구·권투·농구였다. 농구에선 박신자가 독보적이었다.

우리는 의형제로 지냈다. 내가 가장 손위였고, 유백만과 서강일 순이었다. 각자 바빠 자주 만나진 못했지만 자리가 생기면 유쾌한 시간을 가졌다. 셋 다 술을 못하는 것도 공통점이었다.

나는 이태원 집을 산 후 집안 뒤뜰에 샌드백을 달았다. 서강일은 우리 집을 드나들며 내 매니저 안천호와 함께 권투를 지도했다. 홍수환과 함께 역대 최고 테크니션으로 평가받는 서강일의 인기는 대단했다. 1965년 12월 필리핀 마닐라에서 WBA 주니어라이트급 챔피언 엘로르데에게 도전했으나 잘 싸우고도 아쉽게 패했다. 한국 프로복싱 최초의 세계타이틀 매치였다.

1964년 어느 날, 서강일·유백만과 함께 이봉조 악단이 있던 남산 회현동 유엔센터 나이트클럽을 찾아갔다. 당시 회현동은 명사들이 많이 사는 동네였다. 이승만 대통령이 신임했던 여성 장관(상공부)인 임영신 중앙대 총장이 대표적이다. 나는 경기도 안성 임 총장의 개인농장에 초대받기도 했다. 유엔센터 나이트클럽은 우리나라 최초의 스트립쇼를 연 곳이며, 이봉조의 아지트였다. 외국 스트립걸들은 주요 부분을 가리고 출연했지만 당시로서는 대단한 볼거리였다.

그날 구석 테이블에 체격 건장한 주먹 5명이 진을 치고 있었다. 이들이 내게 시비를 걸어왔다. 술을 먹으라 강요하고 심한 말도 서슴지 않았다. 이 광경을 지켜보던 서강일이 벌떡 일어났다. 나는 서강일을 말렸다. 자칫 잘못 때리면 살인이 날 수도 있었다. 사고가 나면 문제가 복잡해진다. 아마 그들은 상대가 서강일이라는 걸 몰랐던 듯싶다. 서강일은 그들을 상대로 여유를 부렸다. 내가 서강일 대신 말했다.

"우리 밖에 나가서 한판 붙을까?"

나이트클럽 주차장은 차 20대를 댈 정도의 크기였다. 5대만 주차돼 있어 싸울 공간은 충분했다. 사실 서강일의 싸움 실력이 궁금하던 차였다. 격투가 벌어지자마자 입을 다물 수 없었다. 그는 권투선수인데도 번개같은 발길질을 구사했다. 서강일의 주먹과 발길이 지그재그로 번쩍번쩍 교차한 순간, 5명 모두 나가떨어졌다. 나는 '이야, 권투선수가 어떻게 이

1965년 한국인 최초로 세계타이틀매치에 도전한 권투선수 서강일. 신성일·유백만과 의형제로 한 시대를 풍미했다. (중앙포토 제공)

렇게 싸움을 잘하나' 라며 속으로 감탄했다.

앞에서도 말했듯, 나와 인연이 있는 주먹인 안태섭은 발을, 김정명은 주먹을 기막히게 썼다. 안태섭의 발과 김정명의 주먹을 합치면 정확히 서강일이었다.

1982년 프로야구 출범 당시 MBC 청룡 코치를 거쳐 훗날 감독까지 한 유백만은 너무 얌전해서 싸울 줄도 몰랐다. 그는 그때 나보다 더 놀랐던 것 같다.

서강일은 미국 LA로 이민 간 후 소식이 뜸해졌다. 유백만은 제주도 서귀포에서 농원 생활을 하고 있다. 요즘도 유백만과 가끔씩 전화 연락을 한다. 누가 들어도 믿기 어려운 무용담을 함께 나눈 어제의 용사들이다.

배우와 국회의원, 신영균

인생은 제각각이다. 나와 비슷한 길을 걸었으면서도 전혀 다르게 산 사람이 선배 영화배우 신영균(83)이다. 신영균은 같은 시대에 활동하면서도 나와 함께 찍은 작품은 별로 없다. 나처럼 그도 주인공만 맡았기 때문이다.

60년대 중·후반은 내가 한창 돈을 벌던 시기였다. 영화와 예술계에서 나 다음으로 돈을 많이 벌던 사람이 그였다. 내가 이태원 181번지에 살던 1967년 어느 날, 아내 엄앵란은 충무로 복덕방으로부터 전화를 한 통 받았다. 명보극장 옆 빵집 명보당을 사도록 주선하겠다는 것이다. 명보당은 충무로 태극당 다음으로 장사가 잘됐다. 200만 원이면 1층의 명보당 인수가 가능하고, 300만 원이면 3층 건물 전체를 인수할 수 있다는 이야기였다.

그러나 우리는 인수를 포기하고 말았다. 명보당을 임대 운영하던 주인이 이성구 감독의 누나였다. 이 감독은 1967년 나와 이어령 소설 원작의 〈장군의 수염〉을 찍었다. 매우 지성적인 분이어서 나는 그를 좋아했다. 그의 누나는 우리에게 "1년만 더 운영하면 이 가게를 살 수 있으니 인수를 포기해 달라"고 부탁했다. 나는 엄앵란에게 "우리가 빼앗다시피 할 필요가 뭐 있느냐"고 말했다. 우리가 이 가게를 반드시 인수해야 할 만큼 절박한 것도 아니었다. 그로부터 얼마 후 그 가게의 소유권은 신영균에게 넘어갔다.

신영균이 인수한 명보당은 크리스마스 철에는 케이크를 사려는 사람들로 문전성시를 이루었다. 유명 영화배우 신영균의 가게라는 소문이 나면서 장사가 더욱 잘되었다. 그는 엄청난 돈을 벌었다.

1970년 어느 날 신영균이 나와 윤일봉·남궁원을 명보당 3층으로 불렀다. 평소 정치에 뜻을 두고 있던 그는 공화당의 손짓에 응했다. 명보당의 재력을 바탕으로 공화당 영등포 을구 지구당 위원장직을 맡았다. 나는 같은 시기, 공화당 조직부장에게 소공동 조선호텔 맞은편에 자리한 공화당 중앙당사로 붙들려 갔다. 그 자리에서 입당 도장을 찍으라길래 화장실에 간다 둘러대고 도망쳤다.

이것이 딜레마였다. 국회의원 선거를 앞두게 됐는데, 신영균의 상대는 민주당 김수한 의원이었다. 시간이 지날수록 돈만 들어가지 이길 가능성이 별로 없었다. 몇백만 원이 그냥 깨진 모양이었다. 그는 내가 공화당 실력자들과 두루 친하다는 사실을 알고 부탁했다.

"성일아, 네가 길전식 사무총장에게 신영균이 지구당 위원장 자리 사임한다고 말해줘라."

길 사무총장은 공화당 내의 막강한 실력자였다. 중도하차는 정치인으로서 불명예스러운 일이었지만 신영균으로선 도리가 없었다.

나는 다음날 아침 사직동 부근의 길 사무총장 댁을 찾아갔다. 마침 출근하려고 집을 나서고 있는 그에게 "총장님, 신영균 형님을 영화배우로 돌려주십시오. 형님이 김수한 의원과의 대결이 힘들어 위원장 자리를 감당할 수 없답니다"고 청했고 어렵게 승낙을 받아냈다. 그 다음 수순은 위원장 사퇴 사실을 신문에 내는 것이었다. 그는 광고 문구에 '지구당 위원장 신영균, 개인 사정으로 사퇴합니다' 라고 썼다. 정치에 미련이 남아 있는 것 같았다. 나는 당장에 그 직함을 '영화배우 신영균'으로 고치라고 했다. 신영균은 결국 15대(1996년)·16대(2000년) 비례대표로 국회의원을 했다.

1965년 샛별악극단 사회자로 연예계에 데뷔한 이주일은 '못생겨서 죄송합니다' '뭔가 보여드리겠습니다' 등의 유행어로 '코미디의 황제'라는 별칭을 얻었다.
(중앙포토 제공)

코미디계의 황제, 이주일의 등장

이주일은 내가 참 좋아하는 코미디언이다. 무명 시절 이주일의 재미있는 '탈선'을 하나 소개하겠다.

1976년 가을 무렵 전북 정읍에서 추석 쇼로 〈탈선 춘향전〉이 무대에 올려졌다. 일종의 재미난 악극이었다. 내가 이도령을, 가수 김세레나가 춘향을, 백금녀가 향단이를, 사회자 김정남이 방자를 맡았다. 나는 거드름 피우는 역만 하면 됐다. 그런데 백금녀가 급한 일로 갑자기 상경했다. 향단이 역은 공석이었다.

일당 5천 원도 못 받는 보조사회자인 이주일이 내 권

유로 향단이 역을 맡았다. 분장을 하고 나타난 이주일의 모습은 가관이었다. 맨 다리에 하얀 버선, 검정고무신, 무명 몽당검정치마, 하얀 무명 저고리, 빨간 댕기를 단 긴 달비 처녀 가발을 쓴 차림이었다. 얼굴에는 연지와 곤지, 입술에는 새빨간 립스틱을 발라놓으니, 못생긴 건 둘째 치고, 얼굴만 봐도 웃음이 터져나왔다.

이주일의 독무대였다. 그 때 이주일이 게걸음도 선보였다. 종아리 하나만큼은 계집애처럼 아주 곧고 예뻤다. 이주일이 무대에서 뛰어놀다가 객석을 등에 두고 여자가 오줌 누는 자세를 하면서 검정치마를 펼쳐 올리니, 그 안에서 새빨간 칠부 여자 면팬티가 드러났다. 객석에선 박장대소에 괴성이 울려퍼지고 야단법석이 났다.

공연이 끝난 후 내가 "이건 춘향전이 아니고, 이주일의 향단전이다. 타이틀 고치자"라는 말을 던졌을 정도였다.

그곳엔 여관이 하나밖에 없었다. 안주인이 배려 차원에서 자신의 방을 내게 내주었다. 잠자리에 들 무렵 문을 똑똑 두드리는 소리가 났다.

"누구요?"

"저 이주일입니다."

그날 낮에 독무대를 이룬 이주일이 내일 공연에 나설 것을 생각하니 너무 반가웠다. 그는 방 안에 들어오더니 무릎을 꿇고 인사하면서 "선생님, 저 오입시켜 주십시오"라고 말했다.

"얼만데?"

"한 번에 5천 원입니다."

나는 웃으며 만 원을 주었다. 그 다음날 아침 이주일은 대기실에서 게걸음을 하며 아주 가벼운 모습을 보였다.

"컨디션 좋아?"

"두 번 했더니 몸이 가벼워졌습니다."

〈탈선 춘향전〉에서 이주일의 종횡무진한 공연은 지방 쇼단장들에게 금방 소문이 났고, 이주일은 그걸 계기로 단독 MC로 뛰어올랐다. 또한 하춘화의 전속 MC로 발탁됐다. 1977년 이리역 폭파사건이 터졌다. 마침 하춘화가 공연하던 극장이 이리 역에서 가까웠다. 이주일이 하춘화를 업고 대피시킨 사건도 유명하다. 그는 무명 딱지를 떼고 '못생겨서 죄송합니다' 라는 유행어를 만들어내며 TV 방송과 코미디계의 황제가 됐다.

트위스트 김

영화 〈맨발의 청춘〉(1964)으로 덕을 본 사람 중 한 명이 트위스트 김(본명 김한섭, 1936~2010)이다. '맨발의 청춘 배우' 라는 후광으로 30년 동안 가수 겸 배우로 먹고 살았다.

부산에서 건달 노릇도 했던 트위스트 김은 당시 유행한 트위스트 춤바람을 타고 인기 스타로 부상했다. 그는 전국 춤꾼 경연대회에서 1등을 한 진짜 춤꾼으로, 은막까지 진출한 행운아였다. 〈맨발의 청춘〉 이후 나와 트위스트 김은 서로 다른 길을 갔다. 나는 청춘영화의 아이콘으로 영화에 전념했고, 트위스트 김은 종로 국일관 등 여러 밤무대를 누볐다.

1981년 2월 실시된 11대 국회의원 선거 무렵이었다. 5공이 집권하고 영화산업은 붕괴되었다. 내가 설 자리는 없었다. 제3당인 국민당을 찾아가 총선에 출마했을 때가 내 나이 44살. 집권당인 민정당에 들어가 훗날 오점을 남기고 싶지 않았다. 어차피 뛰어든 정치라면 대권까지 도전하고 싶었다. 본명 '강신영'으로 당선되면 '신성일' 이란 이름을 지우고 평생 정치인이 되려 했다.

하지만 선거에서 고배를 마시면서 빚더미에 앉았다. 선거가 끝나니 5천만 원의 빚이 남았다. 괴로운 나날이 계속됐다. 내가 빚으로 궁지에 몰렸다는 소식이 퍼졌다. 선거 패배 직후 찾아온 사람이 트위스트 김이었다. 그는 내게 뜻밖의 제안을 했다.

"신형, 우리 국일관이 수리 중인데 여름에 신장 개업해요. 거기 나가서 돈을 버쇼."

나는 "못한다"고 잘라 말했다. 박노식·독고성·장동휘·최무룡 등 선배들은 충무로가 어려워지자 밤무대에서 노래를 불렀다. 은막 스타들이 밤무대에서 망가졌던 걸 잘 알고 있었다. 그러자 트위스트 김은 하얀 것을 내밀었다. 백지수표였다.

"신형은 폼만 잡고 있으라고. 노래 부르는 건 내가 다 알아서 할 테니까."

백지수표를 보았을 때 가슴이 두근거렸다. 등에 진땀이 날 정도의 유혹이었다. 나를 괴롭히던 빚쟁이들의 얼굴이 떠올랐다. 〈대부〉의 표현대로라면 거절하지 못할 제안이었다. 잠시 말미를 갖고 생각해 보겠다고 했다. 다음 날 또다시 트위스트 김이 전화를 했다. 그는 내가 느끼는 유혹의 강도를 속속들이 알고 있었다.

"신형, 결정했어요?"

밤무대 출연은 청춘스타 신성일의 몰락을 뜻했다. 많은 사람들에게 희롱을 받을 게 뻔했다. 내 삶에 대한 경외심을 빼앗기는 일이었다. 제안을 받은 이틀 동안 밤잠을 설쳤다. 그날 밤 아들 석현이가 꿈에 나타났다.

"아빠, 국일관에 나가지 말아요."

석현이가 울면서 고함치는 소리를 듣고 벌떡 일어났다. 얼마나 실감났으면 온몸이 땀에 젖었을까. 가슴 속에 '견디자'는 한마디를 새겼다. 다시 트위스트 김이 전화를 했을 때 내 결심을 확고하게 말했다. 그는 "이만한 대우가 없는데……"라며 매우 아쉬워했다. 나는 "우리 아들이 꿈에 나타나 밤무대 나가지 말라고 하더라"며 그간의 일을 사실대로 전했다.

이후에도 나는 밤에 움직이지 않았다. 이 나이에 이만큼 사는 것도 내 몸을 깨끗하게 지켜온 덕분이다.

3. 내 추억 속의 스타들

Part 4

사나이 가는 길

신성일 (중앙포토 제공)

정치 입문

DJ의 방문

　내 인생에서 큰 변화의 시기가 찾아왔다. 영화산업의 쇠퇴, 정치의 유혹, 새로운 도전 욕구 등이 한꺼번에 맞물렸다. 1970년 9월 30일 한밤중에 DJ(김대중 전 대통령)가 김상현 민주당 의원과 함께 이태원 우리 집을 찾아왔다. 그가 신민당 대통령 후보 지명대회에서 YS(김영삼 전 대통령)를 누르고 후보로 확정된 바로 다음 날이었다.

　DJ는 캠프에 합류해 달라며 문화예술정책에 대해 열변을 토했다. 검열·규제 일변도의 문화정책에 불만이 컸던 나는 그의 예술에 대한 열정과 조예에 반했다. '이 사람이 대통령 되면 영화 할 만하겠다'는 생각이 들었다. 그는 "오른쪽에 김상현 의원, 왼쪽에 신 동지, 전국에 유세 다니세"라고 외쳤다. 나는 정치자금까지 내겠다고 약속했다.

　DJ를 만난 이틀 후였다. 아내 엄앵란이 귀가한 내게 말했다.

　"여보, 아저씨(한무협 장군)가 전화 달라고 하시네요."

　한 장군은 6·25 당시 육군대학 교육 중 박태준 포항제철 회장과 함께 대구 우리 집에서 하숙을 했다. 나는 평소 그를 '아저씨'라 부르면서 따랐다. 한 장군은 당시 국방부 전략정보국장으로 박정희 대통령에게 절대 신임을 받고 있었다.

　한 장군은 1968년 김신조 일당이 경기도 송추 1군단을 뚫고 서울로 진입했을 때 송추 1군단의 한 사단지휘관을 맡았었다. 우리 부부는 김신조 일당의 남침 뉴스를 듣고 한 장군을 뵙기 위해 송추를 방문하기도 했다. 이후 한 장군은 소장으로 진급, 남산정보부에서 3국과 5국을 거친 후 국방부 전략정보국장이 됐다.

내 전화를 받은 한 장군이 뜻밖의 이야기를 했다.

"조카, 차 몰고 국방부에 혼자 들어와."

영문을 알 수 없었다. 곧장 차를 몰았다. 국방부 정문에서 부관인 대위가 전략정보국의 대형 회의실로 나를 안내했다. 영화 〈패튼 장군〉 첫 장면에 등장하는 회의실을 연상시켰다. 맨 앞자리 중앙에 정복 차림의 한 장군이 앉아 있었다. 모자는 그 옆에 놓여 있었다. 내 인사를 받은 한 장군이 앉으라고 했다.

"김대중 씨 만났지? 정치자금도 대겠다면서."

망치로 뒤통수를 맞은 것 같았다. 난 그 날 일을 아무에게도 이야기하지 않았다. DJ와 김상현 의원, 나와 엄앵란만 아는 사실이었다. 정말 귀신이 곡할 노릇이었다. 도청도 없던 시대였다. 그가 더 충격적인 이야기를 했다.

"남산(중앙정보부)에서 달려는 걸 내가 책임진다고 하고 마무리했어."

난 듣고만 있었다. '단다' 는 것은 매달아 고문한다는 중앙정보부의 속어였다. 박 대통령의 대선 경쟁자인 DJ를 만났다는 사실 하나만으로도 고초를 당할 수 있는 시대였다. 한 장군이 남산 수사관들을 설득해 나를 지켜준 것이다.

"포항 형도 사업 잘되고, 공군 셋째형도 별을 따야 할 것 아닌가?"

포항 큰형은 박태준 회장의 포항제철을 배경으로 사업을 확장하고 있었고, 공군 파일럿인 셋째형은 당시 중령이었다. 나 때문에 온 집안이 풍비박산할 수 있다는 무서운 경고였다. 난 꼼짝할 수 없었다.

"아저씨, 알겠습니다. 앞으로는 보고드리겠습니다."

'대체 어찌된 일인가' 되뇔수록 혼란만 가중됐다. 집에 돌아왔지만 엄앵란은 아무것도 묻지 않았다. 난 침대에 쓰러졌다.

영리한 내조자 엄앵란

DJ와 한 배를 타려는 시도는 좌절됐다. 한무협 장군이 나와 DJ가 만난 걸 어떻게 알았는지는 여전히 의문이었다. 한 장군을 만난 다음 날, 아침을 먹은 후에도 운전기사가 촬영장으로 나갈 준비를 하지 않았다. 그에게 "촬영 안 가?"라고 물었다. 나는 머리 복잡한 게 싫어 평소 스케줄을 챙기지 않는 스타일이다. 운전기사가 시큰둥하게 대답했다.

"형수님(엄앵란)이 촬영 없다는데요."

"그래?"

촬영이 없다니 얼마나 좋은지. 무스탕을 몰고 질주할 생각에 신이 났다. 엄앵란에게 드라이브하자고 한 후 대전을 향해 엑셀을 밟았다. 휘발유를 넣기 위해 추풍령에 들렀다. 추풍령에서 "내일도 촬영 없다"는 엄앵란의 말에 부산까지 내달렸다.

우리는 부산 극동호텔에서 저녁을 했다. 극동호텔을 운영하는 동아대 김경준 이사장 내외도 동석했다. 엄앵란이 식사 후 방에 들어와 고백했다. 요 며칠 일어났던 설명 불가한 사건에 대해. 한 장군에게 나와 DJ가 만난 걸 알리고, 내가 정치판에 뛰어드는 걸 막아달라고 한 사람이 바로 자기라고. 아내는 나와 DJ가 만난 다음 날, DJ의 오른팔인 김상현 의원의 서대문 집을 찾아갔다. 김 의원의 부인은 엄앵란의 숙대 1년 후배였다. 엄앵란은 "우리 남편은 영화배우로 마감할 사람이다. 김 의원과 만나지 않게 해달라"며 눈물로 호소했다고 한다.

나는 넋을 잃고 들었다. 그녀는 내가 불쌍해 보였나 보다.

정치의 꿈을 접고 엄앵란의 권유에 따라 영화감독으로서 "레디, 고"를 부르게 된 신성일. (중앙포토 제공)

"여보, 정치 못 하게 돼 섭섭하지요……. 당신 감독하고 싶어했잖아요. 돈 댈 테니 감독하세요."

귀가 번쩍 뜨였다. 평소 메가폰을 한번 잡아야겠다고 생각하던 참이었다. 신인감독이 쏟아지면서 "레디, 고"를 쉽게 부르는 경향이 있었다. 그에 대한 나의 오기였다. 난 태연한 척 말했다.

"뭐, 작품이 있어야지."

엄앵란은 그럴 줄 알았다는 듯 영화 소재를 내놓았다. 제목은 〈연애교실〉. 부모가 예전 연인 사이였던 두 가정의 젊은 남녀가 사랑에 빠지고, 부모의 숨겨진 관계가 노출되면서 어쩔 수 없이 헤어지고 만다는 이야기였다. 제법 구미가 당겼다.

우리는 곧장 영화 제작에 착수했다. 우리 집에 시나리오를 검토하는 김정현이라는 친구가 있었다. 그가 이대 연극반에서 연출을 맡고 있던 정하연을 소개시켜주었다. 드라마 작가로 유명해진 정하연의 시나리오 데뷔작이 〈연애교실〉이다.

우리는 신인을 키워야 한다는 사명감도 가졌다. 남자 주연으로는 한양대 연극영화과에 재학 중인 정인식을 선발했고, '신영일'이란 예명을 붙여주었다. 조감독이 국립극장 앞에서 길거리 캐스팅한 신인을 여자 주연으로 삼았다. 그녀가 나오미다. 엄앵란은 워커힐 인근 운전학원과 워커힐 수영장·승마장에 두 남녀를 직접 태우고 다니며 훈련시켰다. 이들 부모 역으로 김지미와 신영균이 출연해 무게감을 더했다.

1971년 5월 27일 서울 국도극장에 나의 감독 데뷔작 〈연애교실〉의 간판이 걸렸다. 그 해 한국영화 흥행 2위에 올랐고, 이후로도 내가 십여 편의 작품을 감독·제작하는 발판이 됐다. 엄앵란의 영리함과 깊은 속이 빛나는 대목이었다.

10년 뿌리친 정치 유혹, 도와달라 큰절에

1960년대 후반부터 정치권에서 숱한 유혹이 있었다. 이를 악물고 10년을 버텼다. 1978년 10월 무렵 어느 날, 집안의 아는 사람이 찾아와 "한 번만 도와달라"고 했다. 그 해 12월 12일 국회의원 선거에서 용산·마포 지역에 공화당으로 출마하는 4성 장군 출신의 박경원 전 내무부 장관을 만나달라는 것이다. 그 지인은 내가 도저히 거절할 수 없는 사람의 아들이었다. 박 장관이 공식 통로를 통해 협조를 요청해왔지만 내가 거부하자 마지막으로 꺼내든 카드였다. 나로선 공화당과 손잡는 데 대한 부담이 컸다.

일단 남산 하얏트호텔에서 박 장관과 단둘이 만나기로 했다. 호텔 방문을 열고 들어서자, 박 장관은 내게 큰절을 하려고 했다. 나보다 훨씬 나이가 많은 분의 큰절을 받을 순 없었다. 내가 절을 올렸다. 맞절을 한 셈이 됐다. 잘생기고 인자한 분이었다.

박 장관은 선거운동을 도와달라고 부탁했다. 당시 용산과 마포는 한 구역으로 묶인 중선거구였고, 박 장관의 상대는 신민당의 김원만 의원이었다. 이 지역구는 '3선 의원'이란 영예를 안긴 김 의원의 아성이었다. 박 장관은 자신을 공천해준 박정희 대통령에 대한 보은으로 김 의원을 꺾고자 했다. 얼굴을 맞대고 보니 거절할 수 없었다.

나는 선거 한 달 전부터 박 장관의 특별보좌역으로 용산·마포 44개 동을 누볐다. 공화당 말기의 선거는 썩을 대로 썩었다. 여당이든, 야당이든 유권자를 매수하는 방식이었다. 거기서 '조직관리'의 실상을 보았다. 각 동네협의회장이 열성당원의 아파트를 잡아 '사랑방 좌담회'를 열었다. 내가 박 장관이 공화당 공천을 받은 사람이라고 칭찬하고 가면, 동네협의회장이 사랑방 참가자에게 1인당 2만~3만 원씩 돌렸다. 사람을 얼마나 끌어모을 수 있는지가 동네협의회장의 능력이었다. 당시 조직관리란 돈을 확 뿌릴 수 있는 파이프라인이 있는가, 없는가의 문제였다.

자기네는 돈을 뿌리면서 상대방은 못 뿌리게 하는 게 정치의 중요한 기술이었다. 야당 쪽도 선거 임박해서는 돈을 뿌리지 않을 수 없었다. 박 장관측은 모월 모시, 유권자에게 뿌릴 억대의 현금 보따리가 김원만 의원의 캠프에서 나갈 것이란 첩보를 입수했다. 만 원짜리 현금다발이어서 보따리는 꽤 컸다. 그날 밤 김 의원의 심복이 현금 보따리를 들고 담을 넘으려 했다. 그 심복은 뒷담을 넘었다가 붙잡혔다. 그 집 전체가 포위됐던 것이다.

그 심복은 돈 보따리와 함께 절도범으로 파출소로 넘겨졌다. 김 의원 쪽에서도 그를 구하러 올 수 없었다. 파출소에선 투표가 끝날 때까지 시간을 질질 끌었다. 야당의 자금줄은 완전히 차단됐다.

반면 나는 선거 이틀 전, 두 시간 동안 6개 동을 돌며 현금 3억 원을 전달했다. 6개 동 협의회장들은 5천만 원씩 받았다. 제대로 된 조직이라면 협의회장이 20%를 자기 주머니에 넣고, 80%를 유권자에게 돌린다. 협의회장이 80%를 착복하는 조직이라면 망조가 든 것이다. 양심이 있는 유권자라면 한 쪽에서 5천 원을 받은 다음, 상대 진영에서 주는 1만 원을 받지 않는다. 결국 박 장관은 자금줄이 차단된 김 의원에게 압승을 거뒀다. 정치와 선거의 생리를 훤히 꿰게 된 순간이었다.

JP와 박태준

JP 연금 시절, 청구동에 가면 말없이 바둑만 뒀다

최근 JP(김종필)가 5·16 반세기를 맞아 언론에 당시 이야기를 소상하게 털어놓았다. 중앙일보에서 JP의 모습을 보니 그렇게 반가울 수 없었다. 1960년대부터 교분을 맺어왔지만 가택연금 시절의 JP가 가장 인상에 남는다.

60년대 청춘스타로 떠오른 나는 정부 공식 행사에서 청와대 실력자와 자연스럽게 얼굴을 익혔다. 게다가 연예계 부동의 납세 1위였기에 이들의 관리 대상이기도 했다. 그러는 동안에 가족 같은 친분으로 JP의 집에도 자유롭게 드나들게 되었다. 청구동(현 신당동) 자택에 가면 김진봉 수석비서관을 비롯해 5~6명이 JP를 보필했다. 백색전화기만 5~6대가 비치돼 있었다.

5·16을 기획·주도한 JP는 70년 전후로 3선 개헌 및 유신헌법을 지지하지 않는 입장에 서는 바람에 박정희 정권과 갈등을 빚었다. 박정희는 1971년 7대 대통령 선거에서 신민당 김대중 후보를 근소한 차이로 누르고 당선됐다. JP는 3선 개헌을 하고 대통령 선거에 나선 박정희를 견제한 국민들이 현명하다고 판단했다.

김용태·양순직 의원, 쌍용그룹 김성곤 창업주 등도 JP와 뜻을 같이했던 인물이다. 서울신문사 사장 출신으로 6·7대 공화당 국회의원이 된

양 의원의 경우, 1969년 3선 개헌 반대를 주도하며 당에서 제명됐다. 김성곤 창업주의 트레이드 마크는 콧수염이었는데, 그가 남산에 끌려가 콧수염이 뽑혔다는 말까지 들려왔다. 서슬 퍼런 시대였다.

1971년 무렵으로 기억한다. JP는 청구동 자택에 가택 연금된 상태였다. 나는 빨간 무스탕을 몰고 청구동을 방문하곤 했다. JP의 집에 가까이 가면 검정 양복을 입은 기관원이 길 입구에, 또 다른 사람이 집 앞 모퉁이 건너에 서 있었다. 집 앞 도로는 좁은 일방통행로였는데, 지나가는 차가 있을 턱이 없었다. 마음 편하게 무스탕을 집 앞에 대고 내렸다. 일거수일투족이 속속들이 윗선에 보고되리란 것을 잘 알고 있었지만 크게 개의치 않았다. 나는 박 정권이나 JP와도 정치적 이해관계가 전혀 없었기 때문이다. 내가 기관원들에게 손으로 아는 체하면, 그 쪽에선 목례로 화답했다.

벨을 누르면 김진봉 수석비서관이 문을 열어주었다. 절차는 아주 간편했다. 당시 연금된 JP와 부인 박영옥(박정희의 질녀) 여사를 감히 찾아갈 수 있는 배포를 가진 사람은 거의 없었다. 까만 양복을 입고 서 있는 사람을 보면 자동차 핸들을 꺾을 수밖에 없다.

JP는 나를 '미스터 신'이라고 불렀고, 나는 깍듯하게 '총리님'이라고 호칭했다. 응접실에는 항상 바둑판이 놓여 있었다. 우리의 바둑 대결은 아주 특이했다. JP는 나를 보면 "바둑이나 두지"라며 아무 말없이 바둑판 앞에 앉았다. 제3자가 보았다면 '뭐 저런 사람들이 다 있나'라고 생각했을지 모른다. JP는 가만 앉아서도 세상 돌아가는 사정을 뻔히 다 아는데 할 말이 있을 턱이 없었다. 나 역시 JP에게 아쉬운 게 전혀 없었다. 너무 외롭게 사시니 인사차 간 것뿐이었다.

나 외에도 방송작가인 김석야·조남사가 바둑을 두며 이심전심하는 JP의 객(客)이었다.

내 바둑 실력은 11급, JP는 8급이었다. 두 점 접바둑을 두고도 JP에게 늘 졌다. JP와의 바둑 대결은 푸근한 맛이 있었다. JP라는 인물의 성격이 그러했기 때문이다. 그러나 JP의 진면목을 발견한 건 몇 년 후였다.

만능 예능인, 로맨티스트 JP

5·16을 주도한 JP에 대해 나만 알고 있는 비밀 하나가 있다. 그의 진면목을 살펴보는 단초라고 생각한다. 1974년 〈별들의 고향〉이 대단한 화제를 모았을 무렵이다. 영화 촬영을 끝내고 한남동 집으로 돌아가던 길이었다. 약수동에서 JP의 벤츠를 발견했다. 청구동 자택에서 장충동으로 나가는 길이지 않았나 한다. JP는 뜻밖에도 혼자서 차를 몰고 있었다. 호젓한 드라이브! 나 역시 시간만 있으면 드라이브를 즐겼기에 그런 심리를 잘 알았다. JP를 따라가고 싶은 충동이 들었지만 방향이 달라서 그만두었다. 그때 용기를 냈더라면 지금 좀 더 재미있는 이야기를 전했으련만…….

1986년 3월 구 여권 인사들의 오찬 모임에 참석한 JP(오른쪽)가 이후락과 6년 만에 만나 악수를 나누고 있다. 그들은 두 달 후 골프장에서 서로 불편했던 관계를 정리했다. (중앙포토 제공)

JP는 군인 출신이지만 로맨티스트였다. 젊은 시절, 잘생겼고 두뇌 회전이 빨랐기에 내가 아는 한, 여자들에게도 인기가 좋았다. 문화·예술에 조예가 깊었던 그는 일요화가회의 중심이었다. 실제로 수채화 실력은 수준급이었다. 유화는 시간이 많이 걸려 잘 시도하지 않았던 것으로 안다. 만돌린을 켤 줄 알았고, 외국 대사를 불러 문화행사도 열었다.

소띠인 JP는 소를 좋아했던 것 같다. 언젠가 JP와 나, JP 사위였던 이동보, 그의 친구인 영화배우 신영일이 함께 식사를 한 적이 있다. JP의 부인 박영옥 여사가 재미있는 한마디를 던졌다.

"소 네 마리가 앉아서 밥을 먹네."

우리는 그 말에 껄껄 웃었다. JP가 25년, 내가 37년, 이동보와 신영일이 49년 소띠였던 것이다. JP는 빙그레 웃으며 말했다.

"다들 소띠로구먼. 소띠는 일을 많이 하는 팔자야."

공화당의 심볼이 황소다. 공화당을 만든 인물이 JP인 걸 감안하면 JP의 아이디어일 가능성이 크다. 확인되지 않은 나의 추측이다.

JP는 골프 실력도 대단했다. 핸디가 8~9(싱글)로 아마추어 치곤 수준급이었다. 허리 디스크로 풀스윙은 못하지만 어프로치와 퍼팅이 정확했다. 서너 번 게임을 했는데 통틀어 내가 한 타를 뒤졌다.

JP와 이후락 전 중앙정보부장이 화해한 골프 회동(안양컨트리클럽)도 잊을 수 없다. 1986년 5월 무렵이었다. 박정희 대통령 사후 공화당 조직은 급격히 와해됐다. 신군부는 공화당 출신을 부정축재 등의 명목으로 잡아들였다. 이후락은 그 과정에서 "나는 콩고물밖에 못 먹었다"고 말했다. 이후락의 '콩고물 발언'은 JP를 겨냥한 것이었다. 그 사건을 계기로 박 대통령의 측근이던 두 사람은 등을 돌렸다. 그런 두 사람이 그 후 처음으로 골프를 친 자리였다.

"두 분이 같이 앉아 계시니 저로선 뵙기도 좋고, 마음이 편안합니다."

솔직한 내 마음이었다. 이후락은 머리가 하얗고, 성격이 급해 말을 더

듣곤 했다. 그가 내 말을 듣더니 웃으며 말했다.

"그 동안 내, 내가 악역 했잖아."

JP 때문에 자신이 언론에 두들겨맞은 것을 가리키는 말이었다. 굉장히 인간미 넘치는 말로 들렸다. 최근 JP가 5·16 관련 인터뷰를 하며 "박통을 위해 내가 악역 했잖아"라고 한 것은, 내가 알기로 이후락의 '악역론' 변주였다. 등을 돌렸던 두 사람이었지만 자신도 모르게 통하고 있었던 것이다. JP 인터뷰를 읽으며 나는 삶의 향기에 젖어들었다.

JP와 박 여사, 내내 건강하십시오.

우리 가족의 은인, 박태준

박태준(84) 포스코 명예회장은 내 일생에서 잊을 수 없는 분이다. 1950년 6·25를 계기로 만나 60년 이상 인연을 맺어오고 있다. 2007년 11월 서울 신라호텔에서 열린 박 회장 팔순 잔치에 초대받은 부부는 오직 두

6·25 당시 신성일의 집 하숙생으로 인연을 맺은 박태준 포스코 명예회장(앞줄 오른쪽에서 세 번째)이 1956년 국방대학 수색 교정에서 동료들과 함께 한 모습. (중앙포토 제공)

커플뿐이었다. 우리(신성일·엄앵란)와 조정래·김초혜 작가 부부였다.

팔순 잔치 한 달 전, 조정래 작가가 '인물 이야기' 다섯 번째 시리즈로 『박태준』이란 책을 냈다. 조 작가가 그전에 시리즈 주인공으로 다룬 인물은 신채호·안중근·한용운·김구였다. 나는 당장 궁금증이 일었다. 앞의 네 사람은 모두 작고한 위인들이며, 박 회장은 생존 인물로는 유일했기 때문이다. 박 회장 다음으로 시리즈에 등장한 인물 역시 세종대왕과 이순신이었다.

팔순 잔치에서 마이크를 잡은 조 작가는 태연하게 말했다. "많은 업적을 남긴, 돌아가신 분의 이야기를 하는 것이 대체로 위인전입니다. 박태준 회장이 거기에 포함된 걸 의아하게 생각하는 분도 있을 수 있습니다. 우리나라는 60년대 참 못살다가, 70년대 들어 10배 이상의 성장을 이뤄냈습니다. 당시 경부고속도로·포항제철·울산조선소가 만들어지고, 수출이 활기를 띤 덕에 가능한 일이었습니다. 80년대에는 1인당 국민총생산(GNP)이 2000~3000달러가 됐더군요. 이 기초를 닦은 분이 박 회장이었습니다. 그래서 돌아가시기 전에 위인전에 넣었습니다."

이야기가 끝나자마자 큰 박수가 쏟아졌다. 내가 2005~2007년 옥고를 치르고 출감했을 때 가장 먼저 챙겨주신 분도 박 회장이었다. 그는 출감 이틀 만에 우리 가족 모두를 호텔신라 중식당 팔선으로 불러내 저녁을 사주셨다.

박 회장은 6·25 당시 우리 집(대구시 인교동 253번지) 하숙생이었고, 열 살 어린 나는 경북중 1학년생이었다. 학교는 1학기 마치고 군 기지로 접수됐다. 학생들은 개천 근처 기와공장을 가교정(假校庭)으로 삼아 공부했다. 비가 오면 공장 안으로 물이 뚝뚝 떨어지는 곳이었다. 마침 모교인 수창국민학교로 육군대학이 들어왔다. 그때 단기교육을 받으러 대구로 내려온 사람이 박 회장과 한무협 장군(당시 두 사람 모두 중령)이었다. 한 장군과의 인연도 각별하다. 1970년 신민당 대통령 후보였던 김대중 전 대통령이 찾아와 정치를 함께하자고 제안했을 때, 불안을 느낀 집사람이 그 사실을 일러바쳐 내가 DJ와 손잡지 못하도록 한 분이었다.

박 회장이 하숙 생활을 할 때, 아침에 나와 마주치면 "굿모닝!" 하고 미소 지어주던 것이 생각난다. 박 회장은 수석으로 단기교육을 마치고 만년필 '파카21'을 부상으로 받았다. 당시 학용품이란 볼 게 없었다. 연필에선 돌가루가 떨어졌고, 공책은 찢어지기 일쑤였다. '파카21'은 중학생이 만질 수 있는 물건이 아니었다. 그런데 박 회장은 내가 공부를 잘한다면서 파카21을 선물로 주셨다. 요즘으로 치면 벤츠 S500을 타고 경부고속도로를 질주하는 기분이었다. 박태준이란 인물은 훗날 우리 포항 큰집까지 일으키면서 내 뇌리에 꽉 박힌 사람이 됐다.

내겐 어머니가 둘

박태준 포스코 명예회장은 우리 집안을 일으킨 은인이다. 6·25 당시 우리 집에서 하숙을 한 박 회장은 훗날 박정희 대통령에게 큰 신임을 받았다. 혁명에 동참했지만 박 대통령은 "자네는 경제를 맡아주게. 그리고 혹시 내가 잘못되면 우리 가족을 부탁하네"라며 박 회장을 혁명의 전면에 내세우지 않았다. 그는 1961년 5·16 이후엔 박정희 국가재건최고회의 의장 비서실장으로 발탁됐고, 1968년부터 포항제철 사장으로 경제 재건에 온몸을 던졌다.

나의 포항 큰형님(강신우 회장)은 당시 포항에서 트럭 6대를 가지고 삼일운수라는 운송업체를 운영했다. 포항의 물건을 떼다 영덕으로 실어 나르는 것이 전부인 소규모였다. 당시는 대한통운이 전국을 커버하는 최대 운송업체였다. 건설 중이던 포항제철의 박 사장을 우리 어머니가 찾아가 "아들을 도와달라"고 간곡하게 부탁했다. 박 사장은 평소 어머니를 "네

짱"(일본어로 누나)이라고 부르며 친밀감을 표시했다.

　박 회장은 지역경제를 살려야 한다며 경북 일원과 포항제철의 물동량을 삼일운수에 나눠주었다. 이 일을 계기로 삼일운수는 성장의 발판을 마련하며 삼일그룹이 됐다. 포항 큰형님의 성공은 우리 집안에 든든한 버팀목이 됐다.

　여기서 처음으로 밝힌다. 내겐 어머니가 두 명이었다. 내 어머니는 대구 사람으로 2남 1녀(형과 여동생)를 낳았다. 영덕에 다른 어머니와 세 명의 형님(후에 포항으로 이사 가며 포항 형님이 됨)들이 있었다. 아버지는 영덕에서 강제로 결혼했지만 영덕 어머니를 피했다. 대구 농협 지점장을 하면서 함께 근무하던 내 어머니(이하 대구 어머니)를 만났다. 어머니는 똑소리 나는 인텔리겐치아였다. 아버지의 프러포즈를 받자 "당신은 아들이 있지 않느냐"고 따졌다. 결국 아버지는 영덕 어머니와 이혼하고, 대구 어머니를 호적에 올린 후 결혼했다.

　그럼에도 우리에겐 이복 형제란 개념이 없었다. 나는 국민학교 4학년 때부터 방학만 되면 영덕·포항에 가서 살다시피 했다. 영덕 어머니는 무학이었지만 내게 너무 잘해 주셨다. 배다른 형제인 포항 형님들도 대구 오면 대구 어머니에게 도움을 받았다. 내가 양쪽을 왔다 갔다 한 통에 사이가 좋아졌는지 모르겠다. 그러나 자존심 강한 대구 어머니는 "'영덕 큰엄마'라고 하지 마. '영덕 엄마'라고 불러"라는 다짐을 항상 내게 받았다. 내가 어릴 적 아버지께선 폐결핵으로 일찍 돌아가셨고, 어머니는 그후 경북도청 초대 부녀계장이 됐다. 대구 어머니의 도움으로 큰 기업을 일군 포항 큰형님은 1996년 내가 국회의원에 출마했을 때 현금을 가지고 와 선거운동을 도왔다. 내게 마지막으로 베푼 은덕이었다. 선한 은덕은 이렇듯 돌고 돈다.

　박 회장은 1992년 정치적으로 YS와 등지면서 큰 고초를 겪었다. 그해 대통령에 당선된 YS가 1993년 포항제철을 압박하자 도쿄 시내 18평 아

4. 사나이 가는 길　297

파트에서 4년간 지냈고, 암 수술을 두 번이나 했다. 내가 포항에서 박 회장을 만날 때마다 산하 사장들은 "신성일 씨, 자주 오십시오. 덕분에 회장님이 잘 웃으십니다"라고 부탁했다. 워낙 자신에게도 엄격한 분이라 측근들이 박 회장이 웃는 모습을 보기가 쉽지 않았던 것. 박 회장이 오래오래 건강하시길 바랄 뿐이다.

나의 인맥 그리고 남양주종합촬영소 건립

김상현—감동의 포장마차

내 인간관계는 정파를 초월했다. 야권 쪽에서 나와 막역했던 분으로 김상현 현(現) 민주당 상임위원을 꼽을 수 있다. 김 위원이 내게 어찌나 공을 들였던지, 나는 그에게 반하고 말았다.

1960년대에는 온갖 행사장에 불려 다녔다. 이후락·박종규·김형욱 등 청와대 실력자들과도 친분을 쌓을 수 있었고, 야권의 김상현 신민당 의원과도 호형호제하는 사이가 됐다. 1967년 가을 무렵 신인 윤정희와 함께 영화 〈강명화〉를 찍었다. 서울 돈암동 큰길에서 미아리고개로 넘어가는 미아리 점성촌 입구에서 밤샘 촬영했다. 일제강점기 기생 강명화의 실화를 바탕으로 한 작품이다.

말이 밤샘 촬영이지 정말 고달픈 환경이었다. 차도 없고, 통금이 있던 때라 야간 촬영이 있으면 집에 돌아가지도 못한 채 추위에 떨며 밤을 새워야 했다. 그날도 모두들 찬 밤공기에 몸을 움츠리고 있었다. 통금이 임박했을 무렵, 포장마차 하나가 덜렁덜렁 다가왔다. '무슨 포장마차인가' 싶었다. 자세히 보니 포장마차 주인과 함께 김상현 의원이 오고 있는 게 아닌가. 나는 깜짝 놀랐다.

"형님, 여기 웬일이세요?"

김 의원은 숨을 몰아쉬며 답했다.

1980년대 중반 서울의 한 행사장에서 자리를 함께한 김상현(왼쪽) 현 민주당 상임위원과 신성일. (중앙포토 제공)

"자네들 밤 새는데 도와줄 건 이것밖에 없어. 오뎅 국물이나 먹어봐."

김 의원은 배우들을 먹이려고 포장마차와 그 주인까지 통째로 빌려온 것이다. 얼마나 정겨운 일인가. 당시 야식으로 라면만 한 게 없었다. 우리나라 최초의 라면은 1963년 9월 나온 삼양라면이다. 노란색 봉지 중앙에 닭이 그려져 있었고, 닭 몸통 부분이 투명해 봉지 안의 면발을 볼 수 있었다. 그때 라면 값은 10원. 물 붓고, 김치 썰어 넣고, 미군 부대에서 나온 참치통조림을 넣으면 그야말로 꿀맛이었다.

나는 삼양라면의 설립자인 전중윤 회장도 잘 알았다. 이북에서 피난 내려온 전 회장은 굶주림에 허덕이는 사람들을 보며 일본의 삿포로 라면을 모델로 한국에도 라면을 들여오기로 결심했다. 회사 설립 당시 정보부장이던 JP를 찾아가 라면을 직접 끓여주고 지원을 받아냈다고 한다.

　삼양라면 공장은 도봉산 입구에 있었다. 공장이 생기고 난 후 1~2년 뒤에 배우협회 소속 배우들과 함께 그곳에 견학을 갔다. 초창기 라면 공장은 15m 정도 되는 몇 개의 레인에서 기름이 끓고, 그 안으로 면이 지나가면서 튀겨지는 시스템이었다. 수영장 같은 느낌이었다. 삼양라면은 1970년 11월 이리공장도 열었다. 이리공장은 전 회장이 처음으로 피난 온, 바로 그 자리였다. 그날 행사 때도 참석해 축하해주었다.

　김 의원은 포장마차 사건 후 3년 만에 이태원 우리 집을 찾아와 또 한 번 놀라게 했다. 이번에는 DJ와 함께였다. DJ가 신민당 대통령 후보 지명대회에서 YS를 누르고 후보로 확정된 바로 다음 날인 1970년 9월 30일 한밤중이었다. DJ가 1970년 1월 24일 뉴서울호텔에서 "절망을 모르는 시지프스같이 최후 승리의 날까지 싸워 나갈 것"이라며 7대(1971년) 대선 도전을 공식 선언할 때, DJ의 오른팔 역할을 한 사람이 김 의원이었다. 나는 그날 "함께 정치하자"는 DJ의 요청을 뿌리치지 못했다. 인간적으로도 배우들에게 정성을 다한 김 의원을 외면할 수 없었다.

한여름의 추억―벌거벗은 이낙선 장관

　여름철이면 생각나는 분이 있다. 1970년대 우리나라 경제를 이끈 이낙선 상공부 장관이다. 70년대 초 숨이 턱턱 막히는 한여름 어느 날, 나와 아내 엄앵란은 이 장관 부인과 함께 한남동 한강볼링장에 갔다. 멋쟁이들 사이에 볼링이 유행하던 때였다.

　이 장관의 부인은 엄앵란과 숙명여대 동기였다. 우리는 이 장관과 공적·사적으로 자주 만날 기회가 있었다. 이 장관은 국세청장으로 재직하던 1965년 '납세의 날'을 만들어 각 분야 우수 납세자에게 표창을 했다.

나는 매년 영화·예술계 최고 납세자였다.

개인 기업체 최고 납세자는 강석진 부산 동명목재 사장이었다. 동명목재는 합판을 만들어 큰돈을 벌었다.

마침 그날 이 장관이 보이지 않았다. 어디 계신지 궁금했다. 이 장관 부인은 "집에 일이 있어서……"라며 말끝을 흐렸다. 이 장관 자택은 삼청동 총리공관 근처였다. 이 장관 부인이 우리 부부를 삼청동 한옥으로 안내했다. 집에 들어섰다. 이 장관이 웃통을 벗고 삼베바지에 맨발로 온돌방에서 '콩댐'을 하고 있었다. 박정희 대통령의 오른팔로 경제를 좌지우지하는 분이 이런 소탈한 모습을 하고 있다니.

콩댐은 보통 정성이 들어가는 작업이 아니다. 불린 콩을 갈아 삼베 주머니에 넣고 온돌방 바닥에 골고루 문지른다. 밑에서 군불을 때 가며 여러 번 반복해야 콩기름이 장판지에 스며들며 광택을 낸다. 한옥 방을 니스로 칠하면 곰팡이가 나고, 썩기 쉽다. 하지만 콩댐을 해놓으면 오래 가고 색깔이 아름답다. 하루·이틀에 끝나는 일이 아니다. 이 장관은 시골 출신이었기에 콩댐을 잘 알고 있었다.

이 장관이 누구인가. 박 대통령이 신임하는 측근 중 측근이었다. 박 대통령은 점심도, 저녁도 청와대에서 측근들과 먹었다. 김성진 공보부 장관, 박준홍 총리실 기획관리실장 등이 멤버였다.

그러다 보니 이 장관은 평소 청와대 밖으로 나가기가 쉽지 않았다. 외출할 땐 "마누라가 나오라고 합니다"라며 핑계를 댔다. 박 대통령은 "젊은 마누라 거느리기 힘들구먼"이라며 내보내주었다.

이 장관은 만나기가 힘든 분이었다. 1969년 상공부 장관 취임 이후 수입자유화와 외자도입을 주도했다. 기업들은 그 외자를 바탕으로 사업을 키웠다. 이 장관을 만나려는 기업인이 항상 줄을 서 있었다. 그런 이 장관이 땀을 뻘뻘 흘리며 콩댐을 하는 모습이라니!

우리는 낄낄거리며 웃었다. 이 장관은 민망한지, "이런 데 왜 왔어?"라며 투정 비슷하게 말했다. 이 장관이 옷을 갈아입으려고 하기에, 우리는 얼른 인사를 드리고 밖으로 나갔다.

얼마나 소박하고 인간미 넘치는 모습인가. 내가 2008년 경북 영천에 한옥 '성일가(星一家)'를 짓고 콩댐을 할 때 가장 많이 떠오른 사람도 이 장관이었다.

촬영장에서 체포된 김지하 그리고 백기완의 3만 원 영치금

이만희 감독의 〈들국화는 피었는데〉로 저명 문인 두 명을 알게 됐다. 선우휘(1922~86)와 김지하(1941~)다. 1973년 9월 말 강원도 인제에서 시작된 〈들국화는 피었는데〉 촬영은 한 달 이상 계속됐다. 어느 날 선우휘가 백기완 백범사상연구소 소장과 함께 인제에 나타났다. 선우휘는 필화 사건으로 쫓기는 몸이었다. 소설 『불꽃』으로 유명한 그는 조선일보 편집국장이었으며, 종군기자로 6·25에 참전했었다. 반전과 휴머니즘이 깃든 작품으로 유명하다. 〈들국화는 피었는데〉도 선우휘 원작이다.

선우휘는 자신이 각색한 영화 촬영장도 구경하고, 피신할 겸해서 인제를 찾은 것이었다. '유붕자원방래(有朋自遠方來)하니 불역락호(不亦樂乎)아'라는 말이 있다. 선우휘 같은 문인이 오지로 찾아왔으니 얼마나 기뻤겠는가. 나 역시 선우휘의 반전사상에 공감했고, 이만희 감독도 원작에 충실한 영화를 만들려 했다. 선우휘는 쫓기는 입장이었지만 여유가 있어 보였다. 늘 잔잔한 미소를 잃지 않았다.

나는 다음 날 아침 인제의 식당에서 선우휘 일행에게 뱀탕을 대접했다. 백기완은 선우휘에게 "형님의 나라는 이런 것 아닙니까"라고 호기롭게 외쳤다. 그들이 야간 촬영 현장에서 벽돌 건물 폭파 장면을 구경하던 중, 벽돌 조각이 선우휘의 어깨를 때렸다. 진짜 TNT를 썼기 때문에 촬영 현장은 위험했다. 백기완은 "위험합니다. 우리 갑시다"라며 선우휘를 데리고 촬영장을 떠났다.

백기완은 2005년 내가 의정부교도소에 수감됐을 때 영치금 3만 원을 보내주었다. 영치금으로선 최저 액수였지만 마음 씀씀이가 깊었다. 권노갑 민주당 상임고문은 "백 소장이 수감생활을 했을 때는 영치금 3만 원이 일반적이었을 거야"라며 그 액수의 의미를 풀이해 주었다. 나는 그 말을 들으며 빙그레 웃었다.

김지하는 이 감독을 통해 간접적으로 접했다. 나와 함께 인제의 여관에서 〈들국화는 피었는데〉 콘티를 보며 배 깔고 엎드려 낄낄거리던 이 감독이 "신짱, 김지하가 말이야……" 하면서 숨겨 놓은 이야기를 꺼냈다.

1970년 시『오적(五賊)』을 발표해 정권의 미움을 산 김지하가 이 감독의 영화 〈쇠사슬을 끊어라〉 촬영장에서 체포된 것이다. 이 감독은 1971년 무렵 흑산도 근처 작은 섬에서 촬영 중이었는데, 김지하가 그리로 숨어들었다. 이 감독과 김지하는 밤새 술을 마시며 정권을 신랄하게 비판했다. 그들의 대화를 들은 한 스태프가 김지하를 체제비판자로 경찰에 신고했다. 밀고자는 그 사람이 김지하인 줄 전혀 몰랐다. 김지하는 섬에서 체포됐다가 여수경찰서로 압송되었다. 그곳에서 김지하라는 사실이 밝혀졌다. 여수경찰서는 뜻밖에 대어를 낚은 셈이었다.

당시 서울미대 대학원에 재학 중인 내 여동생 강명희과 남자친구 임세택은 4·19를 소재로 한 교내 소묘전을 기획했다. 서울대 문리대 김지하가 주도하는 학생운동과 연계돼 있었다. 미대 학과장 정창섭 교수가 이 계획을 당국에 사전 신고했고, 김지하 등은 모두 달아났다. 강명희와 임세택은 잡혀서 남산으로 끌려갔다. 마침 우리와 친분이 있는 한무협 장군이 남산 중앙정보부 국장으로 있을 때였다. 내 어머니가 한 장군에게 선처를 부탁했고, 두 사람은 다행히 고문 없이 2주 만에 풀려났다. 내가 아는 우리 역사의 뒤안길이다.

남양주종합촬영소 건립, 방해자는 충무로 제작자들

　남양주종합촬영소(이하 남종소)의 부산 이전 문제로 영화계가 시끄럽다. 지금은 남종소가 영화계의 큰 자산이 됐지만 1980년대 후반 건립을 추진할 때만 해도 영화계의 부정적 반응 때문에 어려움을 겪었다. 남종소 건립의 내막을 가장 잘 아는 사람은 김동호 부산국제영화제 명예집행위원장과 내가 아닌가 한다. 김 위원장이 이와 관련, 올 4월 일간스포츠에 밝힌 글은 다음과 같다.

　"나는 영화 인프라 구축에 공을 들였다. 1988년 영화진흥공사 사장에 취임하자마자 업계의 현안이 뭐냐 물었다. 그랬더니 종합촬영소 건립이라고 하더라. 종합촬영소 건립을 추진하다가 신성일을 만났다. 그때는 영화진흥공사 수입원이 없었다. 예전에는 영화사별로 1억 5천만 원씩 받고, 각종 시상식 수입을 포함해 25억 가까이 받았는데 법이 개정돼 수입이 없어진 것이다. 종합촬영소 건립은 결국 정부 예산을 따야 가능했다. 계획을 올렸더니 정부에서 잘 받아주지 않더라. 그때는 TK가 실세였을 때다. 그래서 신성일한테 부탁해서 이 문제를 풀자고 했다. 신성일의 중재로 장병조 청와대 사회교육문화 비서관을 만나서 문제를 풀었다. 마지막 단계에서는 문희갑 경제수석 등 많은 실세들과 만나 예산 30억 원 올리고 승인받는 데 신성일이 특별한 공을 세웠다."

　나는 1988년 당시 종합촬영소가 절대적으로 필요하다고 생각했다. 후시 녹음만 해서는 영화의 발전이 어려웠다. 진일보하려면 동시 녹음을 할 수 있는 스튜디오가 있어야 했다. 내가 정부 예산을 따내기 위해 로비에 돌입했을 때, 김 위원장이 새로운 사실을 알려주었다. 알고 보니 충무로 영화 제작자들이 종합촬영소 건립을 반대하는 진정서를 이미 청와대에 넣은 상태였다.

　그들은 왜 반대했나. 영화는 사실상 독점 사업이었다. 영화법에 따라

2011년 4월 서울의 한 호텔에서 담소하는 김동호(왼쪽) 부산국제영화제 명예집행위원장과 신성일, 장미희.
(일간스포츠 제공)

스튜디오 300평 이상, 아리후렉스 카메라 2대, 조명 용량 30kW 이상, 남녀 전속 배우 한 명씩이 있어야 영화 사업이 가능했다. 허가받은 영화사들은 오픈 세트에 의존했다. 스튜디오가 아닌, 아파트나 주택 같은 곳을 통째로 빌려 찍었다. 벽 하나만 있어도 카메라가 빙 돌아가 앵글을 잡아야 했다. 이런 제한적 앵글로 어떻게 더 좋은 영화를 만들겠는가.

오픈 세트를 사용하면 미술비와 세트비가 따로 들지 않는다. 종합촬영소가 만들어지면 영화사마다 세트를 지어야 하니 영화 제작비가 급증할 건 불 보듯 뻔했다. 제작자들은 오픈 세트가 존속하길 바랐다. 종합촬영소 명목의 땅을 자체 확보해놓고도 건립은 차일피일 미루던 그들이 청와대에 넣은 진정서의 핵심 내용은 이렇다. '우리가 향후 종합촬영소를 지을 터이니, 연간 20

억~30억 원씩 현물로 충무로에 투자해달라. 그러면 영화계는 엄청나게 발전할 것이다. 지금의 종합촬영소 건립안은 거부해달라.'

그 진정서를 갖고 있던 사람은 장병조 비서관이었다. 장 비서관은 나의 경북고 1년 후배이고, 문희갑 경제수석의 직계 후배였다. 퇴근 시간에 맞춰 오후 8시, 장 비서관과 임병렬 영화진흥공사 총무이사를 수송동 한 식당으로 불러냈다. 나는 영화계 전체의 흐름과 어려움, 종합촬영소 건립의 필요성 등을 새벽 1시가 되도록 얘기했다.

여야 인맥 총동원, 마침내 따낸 20억

내가 몸 바치고 있는 영화계를 위한 일이었기에 물러설 수 없었다. 남양주종합촬영소 건립 과정에 큰 걸림돌이 있었다. 영화제작자협회를 중심으로 건립 반대를 주장하는 감독, 시나리오 작가 등 100여 명의 진정서를 쥔 장병조 청와대 사회교육문화 비서관이 내게 마음을 열어 보인 것은 새벽 1시 무렵이다.

"진정서가 들어왔는데, 어떻게 할지 결정하지 못하고 있습니다."

진정서 내용은 김동호 부산국제영화제 명예집행위원장(당시 영화진흥공사 사장)에게 들어 잘 알고 있었다. 장 비서관이 다시 한 번 물었다.

"선배님, 절대 사적인 일이나 이해관계가 있는 건 아니죠?"

"이건 영화계 백년대계의 사업이야."

"알겠습니다. 선배님 말씀대로 하겠습니다."

장 비서관은 우리 편이 됐다. 1988년 13대 국회는 여소야대였다. 총 200억 원이나 되는 예산을 확보하려면 국회 통과와 경제기획원 승인이 필요했다. 호형호제하는 민주당 정대철 국회 문광위원장을 먼저 만났다. 그가 내 이야기를 자세히 듣더니 물었다.

1989년 설립했던 영화사 '성일시네마트'에서 아내 엄앵란과 함께한 신성일.
(중앙포토 제공)

"형, 어떻게 도와드릴까요?"

"국회 문광위에 안건이 올라오면 찬반 논의하지 말고 그냥 묵인만 해줘."

김동호 위원장이 코치해준 대로 한 대답이다. 그리고 여당인 민자당 간사를 맡고 있는 함종한 의원을 찾아갔다. 종합촬영소 건립 안건을 상임위에 상정해달라고 하자, 그는 걱정스러운 얼굴로 말했다.

"야당 쪽에서 반대하지 않을까요?"

야당인 민주당 간사를 맡고 있는 강삼재 의원에게도 낙점을 받아 놓았기에 자신 있게 대답했다.

"야당 쪽에서는 아무 말 안 하기로 했어요."

종합촬영소 건립안은 국회에서 순조롭게 통과됐다. 그 무렵 나는 뉴욕액팅아카데미 설립 문제로 뉴욕행 비행기를 탔다. 비행기가 알래스카를 경유하는 동안, 승객들은 한 시간 가량 앵커리지 공항에서 대기해야 했다. 박준규 국회의장의 비서실장인 김천 출신 박정수 의원(부인 이범준 박사)이 마침 거기 있는 것 아닌가. 박 의원은 박 의장을 모시고 뉴욕에 간다고 했다. 알고 보니 나는 1층 비즈니스석에, 박 의원과 박 의장은 2층 퍼스트 클래스석에 타고 있었던 것이다.

'이 때다' 싶어 박 의원에게 간곡히 부탁을 해 박 의장 옆좌석에 앉게 됐다. 뉴욕에 가는 기내에서 박 의장에게 영화계의 현황과 종합촬영소 건립의 필요성을 설명해 드렸다. 경북고 총동문회장인 박 의장은 7선 국회의원으로 파워가 막강했다.

"알았어, 도와줄게."

박 의장은 경제기획원 승인이 날 수 있도록 도움을 주었다. 이어 민자당 신영균 의원의 성동 갑구 지구당 개편대회에서 축사를 하던 중 종합촬영소 건립 초기 예산 20억 원이 결정됐다는 사실을 직접 발표했다. 정부는 이 돈을 발판으로 촬영소 건립에 필요한 200억 원을 지속적으로 투자했다. 남양주종합촬영소는 아날로그 시스템에서 디지털 시스템으로의 전환을 위해 450억 원 가까운 돈이 투자돼야 했다. 김덕형 남양주종합촬영소장의 요청을 들은 나는 16대 국회 문광위 시절엔 촬영소 디지털 시스템을 완성시켰다. 20여 년이 흐른 지금, 남양주종합촬영소는 1200억 원 대의 큰 자산이 되었다.

원래 종합촬영소 터로는 용인민속촌이 물망에 올랐다. 당시 인수가격이 예산과 꼭 같은 200억이었다. 하지만 민속촌은 비행기 항로에 위치해 동시 녹음을 할 수 없었다. 결국 최종 장소로 남양주가 낙찰됐다.

정치에 대한 열망

앞치마 두른 엄앵란―'사람 모으는 건 식당이 최고'

1978년 12월 10대 국회의원 선거를 계기로 내 마음 속에 씨앗이 하나 자랐다. 정치에 대한 열망이었다. 영화계는 무너지고 있었고, 1975년 이후로는 출연작이 1년에 몇 편으로 확 줄었다. 나는 40대 초반이고, 젊었다. 고향 대구에서 정치적 기반을 닦아보겠다는 야심이 싹텄다.

20년 가까이 고향을 떠나 있다 보니 얼굴을 아는 친구가 몇 명에 불과했다. '친구들도 몰라본다'고 뒤에서 욕을 먹기도 했다. 고향 친구들과 낯을 익히고, 가까이 해야겠다고 마음먹었다. 사람 끌어모으는 것은 식당이 최고다.

1979년 어느 날 솔깃한 제안이 들어왔다. 초등학교부터 경북고까지 동기였던 이장환이 대구 중심지 향촌동에 백화점을 짓는데 거기서 레스토랑을 해보라고 했다. 3년쯤 대구에서 음식점을 하면서 텃밭을 다지면 11대 총선에서 이길 수 있다는 계산이 섰다.

당시 나훈아와 김지미가 대전에서 '초정'이라는 식당을 성공적으로 운영 중이었다. 김지미는 JP(김종필 전 총리)의 부인인 박영옥 여사가 초대하는 가족모임에 함께했으나, 1976년 나훈아와 결혼하면서 한동안 우리와 멀어져 있었다. 어느 날 박 여사가 "이제 김지미·나훈아 내외도 같이 보자"고 권유했고, 김지미 부부가 박 여사 집안잔치에 함께했다. 우리가 자연스럽게 그들 부부를 인정한 셈이 됐다.

나와 엄앵란은 1979년 늦여름 대구 내려가는 길에 대전 초정식당에 들러보았다. 한창 김치를 다듬고 있던 김지미는 나훈아에게 "여보, 김장하니까 손님 접대 좀 하세요"라고 말했다. 우리 부부와 나훈아, 셋이서 차를 마시며 이야기를 나누었다. 내가 식당을 해볼까 고민하고 있다고 했더니, 나훈아는 "한 번 해보세요. 저희들도 잘됩니다"라고 말했다.

이 무렵 엄앵란은 서울 미도파백화점에서 커피숍을 해보라는 제안을 대농의 박영일 사장측으로부터 받았다. 나는 아내가 커피숍을 원하고 있다는 걸 알았지만 나훈아의 권유를 받은 후 마음이 식당 쪽으로 기울었다. 미도파백화점에 커피숍을 냈더라면 큰돈을 벌었을 것이다. 나는 아내를 설득해 개업을 준비했다. 이태원의 태평극장을 팔아서 7,500만 원을 마련하고, 그 돈을 몽땅 식당에 쏟아부었다.

1979년 초가을 엄앵란이 앞치마를 두른 식당 '나드리예'가 대구 향촌동 대보백화점 2층에 문을 열었다. 나드리예는 '나들이 가입시다예'라는 대구 사투리의 느낌을 살린 귀엽고 곰상스러운 이름이었다. 대구 중구청에 옥호로 신청했더니, 구청에서 우리 말이 아니라며 '예'를 빼라고 지시했다. 결국 '나드리'로 신청했다. 하길종 감독이 지어준 영어 이름 'Nadriye'로 660㎡(건평 200평) 규모의 식당을 열었다. 식당 앰블럼은 만화가 고우영에게 의뢰했다. 70년대 초·중반 일간스포츠에서 〈임꺽정〉, 〈수호지〉, 〈삼국지〉 등을 히트시키며 전성기를 맞은 고우영은 처녀·총각이 손잡고 나들이가는 그림을 흔쾌히 그려주었다. 참 재치 있는 그림이었다. 지금은 없어진 게 못내 아쉽다.

식당은 제법 잘됐다. 3년 후 국회의원이 된다는 계획이 실현될 것만 같았다. 그러나 그 해 10월 26일 박정희 대통령 시해사건이 터졌다. 정변이 일어난 것이다. 난 심한 충격에 빠져들었다.

"전두환, 대통령 되면 나라가 망합니다"

나는 큰일이 벌어지면 여기저기 기웃거리는 귀동냥 성격이 아니다. 사태를 차분히 주시한다.

1979년 10·26 사태로 큰 충격을 받은 나는 서울로 올라와 동부이촌동 아파트에서 12·12사태를 접했다. 서울 한남동 국방장관 관저에서 총격전이 일어났다는 것도 알았다. 신군부의 정권 장악 이후, TV에서 머리가 훌렁 벗어진 전두환의 모습을 볼 때마다 몸에서 소름이 돋았다. '또 군인이다. 우리나라가 진짜 잘못 돌아가고 있다'는 것을 직감했다.

JP는 그 즈음 "국민에게 심판을 받겠다"며 공화당 총재직에서 물러났고, 모든 기득권을 포기하겠다고 선언했다. 나는 JP에게 호감을 느꼈다. '3김(金)이 차례로 대통령 하면 되겠다. JP가 먼저 하고, DJ와 YS가 이어가면 좋겠다'는 그림이 머릿속에서 그려졌다. 신군부가 정치인 부정축재 조사에 들어갔고, 시국이 수상하게 돌아가는 기미가 보였다.

12·12사태 이틀 후인 1979년 12월 14일 조각(組閣)이 발표됐다. 우리와 절친한 주영복 공군참모총장이 국방장관으로 입각했다. 파격적인 인사였다. 그가 신군부와 손잡았다는 것을 알 수 있었다. 80년으로 접어든 어느 날, 주 장관이 우리 부부를 한남동 공관으로 불러들였다. 나와 엄앵란은 주 장관 부부와 저녁식사를 했다. 식사 후 아내가 주 장관 부인 '금주 엄마'와 도란도란 이야기를 했고, 나와 주 장관은 공관 응접실 스탠드 바에 나란히 앉아 술잔을 기울였다. 경남 함안 태생인 그가 내게 말을 건넸다.

"누가 대통령 됐으면 좋겠노?"

나는 속내를 확실하게 드러냈다.

"JP가 됐으면 좋겠습니다. 세 김씨가 차례로 하면 되지 않겠습니까?"

그가 함안 사투리로 투박하게 말했다.

"아니데이. 전두환이가 된데이."

"그거 안 됩니다. 전두환이 되면 나라 망합니다."

그 말에 주 장관의 안색이 확 바뀌었다.

"그런 말 하면, 너 큰일난데이."

난 너무 실망해 그 자리에서 공관을 박차고 나왔다. 1988년 5공 청문회 후 어느 행사에서 주 장관과 마주쳤다. 5공 청문회에서 주 장관은 시종일관 '모르쇠'로 일관했다. 여간 실망스러운 모습이 아니었다. 나는 그에게 물었다.

"형님, 왜 청문회에서 '모르쇠' 하십니까?"

"그래야 내가 살지."

더 이상 물어볼 필요도 없었다. 그 뒤부터 주 장관과 말도 안 했다. 영원히 끝, 절연(絶緣)이었다.

5공이 들어서면서 한국영화는 더 이상 설 자리가 없었다. 나의 영화로는 80년 장미희와 〈그 여자 사람 잡네〉 같은 작품을 한 것이 위안거리랄까. 그 해 5·17 비상계엄에 이어 5·18 광주민주화운동이 발생했다. 광주 사람들은 5·6공 이야기만 나오면 핏대를 높인다. 난 5·18 당일 광주 현장에 있던 한 젊은 여인으로부터 "사람이 죽어가고 있습니다. 경상도 사람이 이렇게 해도 됩니까"라는 피맺힌 절규를 배우협회 사무실 전화로 전해 들었다.

광주 충장로와 금남로를 찾아가 현지인들에게 당시의 참상을 듣고 할 말이 없었다. 수소문해보니, 내게 전화한 여인은 그 충격으로 수녀가 됐다고 한다. 대구는 번번이 정권 정당성 문제로 시비가 걸렸다. 사람이 총칼에 죽어가는 마당에, 영화 발전은 이야기도 꺼낼 수 없었다. 그와 동시에 신성일 영화도 죽었다.

민정당·민한당 입당 제안, 다 뿌리치다

나는 내키지 않는 길은 가지 않았다. 돈키호테 같은 면이 있었다. 1980년 어느 날 전두환의 동생 전경환이 나를 청와대로 호출했다. 그는 국보위 상임위원장인 형을 보필해 청와대 경호과장으로 있었다. 신군부가 1981년 1월 15일로 예정된 민정당 창당을 준비하고 있던 때다. 그가 청와대 경호실 2층에서 "선배님, 민정당에 입당해 국회의원 하십시오"라고 제안했다. 생각해볼 필요가 없었다. 단호하게 거절하고 돌아섰다.

시국은 점점 어수선해졌다. 그 해 10월 29일 신군부는 국가보위입법회의를 구성해 DJ에게 사형을 구형하고, 다음 해 4월 10일까지 5개월 동안 JP 등 구(舊) 정치인 600여 명의 활동을 금지시켰다.

또다시 민정당 쪽에서 러브콜이 왔다. 이번에는 민정당 사무총장 권정달의 사촌동생 권정무가 찾아왔다. 권정무는 사촌형의 수석비서관으로 나와 각별한 인연이 있었다. 1976년 정초 아내와 함께 장기영 한국일보 회장에게 새해 인사를 드리기 위해 나선 길이었다. 광화문 동아일보 앞에서 새까만 차가 우리 차 옆에 멈춰 섰다. 누가 우리 내외를 보고 "어이" 하고 불렀다. 공화당 운영위원장 겸 원내총무인 김용태 의원이었다. 민간인으로 5·16에 유일하게 관여한 분으로 JP의 오른팔이었다. 호랑이상을 가진 듬직한 분이다.

"동생, 어디 가?"

"형님, 한국일보 장 회장께 세배 갑니다."

"난 청와대 들어가는 길이야." 김 의원은 신년교례를 위해 청와대에 가는 중이었다. "국회 한 번 놀러 와. 잘 지었다고."

광화문 서울시의회 본관(부민관)을 쓰고 있던 국회가 1975년 돔 모양의 여의도 국회의사당으로 옮긴 지 얼마 되지 않은 시점이었다. 헤어진 뒤 생각해보니, 공화당의 막강한 실력자인 김 의원에게 영화법 문제를 부탁하면 될 것 같았다. 나는 공화당 원내총무 방으로 찾아갔다.

"영화법은 악법입니다. 대통령에게 직소해 주십시오."

김 의원은 문화전문위원을 불러 내 요청이 전해지도록 했다. 그 때 갑자기 사람 하나 도와줘야겠다는 생각이 났다. 경북 안동에 촬영 갔을 때, 그곳 고택에서 만난 안동 권씨의 장손 권정무였다. 그는 국회도서관에 근무하고 있다고 했다. 내 요청으로 권정무가 김 의원 방에 들어왔다. 그는 김 의원 같은 거물이 자신을 불렀다는 사실에 깜짝 놀랐다. 나는 "이 친구 좀 승진시켜 주십시오"라고 말했다. 김 의원은 즉각 반응했다.

"너, 어디로 가고 싶어?"

김 의원은 그 자리에서 권정무를 승진시켰다. 그런 인연으로 권정무가 나를 찾아와 민정당 참여를 제안한 것이다. 내가 민정당과 손을 잡으면 공천을 받고 3·4선까지 가는 길이 열려 있었다. 나는 "이제, 군인들이 앞서지 말라"며 완강히 거부했다.

1981년 3월 25일 11대 총선을 앞두고 야당 쪽도 나를 원했다. 민한당의 조직부장 김원기와 내 친구였던 조직차장 김현규가 무교동 일식당에서 내게 입당을 종용했다. 나는 "만들어지는 야당은 싫다"며 한마디로 거절했다. 머리가 무거워 밥을 먹는 둥 마는 둥 했다. 발걸음이 절로 덕수궁 쪽으로 향했다. 그곳에 도착했을 때, 덕수궁 뒷담길 신아일보 2층에 있던 한국국민당이 생각났다. 바로 신아일보 2층으로 올라갔다.

11대 국회의원 선거에 '신성일'은 없었다

덕수궁 돌담길을 걸어 신아일보(현 정동극장 부근) 2층에 있던 한국국민당사로 들어갔다. 마침 김종철 총재가 그곳에 있었다. 김승연 한화그룹 회장의 작은아버지다. 김 총재가 나를 보며 반색했다.

1980년 무렵의 신성일. 민정당과 민한당으로부터 입당 제의를 받았으나 받아들이지 않고 한국국민당에 입당해 정치인의 길로 들어섰다. (중앙포토 제공)

"우리 신 동지가 왔습니다. 환영합니다."

"입당하겠습니다."

일사천리로 입당을 결정했다. 정치를 해야 한다면 큰 그림을 그리고 싶었다. 민정당에서 전두환의 하수인 노릇을 하기도 싫었고, 민한당에서 노련한 정치인들의 들러리가 되기 싫었다. 제2야당인 한국국민당에서 열심히 해서 총재도 하고, 차후 대권까지 도전하고 싶은 마음이었다. 김 총재는 "어느 지역을 맡고 싶느냐"고 물었다. 용산·마포 지역구를 맡고 싶다고 했더니, 흔쾌히 그러라고 했다.

나는 고향 대구에서 3년을 준비해 선거에 나가려 했다. 하지만 10·26 정변으로 차질이 생겼다. 11대 총선이 1981년 3월 25일로 당겨진 것이다. 단기적으로 승부한다면 10대 총선에서 선거운동을 해보았던 용산·마포구가 적격이라고 생각했다. 선거에 뛰어들었을 때, 민한당 조직차장이자 내 친구인 김현규가 우정을 베풀었다. 내 지역구가 용산·마포라는 것을 감안해, 그 지역 민한당 후보를 가장 늦게 공천했다. 맞상대로는 무게감이 떨어지는 철도청장 출신의 김재영을 내보냈다. 당시 중선거구제여서 한 지역구에서 국회의원 2명을 뽑았다. 2등만 해도 국회의원이 된다. TBC '뉴스전망대' 앵커를 하며 인기가 높은 봉두완이 민정당 후보로 나왔다. 김현규는 내가 봉두완에게 지더라도 2등은 할 수 있도록 해준 것이다.

주위에서 "강신영(姜信永)이란 이름으로 나가면 어려울 텐데……"라는 말이 나왔다. 선거 45일쯤 남았을 무렵, 아는 변호사를 통해 개명 여부를 알아보았다. 한 달 내에 이름 바꾸는 것은 안 된다고 했다. 그 때만 해도 개명이 쉽지 않았을 뿐 아니라, 시간도 몇 달이 걸렸다. 조선일보의 주돈식 정치부장이 강신영이란 이름 옆에 괄호를 치고 '신성일'이라고 써넣으며 도우려 했지만 한계가 있었다.

내 약점을 간파한 봉두완은 합동유세전에서 '신성일'이란 이름을 집중적으로 띄웠다. 투표용지에는 호적상의 이름인 '강신영' 만 올라갈 수 있기 때문이다. 그 선거에서 '신성일'은 유령인 셈이다. 추첨을 통해 내가 기호 4번, 봉두완이 5번을 받았다. 내 선거조직도 만만치 않게 컸다. 선거비용이 하염없이 들어갔다. 1965년부터 상업은행 혜화동 지점에 당좌수표를 갖고 있던 나는 선거 다음 날인 3월 26일자로 된 수표를 남발하며 자금을 조달했다. 죄다 3월 26일 갚아야 하는 빚이었다.

개표 결과는 참담했다. 봉두완은 15만 8,000표로 전국 최다 득표의 주인공이 됐다. 김재영은 7만 8,000표로 2등을 했고, 나는 5만 1,000표로 탈락했다. 내가 10년 동안 다니던 남산체육관 스낵에서 일하는 아주머니가 있었다. 선거 다음 날 아침에도 꿋꿋하게 운동하러 갔더니, 그 아주머니는 "신 선생은 어디로 출마했어요? 이름이 없던데요"라고 했다. 정말 뼈저린 아픔이었다. 11대 선거 다음 날인 3월 26일, 후폭풍이 몰아치기 시작했다.

국회의원 낙선 후폭풍

선거 패배로 현실을 깨닫다

11대 국회의원 선거 패배로 그간 쌓아온 모든 게 모래성처럼 무너졌다. 선거 다음 날인 1981년 3월 26일자로 돌아온 당좌수표를 막을 길이 없었다. 부도를 냈다. 충무로에는 급전을 빌려주고, 3부에서 3부 5리 이자를 받는 고리대금업자가 몇 있었다. 그 중 가장 막강한 사람은 '뱀대가리'였다. 그의 돈을 선거자금으로 빌렸다. 그가 나를 세운상가 1층 풍전호텔로 불러냈다. 사람들이 와자지껄한 곳이었다. 그가 날 보자마자 소리를 질렀다.

"야, 이 사기꾼아, 내 돈 왜 안 주는 거야."

그 전까지 내가 늘 "형"이라고 부르던 사람이 내가 낙선하자 돌변한 것이다. 나는 탁자를 탁 때리면서 일어났다.

"야, 내가 네 돈 받아서 술 처먹었어? 도박을 했어? 내가 사기친 게 뭐 있어? 나는 영화 제작했고, 선거 치르다가 돈이 없을 뿐이야. 그 돈은 갚으면 될 것 아냐?"

나는 전혀 위축되지 않았다. 기세 싸움에서 눌린 뱀대가리는 테이블 밑으로 쏙 들어갔다. 고리대금업자는 얼굴이 드러나면 큰일이다. 그가 테이블 밑에서 손짓했다.

"신 감독, 앉아. 앉으라고."

그러더니 슬금슬금 피하며 사라졌다. 이 사건은 충무로에서 화제가 됐다. 그 때 나는 배우협회장으로 있었다. '뱀대가리가 신성일한테 돈을 못 받았다'는 소문이 돌았다. 고리대금업자가 돈을 못 받았으니 톡톡히 망신을 당한 셈이다. 얼마 후 그가 '무슨 소리냐. 나는 신성일 돈 다 받았다'고 퍼트린 소문이 내 귀에도 들어왔다. 자신이 나를 찾아오지 못하고 심부름하는 이영식을 보냈다.

"신 감독, 우리 오야붕 돈 어떻게 됐어? 갚아야 될 거 아니오?"

나는 눈도 깜짝 안 했다.

"야, 너 말 못 들었어? 네 오야붕이 신성일 돈 다 받았다고 충무로에 소문났던데?"

이영식은 더 이상 할 말을 찾지 못했다. 끽소리도 못하고 돌아간 그가 며칠 후 다시 찾아와 통사정했다.

"신 감독, 우리 오야붕 좀 살려주라. 그러지 말고 반만 갚아줘."

우리는 뱀대가리의 빚 1,500만 원 중 750만 원을 갚는 것으로 타협을 보았다. 내가 부도를 냈기 때문에 빚쟁이들은 나를 형사 고발할 수 있었다. 구속시킨 후 돈을 받아낼 작정이라면 그리 할 수도 있다. 다행히 형사고발까지 한 사람은 없었다.

엄앵란도 말 못할 수모를 겪었다. 하루는 빚쟁이 네 명이 동부이촌동 우리 집에 몰려와 채무지불각서를 쓰라며 협박했다. 당시 나는 그곳에 없었다. 여인 혼자서 거친 빚쟁이들을 상대하려니 얼마나 무서웠을까. 아내의 말에 근거해 그 날 상황을 옮겨본다. 엄앵란은 네 명의 빚쟁이와 마주앉아 담담하게 말했다.

"이렇게 하시면, 간단해요. 여러분 보는 앞에서 여기 15층 아파트에서 뛰어내리면 됩니다."

네 명 중 가장 나이 많은 노인네가 그 말을 다 들은 후 입을 열었다.

"야, 가자. 이 사람도 시간을 줘야 돈을 벌 것 아닌가. 엄 여사는 이런 사람 아닌 것 알아. 힘내소."

그는 격려를 해주며 일행을 끌고 갔다고 한다. 이 때까지 박수 받고 살던 우리 부부였다. 아침에 눈만 뜨면 빚쟁이와 마주하게 됐다. 더 이상의 고통이 없었다. 내 명예의 추락이자 가장으로서 면목 없는 일이었다.

친구의 배신

믿는 사람에게 배신당하면 마음에서 피가 난다. 그 상처는 지금도 나와 엄앵란에게 남아 있다.

1981년 3월 11대 국회의원 선거 패배 후 많은 빚쟁이가 몰려들었다. 서울 동부이촌동 현대APT 우리 집 아래층에 경북중·고 동창 손모가 살고 있었다. 서울 시내 은행지점장으로 꽤 성공한 친구였고, 좋은 일이 있으면 서로 기뻐하고 나눠먹는 사이였다. 선거 당시 얼마의 돈을 빌려준 그 친구가 우리가 부도를 낸 직후 엄앵란이 운영하는 대구의 식당 '나드리예'로 찾아왔다. 손님이 한창 많은 점심시간이었다. 손모는 손님들 앞에서 "엄앵란이 이리 와"라며 덤벼들었다.

"너 장사 다 해먹고 싶어? 오늘 6시까지 돈 마련해 놔. 아니면 아버지 사람 80명 풀어 매일같이 데모할 거야."

몸서리친 엄앵란은 그날 당장 다른 곳에서 빌려 손모의 돈을 절반 갚았다. 그는 "중·고 시절의 우정은 어찌된 거냐"는 아내의 하소연을 듣지도 않고 보름 내에 잔금을 마련해놓으라고 엄포를 놓았다. 손모는 채무 회수일 사흘 전부터 자신의 여든 살 아버지를 우리 식당에 보냈다. 나드리예 현관에 드러누워 있던 손모의 아버지는 내 머리채를 꽉 잡고 흔들어댔다.

나는 여든 노인에게 머리채를 잡혔고 거친 욕을 들었다. 오른쪽 주먹이 부들부들 떨렸다. 친구 아버지라는 사람이 이토록 아들 친구를 욕보여도 되는 것인가. 한 대 치면 사망할 것 같은 기분이 들었다. '이 노인 때리면 내 인생 끝난다'는 생각에 꾹 참았다.

설상가상, 또 다른 악재가 터졌다. 내가 협회장으로 있던 배우협회 문제였다. 1979년 3월 내가 협회를 인수했을 때, 전임 협회장인 장동휘는 선거에서 사용한 식대 250만 원을 협회 채무로 남겨놓았다. 내 돈으로 그 빚을 청산했다. 장동휘는 협회 재정을 마음대로 썼기 때문에 후임 협회장인 내게 회계장부를 넘겨줄 수 없었다. 그는 회계장부를 자신이 가져가는 조건으로 협회 사무실 점거를 풀었다. 새 집행부를 꾸리려면 장동휘와 타협하지 않을 수 없었다.

나와 원수가 된 장동휘의 끄나풀 장모가 협회 운영비를 횡령했다며 나를 검찰에 고발했다. 내 회장 임기 2년 동안 협회는 9천만 원 가까운 운영비를 만들었다. 그러나 11대 총선 출마로 협회에 신경 쓰지 못한 사이, 사무국장이 운영비 2,500만 원을 유용한 것이다. 선거운동에 경황이 없던 중 내가 사인을 했기에 그 책임은 내게 돌아왔다.

법원에서 1차 진술 후 2,500만 원의 10%인 250만 원을 벌금으로 내라는 판결이 나왔다. 나는 '노 판사'라는 분에게 말했다.

"제가 책임지겠습니다. 지금 돈은 없습니다."

"어떻게 할 거요?"

"(감옥에) 집어넣으세요. 몸으로 때우겠습니다."

나는 감옥행을 각오했다. 노 판사는 잠시 생각하더니 "가라"고 했다. 그로부터 일주일이 지났는데 아무 소식이 없었다. 꺼림칙한 기분으로 노 판사실에 전화해 처리 상황을 물었다. 그 쪽의 답변은 뜻밖이었다.

"무슨 벌금이요? 징수가 돼 있는데요."

난 아내에게 이 일에 대해 전혀 알리지 않았다. 알고 보니 내 신변 처리를 고심하던 노 판사가 엄앵란에게 사정을 이야기했고, 아내가 대신

4. 사나이 가는 길   321

그 돈을 물은 것이다. 배우협회장을 하고 싶은 마음이 싹 달아났다. 그 즈음 70년대 중반 미국으로 간 선배 최무룡이 귀국해 협회장을 하고 싶다는 의견을 비춰왔다. 최무룡은 자기 이름으로 된 2,500만 원짜리 수표를 배우협회에 내고 협회장이 됐다.

파친코 왕의 몰락

사람 때문에 울고 웃는다. 1981년 11대 총선 패배 후 대구에서 아내의 식당 일을 거들며 지냈다. 가뭄에 콩 나듯 영화에 출연했지만 거의 백수건달이었다. 우리 부부는 1985년 7월 14일 주한 프랑스대사관에서 열린 프랑스 혁명 기념일(7월 14일) 기념파티에 초청을 받았다. 총선을 치르느라 험하게 사용한 우리 자동차는 보기가 민망할 정도였다. 파티가 끝나고 나오자 조용필

1991년 12월 서울의 한 모임에서 신성일(가운데)과 박철언(왼쪽) 전 의원 등이 이야기를 나누고 있다. 오른쪽은 베스트셀러 『맞아죽을 각오를 하고 쓴 한국, 한국인 비판』의 저자인 이케하라 마모루. (중앙포토 제공)

과 이주일이 주차장 입구에 서 있었다.

"왜 안 가요?"

"선생님 가시는 것 보고 가겠습니다."

조용필과 이주일은 한창 잘나가고 있었다. 이들의 차는 최신형 벤츠였다. 그 때 주차요원이 덜덜거리는 우리 차를 몰고 왔다. 두 사람은 우리 내외를 공손하게 배웅했다. 다음 날 모 일간지에 조용필과 이주일이 선배를 깍듯이 모신다는 미담 기사가 났다.

1987년 또 하나의 인연을 만났다. '파친코 왕' 정덕일이었다. 지인의 주선으로 인천 연안부두 근처에 자리한 뉴스타호텔 오프닝에 참가했다가 그 호텔의 호스트인 그를 만났다. 그는 나를 깍듯하게 대했다.

우리 부부는 불자라는 인연으로 그의 어머니와 친해졌다. 정덕중·정덕진·정덕일 삼형제와 한가족처럼 지냈다. 정덕진·정덕일 형제의 사업은 눈에 띄게 번창했다. 정덕일은 석촌호수 맞은편에 뉴스타호텔을 또 냈다. 엄밀하게 따져 그의 사업은 구슬이 떨어지는 일본식 파친코가 아니라 슬롯머신이었다.

어느 날 그가 "신형, 정치 좀 하시죠"라고 말했다. 나를 국회의원으로 만들고 싶어한 것이다. "난 정치 안 해요." "그럼 뭐하고 싶어요?" "영화 만들고 싶지."

정덕일은 그 자리에서 내게 수표로 1억 원을 줬다. 나는 그 돈으로 '성일시네마트'를 설립하고, 충무로 대원호텔 814·815호를 터서 영화사 사무실로 썼다. 같은 층 818호가 남산의 충무로 분실이었다.

90년대 초반 무렵이다. 정덕일이 6공의 '넘버 2' 박철언을 소개해달라고 부탁했다. 박철언은 내 경북고 후배 중 가장 똑똑하고 당찼다. 정권의 넘버 1은 아니라도 넘버 2 정도는 될 인물이었다. 정덕일은 돈을 많이 벌었지만 이 사업을 영구적으로 할 수 없다는 것을 잘 알고 있었다. 자신을 보호해줄 정치세력을 찾았던 것 같다. 나는 어느 날 아침 일찍 소공동 롯

4. 사나이 가는 길　323

데호텔 1층 커피숍에서 두 사람을 만나게 해주었다.

1993년 김영삼 정부 출범 직후 정덕진·정덕일 형제의 '슬롯머신 사건'이 터졌다. 정덕진과 박철언이 구속되고, 정덕일은 2개의 삐삐를 차고 다니면서 조사를 받았다. 정씨 형제의 돈을 박철언에게 건넨 '평창동 여인'이 나와 관계가 있다는 루머도 돌았다. 나는 전혀 모르는 여인이었다. 이 사건을 담당하던 검사가 지금의 홍준표 한나라당 대표다.

홍 검사는 내게 참고인 진술을 요구했다. 검사실의 요구대로 '정덕일·박철언·신성일의 사실관계'를 A4 네 장에 제출하고 신상옥 감독의 영화 〈증발〉 촬영차 미국으로 출국했다. 나는 정덕일에게 40억 원을 받았다. 그 돈은 전부 영화 제작에 썼다. 내가 무탈했던 이유다.

아버지의 마음

1989년 '파친코 왕' 정덕일에게서 받은 1억 원으로 '성일시네마트'를 설립하고 창립작으로 〈코리안 커넥션〉(고영남 감독)을 선택했다. 히로뽕을 소재로 밑바닥 마약밀매조직과 공권력의 비리와 섹스, 폭력 등 사회문제를 다뤘다. 이 영화로 1990년 대종상 남우주연상을 받았다. 출발이 좋았다.

두 번째 선택은 좋지 않았다. 그 해 만든 〈남자시장〉은 졸작으로 끝났다. 이후 파리에서 찍은 〈물 위를 걷는 여자〉(감독 박철수·1990), 〈열아홉 절망 끝에 부르는 하나의 사랑노래〉(강우석), 〈산산이 부서진 이름이여〉(정지영·1991) 등 여섯 작품을 제작했다.

배우나 스태프들이 보다 나은 환경에서 일할 수 있도록 했다. 충무로의 입방아꾼들이 배아파하며 나를 모함했고, 정덕일은 더 이상 자금을 대지 않았다. 1992년 런던에서 홍콩 제작자와 〈안개 속에 2분 더〉를 촬

1. 신성일 제작·주연의 영화 〈코리안 커넥션〉. 성일 시네마트의 창립작. (신성일 제공)
2. 1990년 대종상 시상식에서 각각 남녀 주연상을 받은 신성일과 강수연. (중앙포토 제공)
3. 1991년 제작한 〈산산이 부서진 이름이여〉에서 삭발한 신성일의 모습. (신성일 제공)

4. 사나이 가는 길

영하던 중 자금이 끊겼다. 정덕일의 사무실로 찾아가 마지막으로 한 번만 도와달라고 했다.

"신형의 자업자득이요"라는 그의 말에 큰 쇼크를 받고 돌아설 수밖에 없었다.

동부이촌동 우리 집을 모 제약회사에 담보로 잡히고 돈을 빌려 촬영을 진행했다. 작품은 완성됐지만 홍콩과 합작 계약을 잘못하는 바람에 홍콩에 판권을 빼앗겼다. 국내 상영도 제대로 못했다.

1993년 1월 9일 막내딸 수화의 결혼을 앞두고 우리 아파트가 경매가 2억 원에 넘어갔다. 낙찰 받은 젊은이는 1월 7일까지 집을 비워달라는 통지를 보내왔다. 내일모레면 딸의 결혼식이었다. 나는 그를 찾아가 "일주일만 연기시켜 달라. 결혼식 치르고 이사 가겠다"고 통사정했다. 그는 절대 안 된다고 거절했다. 다시 한 번 찾아가 며칠간 말미를 얻어 결혼식을 치렀다. 비참한 아버지의 꼴이 됐다.

63빌딩에서 JP의 주례로 결혼식을 치르고 돌아오는 길이었다. 차 안에서 최백호의 〈애비〉가 흘러나왔다. 마치 나를 두고 부른 노래 같았다. 집에 돌아와 텅 빈 수화의 방에 들어섰을 때 참았던 눈물이 터졌다. 혼자 통곡을 했다. 수화가 결혼한 지 얼마 뒤 정덕진 · 덕일 형제의 '슬롯머신 사건'이 터졌다.

1995년 10월 초순 YS가 나를 청와대로 호출했다. 1996년 4월 15대 총선을 앞둔 상황이었다. YS가 집권 후 경북 · 대구를 왕따한다는 소문이 돌면서 대구 민심은 흉흉했다. 안기부 대구 분실 임경묵 실장 측근들이 내가 대구에서 경쟁력 있는 인물이라고 보고서를 올린 것이다. 사정을 들은 엄앵란이 말했다. "좋아요, 하지만 이제 우리 각자 딴주머니 찹시다." 그때부터 나와 엄앵란은 따로 재산을 관리했다. 숱하게 고생한 우리 부부의 고육책이었다.

박철언 · 이회창 · 박근혜

1996년 4월 15대 총선을 앞두고 YS가 대구 민심을 수습하기 위해 나를 선택했다. 나는 이원종 정무수석으로부터 구체적인 계획을 들었다. 그가 준 봉투를 받아 들고 대구로 내려갔다. 설혹 떨어지더라도 다음번에는 당선될 수 있겠다는 자신감이 들었다.

YS는 1995년 12월 민자당을 신한국당으로 개명했다. 대구 터줏대감 박철언은 정덕진 · 덕일 형제의 '슬롯머신 사건'에 얽혀 세가 약화된 상황이었다. 이 수석은 대구에서 박철언과 맞붙으라고 권유했지만 경북고 후배인 박철언과 대결하는 것은 도리가 아니었다.

내 출생지인 대구 중구에서 출마하고 싶었다. 그곳은 신한국당 유승환 의원이 비례대표로 지키고 있었다. YS의 부인인 손명순 여사의 연줄이 든든한 유 의원은 내가 중구 출마 의사를 비쳤더니 펄펄 뛰었다. 이 수석이 "유 의원의 반발이 심해 중구는 어렵겠다"고 난감해했다. 결국 대구 동구 갑에서 자민련 김복동 의원과 맞붙었다. 노태우 대통령의 부인인 김옥숙 여사의 오빠인 김 의원은 차기 대통령 평을 듣던 인물이다. 선거 당시 포항 큰형님이 베풀어준 은혜는 잊을 수 없다. 돈가방을 들고 와 나를 힘껏 도왔다. 큰형님의 장남인 강석호 한나라당 의원(18대)이 2008년 고향 영덕에 출마했을 때, 나 역시 사력을 다해 뛰었다.

15대 총선에서 패배했지만 얻은 게 많았다. 차기 선거를 바라보면서 한나라당 대구 동구 지구당 위원장을 맡았다. 분위기는 대선 체제로 접어들었다. 1997년 11월 신한국당과 민주당이 통합한 한나라당이 창당됐고, 그 다음 달 국민회의 후보 DJ와 한나라당 이회창 후보가 맞붙는 등 숨가쁜 정치일정이 계속되었다.

어느 날 이회창 한나라당 총재측으로부터 만나자는 연락이 왔다. 우리 부부는 서울 소공동 롯데호텔 35층 양식당에서 이 총재, 한인옥 여사와

1997년 7월 이회창 총재(오른쪽)와 만난 신성일이 악수를 나누고 있다. (중앙포토 제공)

함께 식사했다. 청와대가 굽어보이는 자리였다. 이후 이 총재 특보가 돼 두 차례 대선에서 거의 10년에 걸쳐 선거운동을 도왔다. 천주교인인 한 여사는 경상도에 내려올 때면 불자인 엄앵란을 꼭 동반했다.

15대 대선이 끝난 후 박근혜 한나라당 전 대표를 만나게 됐다. 1998년 4월 대구 달성군 보궐선거에 박 대표가 한나라당 후보로 나왔다. 박 대표는 아무 연고가 없는 달성으로 내려오며 내게 도움을 청했다. 결혼식 때 김소월 시집을 선물해주신 육영수 여사를 떠올렸다. "어머님·아버님을 생각해서라도 전력을 다해 도와드리겠다"고 했다. 선거운동 17일 동안 하루도 빠지지 않고 박 대표와 함께 유세장을 누볐다. 박 대표가 정계에 발을 내디딘 순간이었다.

세 번째 도전, 금배지를 달다

국회의원 당선

두 번의 실패. 16대 총선(2000년 4월 13일)을 마지막이라고 생각했다. 1996년 15대 선거에서 떨어진 후 '강신성일은 얼마 후 서울로 보따리 싸서 올라갈 사람'이라는 루머가 돌았다. 상대 진영에서 내가 대구에 애착이 없는 사람이라는 이미지를 퍼뜨린 것이다. 15대 선거 당시 내가 살던 대구 신천주공APT가 전세였기 때문. 이런 사정을 아는 포항 큰형님이 지금도 내가 살고 있는 대구의 33평 아파트를 9,500만 원에 사주셨다. '전세 문제'에 대한 입막음이 됐다.

16대 총선을 앞두고 대구 동구 갑 지역구에 변화가 생겼다. 대구 동구 갑과 을이 대구 동구로 통합됐다. 당시 동구 갑·을을 합쳐 약 31만 2천 명이었는데 분구(分區) 기준이 되는 32만 명에 조금 못미쳤다. 20개 동과 16개 재래시장이 통합 동구 안에 들어갔다. 그 넓은 지역을 관리하는 방법은 산악회밖에 없었다. 주말마다 사람들을 차에 태우고 주왕산·문경새재 등 경북 일대 산이란 산을 돌아다녔다. 어떤 때는 관광버스를 10대 동원해 한꺼번에 500~600명과 움직이기도 했다. 돈이 한없이 들어갔다.

관광버스마다 들어가 술을 한 잔씩 해야 했다. 술을 잘 못하는 나로선 괴로운 일이었다. 관광버스에서는 춤판이 벌어졌다. 모두들 하는데 나만 안 할 수 없었다. 주말이 되면 눈코 뜰 새 없이 온갖 주례에 불려 다녔

2000년 16대 국회의원 선거에서 당선이 확정된 순간 아내 엄앵란에게 기쁨의 키스를 하고 있다. (중앙포토 제공)

다. 과거 부패했던 우리네 선거판을 실감했다.

지금처럼 선거비용·방식을 제한해 놓은 것은 잘한 일이다. 15대 선거까지만 해도 길바닥에는 후보자의 버려진 명함이 쫙 깔려 있었다. 후보자들은 플래카드도 원하는 만큼 걸 수 있었다. 돈을 많이 뿌리는 사람이 무조건 유리했다. 엉망진창이었다. 그래도 16대 총선에서는 선거법이 바뀌어 돈이 많이 들지 않게 됐다. 15대에 비해 10%도 안 썼다.

15대 선거에서 내게 승리한 자민련의 김복동 의원은 16대 총선에 나오지 않았다. 그는 워낙 술을 좋아한 탓에 건강을 잃었다. 16대 총선일 엿새 후에 세상을 떠났다. 유일한 라이벌이었던 그의 불출마로 이렇다 할 경쟁자가 없었다. 78%의 득표율(8만 9,000표)로 압승을 거두었다. 16대 선거에서 전주의 정동영, 익산의 이협

(이상 민주당)에 이어 전국 세 번째로 많은 표를 얻었다.

세 번의 도전 만에 당선됐으니 큰 감동이었다. '당선 가능' 1호로 가장 먼저 TV 화면에 소개됐다. 너무나 기쁜 나머지 사무실에 있던 조니 워커를 따서 모두에게 술을 돌렸다. 술 취한 채로 당선 인터뷰를 했다. 나의 욱하는 기질을 잘 알고 있던 아내는 그 모습을 걱정스럽게 바라보았다고 한다. 국회에 들어가서 보니 더 가관이었다. 한 타에 10만 원짜리 골프 치는 사람, 각종 지원금을 자기 주머니에 넣는 사람 등등. 왜 모두 국회의원 하려고 기를 쓰는지 알 것 같았다.

정치인의 명암

2000년 16대 국회의원에 당선된 나는 대구를 위해 발벗고 뛰었다. 1995년부터 연임한 문희갑 대구시장은 나와 경북고 동기였다. 청와대 경제수석을 지낸 문 시장의 핵심사업은 1999년 시작한 '밀라노 프로젝트'와 2003년 8월 10일 개막한 대구 하계유니버시아드대회(이하 U대회)였다. 밀라노 프로젝트는 대구를 세계적 섬유·디자인 도시로 육성하겠다는 계획이었다. U대회는 부산아시안게임(2001)과 한·일월드컵(2002)에 자극을 받아 유치한 국제행사였다.

이런 국제행사가 출범할 때 시(市)가 주도권을 갖는 국제대회 체육진흥법이 마련된다. 엄청난 광고사업권이 따라붙는다. 대구시가 사업자를 선정하고 사업자가 기금을 조달하는 방식이다. U대회를 앞두고 대구시로선 당장에 300억 원 확보가 가능했다.

문 시장은 U대회 유치·진행을 위해 체육진흥법이 발효되도록 나를 재촉했다. 그런데 악재가 잇따라 터졌다. 2002년 10월 문 시장이 뇌물수수 혐의로 구속됐다. 문 시장은 공천을 받지 못해 3선에 실패했다. U대회는 전적으로 문 시장의 작품이다. 무소속으로 당선된 문 시장은 3선을 위해 연임 말기에 한나라당에 입당했다. 문 시장이 낙마하면서 U대회는 큰 상처를 입었다.

급조된 조해녕 신임 시장 체제는 U대회를 앞둔 2003년 2월 19일, 대구 지하철 방화사건을 겪었다. 200여 명의 사상자가 났다. 사망자·실종자 유족, 부상자 가족 대표들의 시위로 인해 시정이 마비됐다. 전국 성금과 대구시 보상금으로 가족들에게 1인당 1억~6억 원이 돌아가면서 사태가 일단락됐다.

우여곡절 끝에 U대회를 마무리했다. 그 해 평창이 동계올림픽 유치 1차 투표에서 탈락했다. 평창이 기회를 잃으면서 대구시는 U대회 체육진흥법 연장법안을 추진하도록 날 독려했다. 4년 연장하면 약 1,000억 원의 기금이 들어온다. 나는 문광위원회 상임위원으로 U대회 연장법안을 상정했다. 열린우리당 간사가 연장법안에 반대했다. 열린우리당 소위원회 간사를 찾아가 "대구 좀 살려줘"라고 익살스럽게 이야기했다. 나는 한나라당 소속이지만 상대당 의원들과 친분이 두터웠다. 주위 열린우리당 의원들이 "강 의원 좀 도와주라고"라며 한마디씩 거들었다.

열린우리당 간사 쪽에서 조정안이 들어왔다. 4년 기한을 2년 기한으로 조정했다. 여·야로 구성된 문광위 법안 소위원회와 문광위, 그리고 법사위를 통과했다. 그 결과 기금 506억 원이 떨어졌다. 기존 300억 원을 합쳐 806억 원을 따낸 것이다. 2004년 8월 9일 그 공로로 체육훈장 맹호장을 받았다. 그 해 의원 임기가 끝났다.

2005년 2월 19일 대구지검에서 "21일 출두해달라"고 연락이 왔다. 당시 옥외광고업자인 전홍의 박정하 회장이 부산아시안게임과 한일월드컵, U대회의 광고사업권을 위해 로비자금 60억 원을 조성했다는 혐의로 구속됐다. 나는 박 회장에게 1억 7,800만 원의 정치후원금을 받고 영수증을 써주었다. 검찰은 이를 대가성으로 보았다. 21·23일 조사를 받고,

25일 대구구치소에 구속 수감됐다. 난 이의를 달지 않았다. 대한민국은 민주주의 국가다. 법을 어기면 누구든 대가를 치러야 한다.

폭풍인생 신성일

나는 지금까지 이 자서전에서 최대한 있는 그대로의 나를 전달하려 했다. 사실 사는 게 힘겹더라도 최소한 감방보다 낫다. 의자에 앉아 책을 읽을 수 있는 것만도 큰 행복이다. 2005년 2월 24일 밤 11시 40분 대구지방검찰청에서 구속적부심이 떨어지자 교도관이 내게 수갑을 채웠다. 사진기자 7~8명이 밖에서 기다리고 있었다.

"너희들, 수갑 찬 것 찍으려고 하지? 이거 찍어봐."

나는 수갑 찬 두 팔을 번쩍 들어올렸다. 사진기자들이 카메라 플래시를 터뜨렸다. 25일 새벽 대구구치소로 이동했다. 소지품과 양복을 영치시키고, 청색 구치소복으로 갈아입었다. 나는 독방을 요구했다. 병렬 복도를 한참 걸어갔다. 오른쪽 감방 수감자들이 기웃거리는 걸 느꼈다. 복도에 책꽂이가 있었다. 틱낫한 스님의 『화』를 빼어 들고 맨 끝 골방에 이르렀다. 교도관이 말했다.

"이 방이 얼마 전까지 문희갑 시장이 있던 곳입니다."

엄청나게 추웠다. 구속 첫날 잠을 자지 못했다. 감방에는 24시간 형광등이 켜져 있다. 교도관이 감시하고, 수인이 자해하는 것을 막으려는 의도다. 스위치도 없고, 형광등이 천장 높이 달려 있다.

물품도 마음대로 살 수 없다. 지급받은 것 이외의 신발·내의·담요 등은 가족이 매점에서 사서 넣어준다. 담요는 100% 화학섬유 제품이라 먼지가 많이 일었다. 감옥을 온통 뿌옇게 만들었다. 교도관들은 복도에서도 마스크를 쓰고 다녔다. 같은 기간 서울교도소에 수감됐던 정대철

젊은 시절부터 책을 가까이 했던 신성일. 2005년부터 2년 동안 옥고를 치르면서 독서로 힘든 시간을 버텼다. 윤정희·백건우 부부가 선물해준 『베토벤의 삶과 음악세계』란 책을 읽고 그의 삶에 감동을 받았다는 신성일은 그 후 은발의 머리를 베토벤의 머리처럼 자유분방하게 하고 다닌다.
(일간스포츠 제공)

의원이 『백악관을 기도실로 만든 대통령 링컨』을 보내왔다. 『오체투지』도 인상 깊게 읽었다.

'닭장 버스'로 불리는 호송차를 타고 검사에게 불려갈 때 매우 수치스러웠다. 호송차 창문은 촘촘한 격자철창으로 덮여 있다. 밖을 구경하기 힘들다. 호송차로 20~30명이 함께 이동한다. 포승줄에 묶이고 수갑을 찬 내 모습을 보여주는 것 자체가 굴욕이었다. 빨리 교도소에 가고 싶은 마음밖에 없었다.

대구 하계유니버시아드대회 후원금을 받은 것을 두고 검사는 대가성 수의계약으로 결론 내렸다. 구형 8년에 실형 5년이 떨어졌다. 대구구치소 생활 두 달 만에 대구 달성군 화원교도소로 옮겨졌다. 그곳엔 독방이 없다고 했다. 교도소측의 배려로 감방 속의 감방이라 할 수 있는 '징벌방'에 들어갔다. 화원교도소에선 헤비메탈 같은 뽕짝이 귀가 찢어지게 울려 퍼졌다. 완전히 미칠 것만 같았다. 정상이던 혈압이 185/87 mmHg까지 올라갔다. 이후 병사(病舍)로 옮겨갔다. 지금까지 혈압약을 먹고 있다.

2006년 봄 의정부교도소 독방(1.31평)에 들어갔다. 교도소장이 벽에 3단 책꽂이를 달아주었다. 황석영의 『장길산』, 이문열의 『삼국지』 등을 미친 듯이 읽었다. 매일 아침 108배, 『반야심경』 260자 쓰기, 냉수 마찰로 건강을 지켰다. 원예반에서 국화도 길렀다.

밖에서 구명운동이 벌어졌다. 열린우리당 의원 대부분이 서명해주었고, 동부이촌동 주민, 해외동포도 힘을 모았다. 특히 엄앵란의 노고가 대단했다. 구속 2년 만인 2007년 2월 21일 특별사면을 받고 출감했다. 교도소 정문을 나서자 기자들이 몰려들었다. 한마디 해달라고 했다.

"공짜밥 잘 먹었소. 법무부 장관 고맙소."

명동을 걸으며

'길' 하면 영화 〈라 스트라다〉(La Strada · 이탈리아어로 길)가 떠오른다. 잠파노(앤서니 퀸)와 젤소미나(줄리에타 마시나)의 유랑길을 잊을 수 없다. 1960년 무렵 서울의 길, 땅을 보고 걸어다니는 사람이 많았다. 배고픈 탓에 길바닥에 뭔가 없나 해서다. 60년이라고 해봐야 종전 7년 후다. 제대로 된 건물이 없었다.

50년대 후반 상경한 나는 충무로를 걷고, 명동을 구경하는 걸 낙으로 삼았다. 신세계백화점 맞은편, 충무로 1가에 빵집 '태극당' 과 전축기기상 '기쁜 소리사'가 있었다. 두 곳 사이에 '영양센터' 라는 치킨집도 처음 생겼다. 쇠꼬챙이에 닭을 꿰어 빙빙 돌려 구워대는 영양센터 쇼윈도는 보통 볼거리가 아니었다. 당시 배고픈 사람들에게 얼마나 침이 넘어가는 풍경이었겠는가. 게다가 연통을 길 쪽으로 뽑아놓아 그 앞은 온통 닭 굽는 냄새로 가득했다. 얼마나 콧구멍을 자극했던지……. 하지만 내 주머니 사정으론 어림도 없었다. 나중에는 약이 바짝 올라 그 앞으로 지나지 않고, 아예 태평로 큰길로 돌아서 갔다.

'한국의 할리우드'로 불린 충무로는 내게 의미가 각별하다. 서울대 공대·법대·의대 진학을 꿈꿨던 나는 그 길로 가지 못하고 충무로를 헤매다 신필름에 들어갔다. 신상옥 감독의 신필름은 영화계의 모든 시스템과 활동을 집약한 축소판이었다. 대한극장·을지극장·국도극장·명보극장·스카라극장·중앙극장 등이 모두 충무로 일대에 있었다.

미도파백화점 맞은편, 명동은 충무로와 사뭇 달랐다. 신필름에 들어가기 전까지 난 명동에 갈 용기도 없었다. 충무로에서 만났던 손시향을 생각해보라. 마카오 신사처럼 머리부터 발끝까지 하얀색으로 쫙 빼입은 장안의 멋쟁이가 명동을 누볐다.

청춘 스타가 된 후 1주일에 한 번은 명동에서 촬영할 일이 생기곤 했다. 나를 포함해 신영균·남궁원·윤일봉 네 명이 명동 거리를 걸으며 새로 생긴 음식점을 찾아다녔다. 우리가 명동 거리를 지나가면 행인은 물론 상점 주인들도 죄다 눈인사를 했다. 명동은 내게 성공을 상징하는 길이었다.

충무로의 길은 음식점으로 통했다. 충무로의 진고개, 종로와 명동의 한일관, 을지로 곰탕집 하동관, 청진동 선지해장국집 청진옥, 시청 뒤 콩나물 선지해장국집 부민옥 등이 단골집이었다. 지금도 예전 맛을 지켜가고 있는 음식점들이다.

신필름에 들어가기 전에 다녔던 배우 전문학원도 우연히 충무로 길을 걷다 만났다. 나는 학원에서 러시아 최고 연출가인 스타니슬랍스키의 책 『배우 수업』으로 연기를 배웠다. 바닥에 선을 하나 그어 놓고, 그것을 문이라 연상한 채 연기를 공부했다. 각자 나름의 방식으로 문을 넘나드는 연기를 연습했다. 얼마나 창의적이고 재미있는 과제였는지. 서민가족의 가장 역할로 최고였던 대선배 김승호는 "길 가는 사람은 모두 내 스승이다. 저 사람은 왜 저렇게 활기차게 또는 무겁게 걷는지, 직업은 무엇인지 관찰하라. 그게 연기 교본이다"라고 조언했다.

지금도 시간이 나면 충무로·을지로·무교동·청계천 등을 걸어다닌다. 얼마 전 시청 앞 광장에서 예쁘게 피어난 야생화 향기에 흠뻑 취했다. 얼마나 싱그럽던지. 74살 청춘의 '마이 웨이(My way)'다.

【아내 엄앵란이 본 남편 신성일】
사랑하는 부부 이전에, 삶의 동지

우리 남편 신성일의 기사(중앙일보, 일간스포츠 연재 〈청춘은 맨발이다〉)를 처음부터 마지막회까지 스크랩하면서 참 평탄하게 살 수 있는 사람이 왜 그렇게 복잡하게 살았는가 하는 생각을 새삼 했다. 살아오면서 원망도 많이 했고, 미워도 했고, 그만 끝낼까라는 생각도 서른 번은 했다.

지금 돌이켜보니, 과거의 그 태풍 속에서 살았던 희로애락들이 아름답게 보인다. 그 순간에는 말도 못할 분노, 까무러칠 것 같은 좌절 때문에 괴로운 세월이었지만 일흔을 넘으니 그 시절도 그립고, 아름답게 기억 속에 남는다. 갈등의 세월을 살아오면서 역시 다른 어떤 교육보다도 세월의 흐름이 모든 것을 희석시켜주는 선생이란 것을 알겠다. 이제는 마음의 매듭, 남편에게 가졌던 모든 오해와 미움을 모두 풀어버렸다. 이렇게 홀가분한 세상도 있다는 것이 새삼 고맙게 생각된다. 그이와 둘이 47년을 함께했다는 것만으로도 나는 영광이다. 중간에 헤어지고 소동을 피웠다면 주접스러운 일이었을 것이다. 험한 꼴 보지 말고, 보이지도 말고, 물 흐르듯 조용히 인생의 흐름을 따를 것이다.

처음 신문 연재가 시작됐을 때 독자들이 어떻게 생각할까 상당히 걱정했다. 남편의 모든 표현이 직설적이어서 매일 아침 신문을 펼칠 때마다 판사의 선고문을 받아드는 기분이었다. 그런데 연재 중 나이 지긋한 남자분들이 공통적으로 내게 한 말이 있다. "신성일은 나의 멘토다. 나도

2004년 결혼 40주년을 기념한 벽옥혼식. 주례자 오재경 국제관광공사 초대 총재는 40년 전 신성일·엄앵란의 결혼식 주례도 집례했었다.

그렇게 하고 싶다"고. 독설가 신성일의 기사를 나쁘게 본 사람도 있겠지만 내게 칭찬을 보내준 분들에게 감사할 따름이다.

　신성일은 자기가 생각한 그대로 모든 것을 행동으로 옮긴다. 그러기에 주위 사람들은 항상 불안하다. 자기 나름대로 원리원칙이 있다고 주장하겠지만 엄앵란이 받아들이기에는 너무나 벅찬 세월이었다. 이 사람은 돈에 대해 계산이 없다. 돈은 지갑에 있으면 다 쓰는 것인 줄 안다. 다른 남편과 대조했을 때 상당히 바보같이 보였다. 그런데 가족에겐 엄격했다. 원리원칙대로 행동했다. 우리 집에서 신성일의 별명은 '강점기의 일본 헌병'이었다. 좋고 나쁨을 그 자리에서 직설적으로 표현하는 그 순간, 우리 가족들은 시들어버린 콩나물 대가리처럼 다 고개를 숙이고 '숨을 곳 없나' 하는 생각으로 살았다. 요즘은 너무 부드러운 남자로 변해 측은한 마음이 든다. 난 나머지 세월은 측은지심으로 끝마칠 것이다. '세월이 선생이다' 라는 말은 이런 뜻이다.

　남편이 대구 하계유니버시아드대회(2003) 건으로 대구구치소에 수감된 다음 날인 2005년 2월 26일 아침 면회를 갔다. 그 화려했던 신성일의 모습은 온데간데 없었다. 퍼런 수의를 입고 나타난 그의 모습에 공인으로서의 자존심이 다 무너져버렸다. 남이 듣든 말든, 나는 철창을 부여잡고 통곡했지만 그의 손은 닿지 않았다.

　그이가 수감된 기간은 내 일생에 가장 슬픈 계절이었다. 면회를 하고 돌아서서 집에 오는 동안, '아, 대중의 인기와 갈채 속에 살던 그 사람들인데, 이 세상은 꼭 대가가 있구나' 라고 새삼 느꼈다. 그 때는 화려했던 우리들의 시대가 원망스럽기만 했다.

　남편의 정치 생활을 뒷바라지하기 위해 1970년대 말부터 17년 동안 대구에서 식당을 운영하며 견디어냈다. 나는 어린 시절 전쟁을 겪었다. 그래서 가난은 죽기보다 싫다. 우리 가족이 불편하게 사는 것을 내 스스로 용납할 수 없다. 남편이 수입이 없다고 해서 같이 몰락할 수는 없었다.

그래서 깃발을 들고(가정의 빈곤을 없애기 위해) 대구로 내려갔다.

나는 망가져도 신성일은 망가뜨릴 수 없다는 책임감을 강하게 느꼈다. 같은 배우였기 때문이다. 그런 모습을 남에게 보이기 싫었다. 대구 식당 시절 매일 아침 10만 원씩 손에 쥐어주며 남편을 골프장에 보냈다. 할 일 없이 놀고 있는 남편이 시간을 보내는 데는 골프장이 최고였다. 골프장 연습 박스에 들어가면 사람들에게 보이지 않으니까 말이다. 또 골프를 하면 계속 장소를 이동하니까. 그래서 나는 더욱 골프를 권했다.

신성일이란 배우를 존경한다. 그래서 결혼 후 난 주저 없이 그 남자를 위해 은퇴했다. 결혼 당시에도 잘나가던 사람이지만 그 사람을 더 크게 성공시켜야겠다는 포부가 있었다. 요즘 여자들은 자기 존재를 당당하게 주장한다. 그러나 난 역시 순애보적인 세대인가 보다. 남편이 곧 내 몸 같았다. 집 안에선 남편에게 '강점기의 일본 헌병'이라고 했을망정, 집 밖에선 무조건 내 남편 편이었다. 어디에서 남편이 무안당하면 내가 병적으로 분노할 정도였다. 내 남편이 기죽은 모습을 두고 못 봤다. 마치 내가 당하는 것 같았다. 남편이 잘했든, 못했든 그랬다.

2005년 10월 무렵 대구 화원교도소에서의 일이다. 무사같이 어깨에 힘주던 신성일이 "오늘이 우리 결혼기념일 아닌가. 엄앵란에게 전해줘"라면서 교도관을 통해 내게 장미 한 송이를 전달해왔다. 남편은 10월의 교도소 추위 속에서 살아남은 마지막 장미를 내게 선물하기 위해 꺾은 것이다. 난 그 장미를 보고 철창 앞에서 "앞으로 선물 안 줘도 돼. 난 이 장미 한 송이로 일생을 갈 거야. 고마워"라고 외쳤다. 그이가 내 앞에서 눈물 흘리는 모습을 일평생 처음 보았다. 감옥에서도 '난 신성일이다'라고 내게 과시할 정도로 자존심이 센 사람. 내가 남편을 감방에 처넣은 것은 아니지 않은가? 내게 초라한 모습을 안 보이려 했던 사람이 말이다. 부부는 그런 어려운 일이 생길수록 정이 든다. 상대방의 진실된 마음을 보는 순간, 끈끈하고 진실한 사랑이 흘러나오는 것 같다. 화원교도소에서 남편에게 받은 장미는 서울 명동성당 앞의 한 화원에서 말려 지금도 소중히 보관하고 있다.

내 인생은 신성일을 빼놓고 설명이 되지 않는다. 이야기하면 신성일이란 존재가 안 걸리는 곳이 없다. 우리는 사랑하는 부부 이전에, 동지다.

엄 앵 란

신성일 출연, 감독, 제작 영화 목록

〈출연작〉

연도	작품명	감독	주요 출연자	제작사
1960년	로맨스 빠빠	신상옥	김승호, 김진규, 신성일	신필름
	백사부인	신상옥	최은희, 신성일	신필름
	사랑의 역사	이강천	최은희, 최지희, 신성일	신필름
	이 생명 다하도록	신상옥	최은희, 김진규, 신성일	신필름
1961년	상록수	신상옥	신영균, 최은희, 신성일	신필름
	연산군	신상옥	신영균, 김동원, 신성일	신필름
1962년	아낌없이 주련다	유현목	이민자, 신성일	극동흥업
	사춘기여 안녕	김수용	최지희, 신성일	극동흥업
	특등신부와 삼등신랑	전홍직	엄앵란, 남미리, 신성일	동아흥행
	원한의 일월도	최경옥	신영균, 최은희, 신성일	신필름
1963년	김약국의 딸들	유현목	엄앵란, 최지희, 신성일	극동흥업
	현해탄의 구름다리	장일호	공미도리, 신성일	한국예술영화사
	77번 미스 김	김기덕	김지미, 신성일	극동흥업
	가정교사	김기덕	엄앵란, 신성일	극동흥업
	새엄마	강대진	김진규, 엄앵란, 신성일	동성영화사
	사나이의 눈물	김기덕	김승호, 엄앵란, 신성일	극동흥업
	대전발 0시 50분	이종기	최무룡, 엄앵란, 신성일	동아영화사
	말띠 여대생	이형표	엄앵란, 신성일	한양영화사
	가슴에 꿈은 가득히	박종호	엄앵란, 신성일	동성영화사
	모란이 피기까지는	김기덕	태현실, 이경희, 신성일	유한영화사
	망부석	임권택	이경희, 최남현, 신성일	극동흥업
	미스 김의 이중생활	이성구	김지미, 신성일	한양영화사
	청춘교실	김수용	엄앵란, 신성일	한양영화사
	성난 능금	김묵	최지희, 신성일	한양영화사
1964년	동백아가씨	김기	엄앵란, 신성일	한국예술영화사
	배신	정진우	엄앵란, 신성일	한국영화사
	대륙의 밀사	김묵	엄앵란, 신성일	한양영화사
	목마른 나무들	정진우	엄앵란, 신성일	연합영화사

연도	작품명	감독	주요 출연자	제작사
1964년	총각김치	장일호	엄앵란, 신성일	연합영화사
	청춘은 목마르다	박상호	김지미, 신성일	한국영화사
	용서받기 싫다	김묵	태현실, 신성일	한국예술영화사
	니가 잘나 일색이냐	김수용	김승호, 조미령, 신성일	한국예술영화사
	시동생	최훈	엄앵란, 신성일	동원영화사
	맨발의 청춘	김기덕	엄앵란, 신성일	극동흥업
	아편전쟁	김수용	김지미, 신영균, 신성일	한양영화사
	여자 19세	김수용	엄앵란, 문정숙, 신성일	한양영화사
	사자성	최인현	신영균, 김지미, 신성일	합동영화사
	학사주점	박종호	엄앵란, 신성일	한국예술영화사
	천안 삼거리	김기덕	신영균, 엄앵란, 신성일	극동흥업
	잃어버린 태양	고영남	엄앵란, 신성일	합동영화사
	내 마음은 호수	박성복	엄앵란, 신성일	한국영화사
	빗나간 청춘	노필	태현실, 신성일	신필름
	원앙선	김기덕	엄앵란, 신성일	극동흥업
	보고 싶은 얼굴	김성복	엄앵란, 신성일	한국영화사
	울지 마라 물새야	최훈	엄앵란, 신성일	세기상사
	단골손님	강대진	엄앵란, 신성일	극동흥업
	나를 깊이 묻어주오	강찬우	엄앵란, 신성일	동원영화사
	딸의 훈장	강대진	엄앵란, 신성일	세기상사
	연애졸업반	이형표	엄앵란, 신성일	한양영화사
	맨발로 뛰어라	이용호	엄앵란, 신성일	연방영화사
	홀어머니	홍은원	김승호, 조미령, 신성일	동원영화사
	이쁜이	강대진	엄앵란, 신성일	극동흥업
	떠날 때는 말없이	김기덕	엄앵란, 신성일	극동흥업
	위를 보고 걷자	김기덕	엄앵란, 신성일	극동흥업
	바람난 고양이들	김용언	최지희, 신성일	한국예술영화사
	욕망의 결산	임권택	김혜정, 이대엽, 신성일	범아영화사
	학생부부	김수용	엄앵란, 신성일	동원영화사
1965년	란의 비가	정진우	고은아, 신성일	극동흥업
	성난 영웅들	정인엽	김혜정, 신성일	연합영화사
	푸른 별 아래 잠들게 하라	유현목	엄앵란, 신성일	세기상사
	가을에 온 여인	정진우	최은희, 신성일	합동영화사
	밀회	정진우	문희, 신성일	연합영화사

연도	작품명	감독	주요 출연자	제작사
1965년	수탉 같은 사나이	박종호	태현실, 신성일	한국영화사
	정사	장일호	태현실, 신성일	연방영화사
	불량 소녀 장미	김기덕	엄앵란, 신성일	극동흥업
	태양의 그림자	정인엽	엄앵란, 신성일	연방영화사
	대석굴암	홍성기	엄앵란, 신성일	한국영화사
	애수의 밤	노필	김지미, 신성일	연합영화사
	이수일과 심순애	김달웅	김지미, 신성일	연합영화사
	로타리의 미소	이형표	김희갑, 신성일	한양영화사
	하늘 보고 땅을 보고	이봉래	김진규, 신성일	스타필름
	사랑은 무서워	김묵	엄앵란, 신성일	연방영화사
	무정의 40 계단	정진우	최지희, 신성일	극동흥업
	노을진 들녘	김성화	엄앵란, 신성일	세기상사
	의형제	김기풍	최지희, 신성일	극동흥업
	여자가 고개를 넘을 때	김기	엄앵란, 신성일	한국예술영화사
	큰댁	김수용	김진규, 엄앵란, 신성일	연합영화사
	적자인생	김수용	엄앵란, 신성일	한국예술영화사
	마지막 정열	고영남	김지미, 신성일	합동영화사
	이 세상 끝까지	고영남	김지미, 신성일	합동영화사
	상속자	김수용	김승호, 엄앵란, 신성일	신필름
	바람아 말하라	이형표	김지미, 신성일	동양영화흥업
	가슴을 펴라	전응주	고설봉, 정상수, 신성일	합동영화사
	흑맥	이만희	문희, 신성일	아성영화사
	춘몽	유현목	박수정, 신성일	세기상사
	첫사랑	김기	엄앵란, 신성일	합동영화사
	나는 죽기 싫다	김묵	태현실, 신성일	연합영화사
	누구를 위한 반항이냐	김대희	태현실, 신성일	합동영화사
	밤에 핀 해바라기	최훈	김진규, 신성일	제일영화사
	암흑가의 사자	김묵	태현실, 신성일	대영영화사
	죽도록 보고 싶어	정창화	엄앵란, 신성일	동양영화사
1966년	제76 포로수용소	이한욱	장동휘, 태현실, 신성일	아성영화사
	오늘은 왕	김기덕	고은아, 신성일	극동흥업
	소문난 여자	이형표	고은아, 신성일	합동영화사
	하루살이 인생	권혁진	김승호, 신성일	제일영화사
	금지된 입술	강태웅	엄앵란, 신성일	한국영화사

연도	작품명	감독	주요 출연자	제작사
1966년	산호의 문	엄심호	최지희, 신성일	제일영화사
	내 몸에 주인은 없다	김진태	강문, 신성일	연합영화사
	만추	이만희	문정숙, 신성일	대양영화사
	긴 여로	김시현	태현실, 신성일	아성영화사
	특급 결혼작전	유현목	이민자, 태현실, 신성일	대지영화사
	위험한 청춘	정창화	문희, 신성일	아세아필름
	백발백중	이형표	남정임, 신성일	동양영화사
	무정가 일번지	이봉래	황난아, 신성일	대영영화사
	7인의 난폭자	김시현	최지희, 신성일	극동흥업
	내 청춘 황혼에 지다	정창화	문희, 신성일	동인프로덕션
	순간을 영원히	정창화	남정임, 신성일	아세아필름
	말띠 신부	김기덕	엄앵란, 신성일	극동흥업
	예라이샹	정창화	최남현, 신성일	아세아필름
	하숙생	정진우	김지미, 신성일	세기상사
	흑발의 청춘	김기덕	고은아, 신성일	극동흥업
	삼천포 아가씨	강찬우	황정순, 김승호, 신성일	아성영화사
	불사조	전범성	고은아, 신성일	연합영화사
	독거미	김기	김지미, 신성일	연방영화사
	장미의 고백	김영식	장동휘, 신성일	제일영화사
	나는 왕이다	임권택	태현실, 신성일	세기상사
	비 오는 밤에 떠나고 싶다	오승호	태현실, 신성일	합동영화사
	회전의자	이형표	고은아, 신성일	합동영화사
	군번 없는 용사	이만희	문정숙, 신성일	합동영화사
	불타는 청춘	김기덕	고은아, 신성일	극동흥업
	잃은 자와 찾은 자	고영남	최무룡, 김지미, 신성일	합동영화사
	악인시대	정진우	김지미, 신성일	대영영화사
	오인의 건달	이성구	고은아, 신성일	동양영화사
	양반전	최인현	남정임, 신성일	한양영화사
	종이배의 연정	양명식	이빈화, 신성일	대양영화사
	초연	정진우	남정임, 신성일	대양영화사
	소령 강재구	고영남	고은아, 신성일	합동영화사
	학사기생	김수용	남정임, 신성일	대영영화사
	섬 색시	윤성환	김지미, 김승호, 신성일	아성영화사
	비밀정보 88번지	전홍직	박노식, 신성일	연합영화사

연도	작품명	감독	주요 출연자	제작사
1966년	종점	김기덕	고은아, 신성일	대양영화사
	제3부두 영번지	김시현	문희, 신성일	대광영화사
	초우	정진우	문희, 신성일	극동흥업
	육체의 대결	최석규	방정자, 신성일	합동영화사
	검은 무늬의 마후라	김기덕	김지미, 신성일	극동흥업
	댁의 부인은 어떠십니까	이성구	김지미, 신성일	동양영화사
	아빠의 청춘	정승문	김승호, 태현실, 신성일	대양영화사
1967년	안개	김수용	윤정희, 신성일	태창흥업
	나그네 임금	최인현	문희, 신성일	제일영화사
	초원의 연인들	조긍하	남정임, 신성일	중앙영화사
	뜨거운 안녕	김시현	신영균, 신성일	동인프로덕션
	새벽길	이혁수	고은아, 신성일	합동영화사
	위험은 가득히	정창화	문희, 신성일	아세아필름
	돌지 않는 풍차	이봉래	고은아, 신성일	신필름
	역마	김강윤	김승호, 조미령, 신성일	합동영화사
	가고파	강대진	고은아, 신성일	연합영화사
	애상	고영남	김지미, 신성일	제일영화사
	제3의 청춘	심우섭	고은아, 신성일	제일영화사
	학사며느리	박종호	문정숙, 신성일	대영영화사
	연합전선	이혁수	고은아, 신성일	합동영화사
	까치소리	김수용	윤정희, 신성일	태창흥업
	공처가 3대	유현목	최남현, 신성일	극동흥업
	하얀 까마귀	정진우	김지미, 신성일	세기상사
	조용한 이별	정창화	남정임, 신성일	아세아필름
	네 자매	박종호	최은희, 신성일	안양필름
	임진강	이한욱	장동휘, 신성일	대광영화사
	폭로	정진우	남정임, 신성일	합동영화사
	총각원님	최인현	남정임, 신성일	대지영화사
	빙우	고영남	남정임, 신성일	태창흥업
	밀월	정진우	문희, 신성일	대양영화사
	연인의 길	박근태	문정숙, 신성일	제일영화사
	명월관아씨	박종호	남정임, 신성일	안양필름
	고향	강대진	고은아, 신성일	중앙영화사
	미련	고영남	문희, 신성일	동양영화사

연도	작품명	감독	주요 출연자	제작사
1967년	종야	유현목	고은아, 신성일	연방영화사
	탈선	고영남	김지미, 신성일	제일영화사
	두견새 우는 사연	이규웅	김지미, 신성일	대양영화사
	열정	이형표	고은아, 신성일	합동영화사
	내 멋에 산다	김기덕	황정순, 신성일	제일영화사
	남남북녀	박상호	고은아, 신성일	합동영화사
	육체의 길	조긍하	김승호, 김지미, 신성일	대양영화사
	동심초	이상언	김지미, 신성일	연방영화사
	원점	이만희	문희, 신성일	세기상사
	돌무지	정창화	김승호, 남정임, 신성일	대양영화사
	임금님의 첫사랑	이규웅	문희, 신성일	안양필름
	안개 낀 초원	고영남	고은아, 신성일	태창흥업
	길을 묻는 여대생	김수규	고은아, 신성일	태창흥업
	망각	이만희	문정숙, 신성일	합동영화사
	여대생 사장	김기덕	남정임, 신성일	극동흥업
	상처뿐인 청춘	이명훈	고은아, 신성일	한국영화사
	강명화	강대진	윤정희, 신성일	제일영화사
	일월	이성구	남정임, 신성일	동양영화사
	내일은 웃자	박종호	남정임, 신성일	새한필름
	환영	이형표	고은아, 신성일	세기상사
	청춘극장	강대진	고은아, 신성일	합동영화사
	비서실	이형표	고은아, 신성일	합동영화사
	타인들	김기덕	최은희, 신성일	대영영화사
	학사며느리	박종호	문정숙, 신성일	대영영화사
1968년	휴일	이만희	전지연, 신성일	대한연합영화사
	모정의 비밀	정창화	남궁원, 황정순, 신성일	제일영화사
	이상의 날개	최인현	남정임, 박기택, 신성일	한국예술영화사
	젊은 느티나무	이성구	문희, 신성일	태창흥업
	춘향	김수용	홍세미, 신성일	세기상사
	여	정진우 유현목 김기영	최은희, 김지미, 문희, 신성일 3인 감독 옴니버스 영화	한국예술영화사
	폭풍의 사나이	박종호	윤정희, 신성일	연방영화사
	창공에 산다	이만희	남정임, 신성일	동남아영화사

연도	작품명	감독	주요 출연자	제작사
1968년	이수	박옥상	남정임, 신성일	대양영화사
	순애보	김수용	윤정희, 신성일	태창흥업
	가로수의 합창	강대진	윤정희, 신성일	연합영화사
	죽어도 못 잊어	최훈	김진규, 문희, 신성일	합동영화사
	장군의 수염	이성구	윤정희, 신성일	태창흥업
	연상의 여인	김기	김지미, 신성일	연방영화사
	청등홍등	이형표	고은아, 신성일	합동영화사
	동경 특파원	김수용	윤정희, 신성일	태창흥업
	갈망	이상언	김지미, 신성일	신필름
	화산댁	장일호	김진규, 황정순, 신성일	연방영화사
	다시 만날 때까지	이형표	고은아, 신성일	안양필름
	아네모네 마담	김기덕	엄앵란, 신성일	극동흥업
	정부 마농	정진우	남정임, 신성일	합동영화사
	악몽	유현목	윤정희, 신성일	태창흥업
	설녀	김기	윤정희, 신성일	대양영화사
	상사초	장일호	이대엽, 신성일	한국영화사
	대좌의 아들	이강천	박노식, 신성일	세기상사
	정염	정창화	문희, 신성일	제일영화사
	내시	신상옥	윤정희, 신성일	신필름
	청춘고백	김기덕	고은아, 신성일	합동영화사
	귀부인	이형표	고은아, 신성일	합동영화
	파란 이별의 글씨	정진우	문희, 신성일	세기상사
	흐느끼는 백조	강대진	윤정희, 신성일	태창흥업
	전설 따라 삼천리	장일호	김진규, 김지미, 신성일	한국예술영화사
	내 목숨 다하도록	안현철	문희, 신성일	한국영화사
	엄마야 누나야 강변 살자	최훈	윤정희, 신성일	남양흥업
	요화 장희빈	임권택	남정임, 신성일	한국영화사
	직녀성	이성구	김지미, 신성일	동남아영화사
	오월생	최인현	남정임, 신성일	한국예술영화사
	출세가도	박종호	남정임, 신성일	연방영화사
	슬픔은 파도를 넘어	김효천	윤정희, 신성일	연합영화사
	백야	최인현	문희, 신성일	한국예술영화사
	낙엽	강대진	문희, 신성일	연방영화사
	여로	이만희	윤정희, 신성일	세기상사

연도	작품명	감독	주요 출연자	제작사
1968년	찬란한 슬픔	전조명	신영균, 윤정희, 신성일	연방영화사
	미워하지 않겠다	이형표	남정임, 신성일	아세아필름
	옥비녀	강대진	윤정희, 신성일	안양필름
	에밀레종	권영순	김지미, 신성일	제일영화사
	구름	정진우	문희, 신성일	연방영화사
	일본인	김수용	신영균, 윤정희, 신성일	태창흥업
1969년	머무르고 싶었던 순간들	이형표	고은아, 신성일	합동영화사
	검은 비상선	남태권	남정임, 신성일	남화흥업
	부각하	최인현	남정임, 신성일	대양영화사
	어느 지붕 밑에서	김소원	남정임, 신성일	대양영화사
	별명 붙은 여자	정인엽	윤정희, 신성일	남화흥업
	죽어도 그대 품에	조문진	윤정희, 신성일	연방영화사
	늦어도 그날까지	김기덕	김지미, 신성일	극동필름
	한 발은 지옥에	김기현	윤정희, 신성일	아성필름
	시댁	박상호	최은희, 신성일	신필름
	잘못 보셨다구	이봉래	남정임, 신성일	세기상사
	남의 속도 모르고	김기덕	고은아, 신성일	한국예술영화사
	여섯 개의 그림자	이만희	윤정희, 남궁원, 신성일	세기상사
	첫날밤 갑자기	김효천	윤정희, 신성일	합동영화사
	서울이여 안녕	장일호	문희, 신성일	한국영화사
	어느 하늘 아래서	최무룡	김지미, 신성일	덕영필름
	장마루촌의 이발사	김기	김지미, 신성일	연방영화사
	젊은이의 태양	최인현	남정임, 신성일	대양영화사
	명동 나그네	조문진	윤정희, 신성일	극동필름
	석녀	김수용	문희, 신성일	남화흥업
	죽어도 좋아	최영철	남정임, 신성일	대양영화사
	아파트의 여인	이성구	문희, 신성일	태창흥업
	조용히 살고 싶어	전우열	윤정희, 신성일	태창흥업
	시발점	김수용	남정임, 신성일	연방영화사
	바람	고영남	남정임, 신성일	합동영화사
	투명인간	이규웅	남정임, 신성일	대양영화사
	추격자	김수용	남정임, 신성일	대양영화사
	초심	김기	남정임, 신성일	대양영화사
	언제나 타인	조문진	문희, 신성일	태창흥업

연도	작품명	감독	주요 출연자	제작사
1969년	재생	강대진	장동휘, 한은진, 신성일	한국영화사
	속 내시	신상옥	문희, 신성일	신필름
	마지막 편지	최훈	문희, 신성일	태창흥업
	윤심덕	안현철	문희, 신성일	한국영화사
	그 밤이여 다시 한번	최훈	김지미, 신성일	아세아필름
	허무한 마음	정창화	문희, 신성일	신아필름
	포옹	조문진	윤정희, 신성일	덕영필름
	아무리 미워도	김수용	김지미, 신성일	한국예술영화사
	전하 어디로 가시나이까	이규웅	김지미, 신성일	태창흥업
	야성녀	이규웅	남정임, 신성일	이구상사
	추억	김기덕	윤정희, 신성일	합동영화사
	이대로 간다 해도	최훈	남정임, 신성일	동양영화사
	상해 임시정부	조긍하	김지미, 신성일	대양영화사
	산울림 칠 때마다	김기풍	문희, 신성일	연합영화사
	장한몽	신상옥	윤정희, 신성일	신필름
1970년	내 목숨 당신 품에	정승문	윤정희, 신성일	한국영화사
	버림받은 여자	강대진	신영균, 윤정희, 신성일	한국영화사
	만종	신상옥	최은희, 김진규, 신성일	신필름
	여자이기 때문에	김기	윤정희, 신성일	남화흥업
	청춘무정	김수용	문희, 신성일	남화흥업
	비에 젖은 두 여인	이형표	문희, 신성일	연방영화사
	욕망의 사나이	김기	윤정희, 신성일	새한필름
	왜 여자만이 울어야 하나	정승문	신영균, 문정숙, 신성일	한국영화사
	아! 임아	정인엽	윤정희, 신성일	신창흥업
	먼 데서 온 여자	정인엽	윤정희, 신성일	안양필름
	성불사의 밤	김화랑	문희, 신성일	한국예술영화사
	마님	주동진	남정임, 신성일	연방영화사
	황금 70 홍콩 작전	최인현	최무룡, 윤정희, 신성일	신창흥업
	동경의 밤하늘	이성구	김지미, 신성일	태창흥업
	속 별명 붙은 여자	정인엽	윤정희, 신성일	제일영화사
	탑골아씨	이규웅	문희, 신성일	합동영화사
	잃어버린 면사포	이두용	문희, 신성일	신창흥업
	아파트를 갖고 싶은 여자	정인엽	윤정희, 신성일	아성필름
	황금부르스	박윤교	전양자, 신성일	대동영화사

연도	작품명	감독	주요 출연자	제작사
1970년	애와 사	최경옥	문희, 신성일	안양필름
	울기는 왜 울어	김종래	김지미, 신성일	새한필름
	최고로 멋진 남자	김응천	윤정희, 신성일	보한산업
	순결	이형표	윤정희, 신성일	아성필름
	동백꽃 피고 지고	정진우	김지미, 신성일	우진필름
	천하일색 말괄량이	박준영	최지희, 신성일	대양영화사
	시집은 가야죠	이형표	문희, 신성일	아세아필름
	소라부인	정일택	문희, 신성일	극동필름
	그림자 없는 여자	강유신	김지미, 신성일	한국예술영화사
	설원의 정	김수용	남정임, 신성일	대양영화사
	별난 새댁	노진섭	문희, 신성일	새한필름
	누가 그 여인을 모르시나요	이상언	문희, 신성일	태창흥업
	아무 말도 하지 않았다	이성구	문희, 신성일	대양영화사
	신부일기	김수용	문희, 신성일	태창흥업
	모반	박찬	남정임, 신성일	동양영화사
	슬퍼도 떠나주마	조긍하	김지미, 신성일	아성필름
	별난 여자	노진섭	문희, 신성일	남화흥업
	잊을 수가 있을까	이상언	문희, 신성일	아세아필름
	당신은 여자	강대진	윤정희, 신성일	제일영화사
	124군 부대	김기덕	김창숙, 신성일	극동필름
	사랑하는 마리아	주동진	남정임, 신성일	연방영화사
	여자가 화장을 지울 때	변장호	문희, 신성일	새한필름
	상해의 방랑자	전우열	김희라, 신성일	태창흥업
	돌아온 항구의 사나이	전우열	문희, 신성일	새한필름
	당신을 알고 나서	이상언	문희, 신성일	제일영화사
	눈물 젖은 부산항	강대진	김지미, 신성일	덕영필름
	밤	최훈	김지미, 신성일	태창흥업
	호랑이 꼬리를 잡은 여자	김종래	윤정희, 신성일	삼영필름
	결혼 대작전	최훈	신영균, 윤정희, 신성일	신창흥업
	결혼교실	정인엽	문희, 윤정희, 엄앵란, 신성일	한국영화사
1971년	둘째 어머니	임권택	김지미, 신성일	선양
	사랑할 때와 죽을 때	김묵	윤정희, 신성일	신창흥업
	댁의 아빠도 이렇습니까	이두용	문희, 신성일	극동영화
	타인이 된 당신	이강천	문희, 신성일	덕영필름

연도	작품명	감독	주요 출연자	제작사
1971년	사나이 가슴에 비가 내린다	변장호	박노식, 신성일	동양영화
	잃어버린 계절	이원세	문희, 신성일	보한산업
	들개	박종호	정훈희, 신성일	세기상사
	의형	서성조	윤정희, 신성일	새한필름
	고백	최하원	고은아, 신성일	연방영화
	열아홉 순정	김기덕	박지영, 신성일	새한필름
	유모	이형표	김지미, 신성일	보한산업
	사랑을 빌립시다	노진섭	윤정희, 신성일	합동영화
	지금은 남이지만	조문진	문희, 신성일	우진필름
	인생유학생	박호태	최무룡, 신성일	한국예술영화
	갑순이	정인엽	윤정희, 신성일	삼영필름
	당신과 나 사이에	이성구	윤정희, 신성일	연방영화
	이복 삼형제	전우열	최무룡, 신성일	태창영화
	애	곽정환	고은아, 신성일	합동영화
	나를 버리시나이까	이규웅	최무룡, 김정훈, 신성일	안양영화
	대합실의 여인	김무현	윤세희, 신성일	세기상사
	최고로 멋진 남자	김응천	윤정희, 신성일	보한산업
	안개부인	박종호	윤정희, 신성일	세기상사
	동창생	박호태	최무룡, 신성일	덕영필름
	두 아들	조문진	황정순, 신성일	
	속 두 아들	조문진	황정순, 신성일	삼영필름
	황혼의 제3부두	전우열	남정임, 신성일	새한필름
	카추사	김기덕	문희, 신성일	보한산업
	춘향전	이성구	문희, 신성일	태창영화
1972년	여선생	이형표	리칭, 신성일	새한필름
	효녀 심청	신상옥	윤정희, 김성원, 신성일	안양영화
	우리의 팔도강산	장일호	김희갑, 황정순, 신성일	대양영화
	유령소동	박종호	윤세희, 신성일	세기상사
	별이 빛나는 밤에	김기덕	윤정희, 신성일	세기상사
	체포령	이두용	박노식, 신성일	보한산업
	인생 우등생	박호태	박노식, 신성일	유림흥업
	논개	이형표	김지미, 신성일	태창영화
	1 대 1	김묵	오유경, 신성일	양지영화
	작은 꿈이 꽃필 때	김수용	윤정희, 신성일	우진필름

연도	작품명	감독	주요 출연자	제작사
1972년	동업자	박호태	윤정희, 신성일	신창흥업
	돌아온 자와 떠나야 할 자	임권택	윤정희, 신성일	삼영필름
	팔도졸업생	박호태	최무룡, 신성일	삼영필름
	모범운전수 갑순이	이형표	윤정희, 신성일	덕영필름
	작크를 채워라	박노식	박노식, 신성일	합동영화
	멋진 인생	박호태	남궁원, 전계현, 신성일	유림흥업
	혈류	김연파	나하영, 신성일	새한필름
	사랑하는 아들의 심판	정인엽	문정숙, 신성일	우진필름
	홍살문	변장호	최정민, 신성일	보한산업
	사나이 가는 길에	박호태	박노식, 신성일	연방영화
	무릎꿇고 빌련다	조문진	김진규, 윤정희, 신성일	태창영화
1973년	승부	김효천	박노식, 신성일	화천공사
	씻김불	김기덕	문희, 신성일	뉴코리아필름
	시거든 떫지나 말지	김기덕	김순철, 엄앵란, 신성일	삼영필름
	장안 명기 오백화	임권택	박노식, 고은아, 신성일	삼영필름
	비원	권영순	윤미라, 신성일	뉴코리아필름
	삼일천하	신상옥	신영균, 윤정희, 신성일	안양영화
	천사의 분노	노진섭	손창민, 신성일	신창흥업
	청춘을 맨발로	이혁수	김창숙, 신성일	유림흥업
	9월의 찻집	고영남	윤정희, 신성일	세기상사
	가버린 사랑	김기	신일룡, 신성일	대영영화
	이별	신상옥	김지미, 신성일	안양영화
	청춘 하이웨이	전우열	윤소라, 신성일	영진필름
	딸부자집	김수용	신영균, 최은희, 신성일	삼영필름
	애인교실	고영남	윤정희, 신성일	남화흥업
	하숙인생	김기덕	남궁원, 신성일	세기상사
	할복	이혁수	김희라, 신성일	태창흥업
	속 요화 배정자	정인엽	남궁원, 신성일	태창영화
	대추격	임권택	윤양하, 진도희, 신성일	삼영필름
	오백화	임권택	박노식, 신성일	우진필름
	그 얼굴에 햇살을	전우열	신영일, 신성일	우진필름
	광복 20년과 백범 김구	조긍하	박암, 윤정희, 신성일	한립물산
1974년	별들의 고향	이장호	안인숙, 신성일	화천공사
	이름 모를 소녀	김수형	신영일, 정소녀, 신성일	삼영필름

연도	작품명	감독	주요 출연자	제작사
1974년	여고교사	이형표	서미영, 신성일	신프로덕션
	너와 나 그리고 또 하나	고영남	나하영, 신성일	국제영화흥업
	꽃상여	김기덕	윤정희, 신성일	우성사
	들국화는 피었는데	이만희	김남일, 신성일	영화진흥공사
	태양 닮은 소녀	이만희	문숙, 신성일	화천공사
	이조 상노비사	최인현	문오정, 최정민, 신성일	대영흥행
	대형	정인엽	신영일, 신성일	우성사
	갈매기의 꿈	최하원	윤소라, 신성일	동아흥행
	아들 3형제	이형표	신영일, 신성일	한진흥업
	속 이별	이형표	패티김, 김옥진, 신성일	신프로덕션
	사할린의 하늘과 땅	김묵	남궁원, 박지영, 신성일	삼영필름
	눈으로 묻고 얼굴로 대답하고			
	마음속 가득히 사랑은 영원히	김영효	우연정, 신성일	우성사
	13세 소년	신상옥	김정훈, 신성일	신프로덕션
	만나야 할 사람	이원세	김창숙, 신성일	한진흥업
	아리랑	임원식	박지영, 신성일	삼영필름
1975년	너 또한 별이 되어	이장호	이영옥, 신성일	국제영화흥업
	잔류첩자	김시현	윤정희, 김진규, 문숙, 신성일	영화진흥공사
	49제	이영우	김지미, 신성일	남아진흥
	학녀	변장호	윤정희, 신성일	대영흥행
	극락조	김수용	윤정희, 신성일	대영흥행
	태백산맥	권영순	윤정희, 신성일	영화진흥공사
	격동	박호태	장동휘, 이대엽, 신성일	남아진흥
1976년	핏줄	이혁수	정윤희, 신성일	동아흥행
	우리에게 내일은 있다	최훈	한유정, 신성일	한진흥행
	학도의용군	최하원	진유영, 김추련, 신성일	동아흥행
	보통여자	변장호	김자옥, 최무룡, 신성일	합동영화
	왕십리	임권택	김영애, 신성일	우성사
	금욕	김수형	이영옥, 신성일	남아진흥
1977년	겨울여자	김호선	장미희, 신성일	화천공사
	영광의 9회말	김기덕	박희정, 신성일	우진필름
	임진왜란과 계월향	임권택	정윤희, 신성일	우진필름
	제3부두 고슴도치	이혁수	이대근, 왕호, 신성일	화천공사
	산불	김수용	전계현, 신성일	태창흥업

연도	작품명	감독	주요 출연자	제작사
1977년	미스양의 모험	김응천	정희, 신성일	한진흥업
	평양의 비밀지령	고영남	고미순, 신성일	우진필름
	야행	김수용	윤정희, 신성일	태창흥업
1978년	아스팔트 위의 여자	문여송	김영란, 신성일	동아흥행
	세종대왕	최인현	선우용녀, 신성일	우성사
	영아의 고백	변장호	김자옥, 유장현, 신성일	동아흥행
	속 별들의 고향	하길종	장미희, 신성일	화천공사
1979년	여자이기 때문에	김기덕	이영옥, 신성일	우성사
	도시의 사냥꾼	이경태	정윤희, 이대근, 신성일	삼영필름
	마지막 날의 언약	조관수	오유경, 남일우, 남수정, 신성일	삼영필름
	순자야	박호태	이영옥, 전봉진, 이치우, 신성일	한진흥업
	독신녀	문여송	김영란, 윤일봉, 유장현, 신성일	삼영필름
	땅콩껍질 속의 연가	이원세	임예진, 오현경, 여운계, 신성일	한진흥업
	가시를 삼킨 장미	정진우	유지인, 한진희, 신성일	우진필름
	사랑의 조건	김수용	윤정희, 송재호, 염복순, 신성일	동아수출공사
	가을비 우산 속에	석래명	정윤희, 김자옥, 신성일	동아수출공사
	시라소니	이혁수	이대근, 김희라, 신성일	동협상사
1980년	그 여자 사람잡네	이형표	장미희, 유지인, 김자옥, 신성일	동아수출공사
	그때 그사람	문여송	유지인, 전양자, 신성일	대영영화
	낯선 곳에서 하룻밤	김응천	유지인, 김자옥, 박원숙, 신성일	삼영필름
1981년	친구여 조용히 가다오	고영남	이영하, 김영애, 신성일	남아진흥
	낮은 데로 임하소서	이장호	나영희, 박정자, 신성일	화천공사
	반금련	김기영	이화시, 김영애, 박암, 신성일	동아수출공사
1982년	하와의 행방	이원세	김영애, 임정하, 신성일	세경흥업
	백구야 훨훨 날지 마라	정진우	하재영, 나영희, 신성일	우진필름
	유혹	김기	정영숙, 임동진, 신성일	국제영화흥업
	내가 사랑했다	고영남	이영하, 이미숙, 신성일	남아진흥
	자유처녀	김기영	안소영, 김원성, 신성일	신한영화
	삐에로와 국화	김수용	윤정희, 전무송, 신성일	태창흥업
1984년	장남	이두용	태현실, 김희라, 황정순, 신성일	태흥영화
	소명	최인현	이혜숙, 신영일, 신성일	대양필름
	지금 이대로가 좋아	정인엽	김진아, 한선경, 신성일	화풍흥업
1985년	어미	박철수	윤여정, 전혜성, 신성일	황기성사단
	길소뜸	임권택	김지미, 한지일, 최불암, 신성일	화천공사

연도	작품명	감독	주요 출연자	제작사
1986년	달빛 사냥꾼	신승수	안성기, 이보희, 신성일	세원필름
	서울 흐림 한때 비	김송원	김진아, 손창호, 신성일	두손코리아
	춤추는 딸	노세한	최선아, 최민희, 신성일	키네마서울
	87 맨발의 청춘	김응천	진유영, 전세영, 신성일	키네마서울
1987년	위기의 여자	정지영	윤정희, 신성일	한국영화배급㈜
	한쪽 날개의 천사	이성민	이요나, 김진, 신성일	합동영화
	블루하트	강민호	리처드 영, 정동환, 신성일	한진흥업
	지옥의 링	장영일	조상구, 전세영, 신성일	연방영화
	레테의 연가	장길수	윤석화, 길용우, 신성일	인창영화
1988년	필사의 도망자	한상훈	김진경, 신성일	조양필름
	성야	신승수	장미희, 이나성, 신성일	세원필름
	벽 속의 부인	박종호	나영희, 신성일	샘터영화
	대물	송영수	이대근, 신성일	동명흥업
	아메리카 아메리카	장길수	이보희, 길용우, 김지미, 신성일	지미필름
1989년	모래성	선우완	정영숙, 신성일	대일필름
	태권 소년 어니와 마스타 킴	남기남	바비 킴, 신성일	골드락필름
	비 오는 날 수채화	곽재용	강석현, 옥소리, 신성일	청기사작품
1990년	코리안 커넥션	고영남	이혜영, 신성일	성일시네마트
1991년	누가 용의 발톱을 보았는가	강우석	안성기, 김성령, 박근형, 신성일	서울필름
	산산이 부서진 이름이여	정지영	최진영, 김금용, 전무송, 신성일	성일시네마트
1992년	눈꽃	박철수	이미연, 윤정희, 신성일	서울연예
	역사는 이렇게 시작됐다	이은수	홍세미, 신성일	길영화사
1994년	증발	신상옥	김희라, 죠지 다께이, 신성일	합동영화
1995년	아찌 아빠	신승수	최민수, 심은하, 박재훈, 신성일	합동영화
	아빠는 보디가드	김기영	독고영재, 이상아, 신성일	코씨영화사
2005년	태풍	곽경택	장동건, 이정재, 이미연, 신성일	CJ엔터테인먼트

〈신성일 제작 및 감독작품〉

연도	작품명	감독	주요 출연자	제작사
1971년	연애교실	신성일	신영일, 나오미	한국영화
	어느 사랑의 이야기	신성일	문희, 신영일	한국영화
	봄 여름 가을 그리고 겨울	신성일	신영균, 남궁원, 신영일, 윤일봉	한국영화
1974년	그건 너	신성일	명희, 장재훈, 신성일	국제영화흥업

연도	작품명	감독	주요 출연자	제작사
1990년	코리안 커넥션	고영남	신성일, 이혜영	성일시네마트
	물 위를 걷는 여자	박철수	황신혜, 강문영, 이덕화	성일시네마트
	남자시장	유진선	최민수, 이응경, 마흥식	성일시네마트
1991년	열아홉 절망 끝에 부르는 하나의 사랑노래	강우석	안성기, 강수지, 최진영, 허석	성일시네마트
	산산이 부서진 이름이여	정지영	최진영, 김금용, 전무송 장인환	성일시네마트
1995년	안개 속에 2분 더	포덕희	글로리아 입, 강석현, 양가휘	성일시네마트

지은이 · 신성일(본명 강신영)

1937년 대구에서 태어나 경북 중·고교, 건국대 국문과를 졸업했다.
1960년 영화 〈로맨스 빠빠〉로 데뷔한 뒤 〈맨발의 청춘〉 〈초우〉 〈만추〉 〈안개〉 등
506편의 영화에서 주연을 하며 60~70년대 청춘 스타의 대명사로 자리매김했다.
그 후 성열시네마트를 설립해 영화를 제작, 감독했다.
한국배우협회 회장, (사) 한국영화배우협회 초대 이사장을 역임했다.
청룡영화상 인기상(1963~1973), 대종영화제 남우주연상(1968·1990), 대종영화제
영화발전공로상(2004), 한국예술평론가협의회 특별공로예술가상(2008) 등을 수상했다.
2000년 제16대 국회의원을 지냈으며, 2018년 11월 4일 향년 81세의 나이로 별세했다.

신성일 Life Story
청춘은 맨발이다

•

초판 1쇄 발행일   2011년 12월 2일
개정판 1쇄 발행일   2018년 11월 12일

•

지은이·신성일
펴낸이·김종해
펴낸곳·문학세계사

•

주소·서울시 마포구 신수로 59-1(121-110)
대표전화·02-702-1800 | 팩시밀리·02-702-0084
mail@msp21.co.kr | www.msp21.co.kr
트위터 : @munse_books
페이스북 : facebook.com/munsebooks
출판등록·제21-108호(1979. 5. 16)
값 15,000원

ISBN 978-89-7075-523-6   03810
ⓒ 신성일, 2011